Prager
Staatswissenschaftliche Untersuchungen
Herausgegeben von
H. Rauchberg • P. Sander • L. Spiegel
A. Spiethoff • R. Zuckerkandl

Heft 1

Gesetz und Recht

Vorträge und Aufsätze zur Rechtsquellentheorie

Von

Dr. Ludwig Spiegel,
o. ö. Professor an der deutschen Universität in Prag

München und Leipzig
Verlag von Duncker & Humblot
1913

Altenburg
Piererſche Hofbuchdruckerei
Stephan Geibel & Co.

Vorwort.

Die Vorträge, welche die erste Hälfte der vorliegenden Schrift bilden, folgen hier nach dem Zeitpunkt ihrer Entstehung aufeinander. Aber diese Anordnung ist zugleich auch eine systematische. Von verschiedenen Vereinen zu Vorträgen aufgefordert, war der Verfasser in der Lage, die gleichen Gedankengänge konsequent weiter zu verfolgen und in der knappen Form der Rede zum Ausdruck zu bringen. Der Zufall hat es gefügt, daß der erste Vortrag vor Studenten, der zweite vor jüngeren Juristen, der letzte vor gereiften Männern gehalten wurde[1]. So konnte sich die Darstellung von Vortrag zu Vortrag in erwünschter Weise vertiefen. So ist auch die breitere Grundlage zu erklären, auf welcher sich die einleitenden Ausführungen aufbauen. In den Rahmen des Buches gestellt, sollen sie die Beziehungen dartun, in welchen die jeweilige Gestaltung und Auffassung der Rechtsquellen zur Organisation des Staates stehen. Gerade darauf pflegen die in immer größerer Zahl erscheinenden Untersuchungen der Rechtsquellen nicht in ausreichendem Maße Rücksicht zu nehmen. Mit der einschlägigen Literatur in Fühlung zu bleiben, hat sich der Verfasser besonders angelegen sein lassen. Allerdings schafft die Flut der Schriften gerade hier große Schwierigkeiten, und es mußte auf die Anführung mancher Arbeit verzichtet werden, um die Zitate nicht allzusehr zu häufen. Dabei darf nicht — wie es leider so oft geschieht — übersehen werden, daß die Probleme, die wir heute erörtern, vielfach — wenn auch zum Teil in anderer Form — auch frühere Generationen beschäftigt haben. Es handelt sich also auch darum, den Zusammenhang mit der Vergangenheit zu wahren, und insbesondere ist es die merkwürdige Zeit des ausgehenden 18. und des beginnenden 19. Jahrhunderts, die eine Fülle von Anregungen und Aufschlüssen zu bieten geeignet ist. In unseren jubiläumsfreudigen Tagen darf sich vielleicht nicht nur die Erörterung über „Entwürfe und Gesetze“ (vgl. S. 47), sondern die ganze Schrift als ein Beitrag zur Jahrhundertfeier der Kodifikationsliteratur bezeichnen.

Die Abhandlung „Jurisprudenz und Sozialwissenschaft“ ist bereits im 36. Band der Grünhutschen Zeitschrift veröffentlicht worden. Die Anmerkungen wurden entsprechend ergänzt.

Prag, im Mai 1913.

L. Spiegel.

---

[1] I. Lese- und Redehalle der deutschen Studenten in Prag. II. Deutscher Verein für Sozialwissenschaft in Prag. III. Wiener Juristische Gesellschaft und Prager Advokatenverein.

Inhaltsverzeichnis.

Vorträge.

Aufsätze.

Vorträge

I.
Das Erbe des absolutistischen Staates.
(1908.)

Das Jahr 1848 bedeutet für unseren Staat den Zusammenbruch des ancien régime und den Übergang zur konstitutionellen Monarchie. Das alte Reich ist damals zu Grabe getragen worden, ein neues an seine Stelle getreten und, wie es einem monarchischen Staat entspricht, hat sich diese Veränderung auch in der obersten Spitze geäußert. Der alte Kaiser macht im Jahre 1848 einem jungen Herrscher Platz. Der Thronwechsel vom 2. Dezember ist zugleich Ausdruck und Symbol des gewaltigen Umschwungs, den das Revolutionsjahr gebracht hat. Seit jener Zeit sind sechs Dezennien verstrichen. Wir befinden uns im Jubiläumsjahr, und in wenigen Wochen schon wird sich zum sechzigsten Male der 13. März jähren, jener Tag, an welchem die bedeutungsvollen Ereignisse begannen, die zum 2. Dezember führten. Es ist gewiß von ganz besonderem Interesse, sich die sechzig Jahre der neuesten Geschichte Österreichs zu vergegenwärtigen und im einzelnen zu verfolgen, welche Fortschritte wir in diesen Jahren in politischer, kultureller und sozialer Hinsicht gemacht haben. Dazu wird sich ja im Verlaufe des heurigen Jahres genugsam Gelegenheit ergeben. Aber nicht minder interessant ist es, diese sechs Jahrzehnte mit der Vergangenheit in Verbindung zu setzen und sich darüber klar zu werden, inwieweit diese Vergangenheit auch heute noch lebendig ist, inwieweit die Ideen des Vormärz auch heute noch unser Staatsleben beherrschen oder wenigstens in ihm fortwirken. Das ist das Thema, mit dem ich mich beschäftigen will. Ich möchte das Erbe des absolutistischen Staatswesens inventarisieren, aber nicht so, wie es das Gericht in der Verlassenschaftsabhandlung tut, nämlich bevor der Nachlaß an den Erben gelangt, sondern ich möchte es inventarisieren in jenem Umfang, in dem es heute noch vorhanden ist. Anders ausgedrückt: ich möchte aus dem Bestande unserer heutigen öffentlichen Einrichtungen jene Masse herausheben, die aus der Zeit und aus der Anschauungsweise des alten Staates stammt.

Da muß ich nun billigerweise als das wichtigste Erbstück *den Staat selbst* erwähnen, d. h. das dieses bestimmte Gebiet und diese verschiedenen Völkerschaften umspannende Gemeinwesen. So wie unser Österreich heute existiert in seinen geographischen Grenzen und in seiner nationalen Zusammensetzung, ist es eine Schöpfung des Absolutismus [1]. Die Vereinigung ver-

[1] Noch im Jubiläumsjahr 1908 hat sich die Monarchie durch die Annexion Bosniens und der Herzegowina wesentlich vergrößert. Aber es ist bezeichnend, daß diese Annexion

schiedener Territorien unter einem und demselben Landesherrn konnte zunächst ihre Selbständigkeit noch nicht beeinträchtigen. Solange die ständischen Einrichtungen blühten, waren es eben die Stände, die Landschaften, die die Selbständigkeit des Landes wahrten und repräsentierten. Als aber die landesherrliche Gewalt immer mehr auf Kosten der ständischen Machtsphäre erstarkte, als die ständische Institution zur leeren Form geworden war, während die absolute Fürstenmacht die einzige reale politische Größe darstellte, da konnte der Differenzierung, die unter dem Einfluß des Lehens- und Ständewesens des Mittelalters zur territorialen Zersplitterung des deutschen Reichs geführt hatte, eine Integrierung nachfolgen, da konnten Territorien, die im Laufe der Zeit ihre Abhängigkeit vom Reiche immer mehr abgestreift hatten, zu einer staatsrechtlichen Einheit zusammengefaßt werden, da konnte ein Großstaat entstehen, der seinen Einheits- und Mittelpunkt fand im Staatsoberhaupt, in dem nach innen und nach außen souveränen Landesfürsten. Zu Beginn des 19. Jahrhunderts finden beide Prozesse fast gleichzeitig ihren Abschluß: der Differenzierungsprozeß durch die Auflösung des deutschen Reichs (1806), der Integrierungsprozeß durch die Annahme des österreichischen Kaisertitels (1804). Das Kaisertum Österreich war damit wohl noch nicht geschaffen — zunächst gab es nur einen Kaiser von Österreich —, aber nach dem Wegfall des Reichsverbandes fing man ganz von selbst an, vom österreichischen Kaisertum, vom österreichischen Kaiserstaat zu sprechen [1], und dieser Sprachgebrauch hat dann, weil er den tatsächlichen Verhältnissen entsprach, auch die Revolution überdauert.

Bis in unsere Tage hat er sich freilich nicht behauptet. Das Kaisertum Österreich gehört als ein ziemlich kurzlebiges Gebilde der Geschichte an. Es hat im Jahre 1867 der österreichisch-ungarischen Monarchie weichen müssen. Aber gerade die Spaltung des Kaiserstaates in zwei staatsrechtlich selbständige Hälften ist ein Beweis dafür, daß es der A b s o l u t i s m u s war, der sich bei uns als staatsbildende Kraft bewährt hat. Jenseits der Leitha hat sich eben der Absolutismus niemals vollständig durchsetzen können. Gewiß war auch in Ungarn der Einfluß des Wiener Hofes seit Leopold I. ein ganz bedeutender — so verfassungsmäßig, wie es die Ungarn darzustellen lieben, ist

in absolutistischen Formen erfolgt ist (Erstreckung der Souveränitätsrechte des Monarchen auf die beiden Länder) und daß sie bisher weder in Österreich noch in Ungarn staatsrechtlich durchgeführt ist. Die von der Regierung den Parlamenten vorgelegten Gesetzentwürfe sind noch unerledigt.

[1] Vgl. die Titel nachstehender Schriften: K o p e tz, Österreichische politische Gesetzkunde oder systematische Darstellung der politischen Verwaltung in den ... Provinzen des österreichischen Kaisertums, 1807 (S. 5: „Die verschiedenen Provinzen, welche den österreichischen Kaiserstaat bilden."), H o r m a y r, Über Minderjährigkeit, Vormundschaft und Großjährigkeit im österreichischen Kaiserstaat und Kaiserhaus. 1808. Mit Hofdekret vom 12. März 1813 PGS. 40 Bd. S. 40 wird angeordnet, daß die nicht mehr zutreffenden Ausdrücke Erbkaiser, Erbländer, E r b st a a t e n usw. durch die Ausdrücke Kaiser von Österreich, „Unser Kaiserreich" usw. zu ersetzen sind. (Vgl. W i n i w a r t e r, Handbuch der Justiz- und politischen Gesetze, 2. Aufl., 1. Bd. S. 4.)

es durchaus nicht immer zugegangen —; aber dennoch hat sich die ständische Verfassung in Ungarn zu allen Zeiten als eine lebendige Macht bewährt [1]. Die ständische Tradition wurde niemals unterbrochen, und als die Zeit gekommen war, um die ständischen Einrichtungen durch konstitutionelle zu ersetzen, da hat es der ungarische Reichstag verstanden, mit verblüffender Raschheit eine Verfassung auszuarbeiten und der königlichen Sanktion zuzuführen. Gegen diese neue Verfassung hat das Kaisertum Österreich durch zwei Jahrzehnte (1848—1867) angekämpft. Es hat in diesem Kampfe nicht nur eine schwere Niederlage erlitten, sondern es ist darüber zugrunde gegangen. Die Ungarn haben ihre Verfassung — wenn auch mit einzelnen Änderungen — behauptet und durchgesetzt und sind aus dem Kaiserstaat als ein staatsrechtlich selbständiges, wenn auch mit Österreich innig verbundenes Königreich ausgeschieden. Dieses Ergebnis steht im Einklang mit den historischen Prämissen. Die habsburgischen Länder bildeten nur insoweit einen Einheitsstaat, als sie unter dem Einfluß des Absolutismus miteinander zu einem Ganzen verschmolzen waren. Die Länder der ungarischen Krone bildeten auch zur Zeit des Kaisertums Österreich eine eigene Gruppe. Die dualistische Gestaltung des habsburgischen Länderkomplexes läßt sich auch für den Vormärz nachweisen und, wenn sie den damaligen Staatsmännern nicht gebührend zum Bewußtsein gekommen ist, so lag der Grund in der absolutistischen Regierungsform der nichtungarischen Länder. In dem Augenblick, in welchem man auch diesseits der Leitha das Verfassungsproblem aufwarf, mußte auch die ungarische Frage akut werden. Einer einheitlichen österreichisch-ungarischen Verfassung haben die Ungarn mit Erfolg Widerstand geleistet.

Aber im Verbande der Monarchie selbst sind die Ungarn geblieben. Die Monarchie, die monarchische Staatsform hat die Revolution überdauert, und sie ist auch durch die modernen Verfassungen nicht angetastet worden. Allerdings ist die Machtfülle des Monarchen durch die Schaffung von Parlamenten, durch die Bindung des Monarchen an die parlamentarische Zustimmung bei Erlassung von Gesetzen und an die Mitwirkung der nicht ihm allein verantwortlichen Minister bei allen Regierungsakten, weiter durch die Selbständigkeit und Unabhängigkeit der Gerichte in materieller Hinsicht wesentlich eingeschränkt worden. Aber trotzdem sind die Anschauungen des absolutistischen Staates über die persönliche Stellung des Monarchen unverändert und ungeschwächt auch heute noch lebendig. Hat doch das Staatsgrundgesetz selbst den Lehr- und Rechtssatz des Absolutismus kodifiziert, daß der Kaiser geheiligt, unverletzlich und unverantwortlich ist, eine Gesetzesstelle, die dem Ausleger Schwierigkeiten genug bietet, wenn er, das geistige Milieu verkennend, dem sie entstammt, juristisch feststellen will, was das heißt: „Der Kaiser ist geheiligt." [2] Und so wie die persönliche Stellung des

[1] Vgl. die Schriften von Tezner, ferner Zehntbauer, Verfassungswandlungen im neueren Österreich, 1911.

[2] Vgl. hierzu Hauke, Die geschichtl. Grundlagen des Monarchenrechts, S. 130 f., Tezner, Der Kaiser, S. 11.

Kaisers, gehört auch die überragende Stellung des kaiserlichen Hauses und aller seiner Mitglieder dem noch immer geltenden Rechte an. Ja, die Vorrechte der Dynastie treten gerade im modernen Staate schärfer hervor, als im alten Staatswesen, weil sie als die einzigen persönlichen Vorrechte übrig geblieben sind. Wenn das Staatsgrundgesetz sagt: „Vor dem Gesetze sind alle Staatsbürger gleich", so will es damit zum Ausdruck bringen, daß die Verschiedenheit der Stände aufgehört hat, daß Hochadelige, Adelige, Bürgerliche und Bauern nach demselben Rechte leben, daß es keine Herren und keine Untertanen mehr gibt. Nur verhältnismäßig geringfügige Ausnahmen gelten in dieser Hinsicht zugunsten des Adels. Im großen und ganzen gewährt der Adel heute nur noch Ehrenrechte, Titelrechte. Aber eine sehr gewichtige Ausnahme von der Regel der Rechtsgleichheit aller Staatsbürger ist die ganz besondere Rechtslage der Mitglieder des regierenden Hauses [1]. In juristischer, wirtschaftlicher und administrativer Hinsicht hebt sich dieses Haus von allen übrigen Familien im Staate ab. In juristischer Hinsicht, indem die inneren familienrechtlichen Beziehungen nicht durch Staatsgesetze, sondern durch besondere Hausgesetze geregelt werden, indem das Haus an den Prinzipien des Ebenburtsrechts festhält und seinen Angehörigen darum nur in äußerst beschränktem Maße ein connubium mit den anderen Staatsbürgern gewährt, indem ein Hofamt, das Obersthofmarschallamt, als der ordentliche Gerichtsstand des Hauses erscheint, so daß hier das moderne Prinzip der Trennung der Justiz von der Verwaltung und der besonderen Rechtsstellung der Gerichte noch nicht verwirklicht ist, und indem schließlich auch der Grundsatz der Unmittelbarkeit und der Öffentlichkeit von Zivil- und Strafprozessen dadurch durchbrochen wird, daß die Mitglieder des kaiserlichen Hauses von der Pflicht, im Gerichtssaal als Zeugen zu erscheinen, enthoben sind und vom Obersthofmarschall oder vom Gerichtspräsidenten, der ihre Aussage wünscht, aufgesucht werden müssen [2]. In wirtschaftlicher Hinsicht, indem sie die Mittel zur standesgemäßen Lebensführung vom Hofe erhalten, der zwar eine Dotation vom Staate bezieht, aber den Staatsorganen

[1] Einzelne Privilegien sind allerdings auch anderen Familien zugestanden worden, so der Gerichtsstand des Obersthofmarschallamts, die Portofreiheit, die Freiheit von der Überlassung von Pferden und Fuhrwerken.

[2] Nach dem zufolge Art. VI EinfG. zur ZPO. unberührt gebliebenen JustMinErl. vom 14. Mai 1854 Z. 8346 fungiert hierbei der Gerichtspräsident „nur in delegierter Gerichtsbarkeit im Namen des Obersthofmarschallamts" (vgl. § 328 ZPO. und § 155 StPO.). In den Militärstrafprozeßordnungen von 1912 (§ 192) wird aber gesagt, daß die Mitglieder des kaiserlichen Hauses als Zeugen durch den Gerichtsleiter vernommen werden. Hier ist also von der Intervention des Obersthofmarschallamts überhaupt nicht die Rede, und es wird auch nicht gesagt, daß der Gerichtsleiter den Obersthofmarschall zu vertreten habe. Bemerkenswert ist auch, daß die Exemtion der Hausmitglieder von der Militärstrafgerichtsbarkeit nunmehr auf Staatsgesetz beruht (§ 15), während die Zivilstrafprozeßordnung eine solche Bestimmung nicht enthält. — Nach dem zitierten Justizministerialerlaß gilt ferner eine von den Hausmitgliedern an Eidesstatt abgegebene schriftliche Versicherung als wirkliche Ablegung des Eides.

eine Kontrolle über deren Verwendung nicht gestattet, und indem der Immobiliarbesitz des sogenannten Hofärars nicht nach konstitutionellen Grundsätzen behandelt, sondern gerade so wie im absolutistischen Staate vom Kaiser kraft eigener Machtvollkommenheit selbständig verwaltet wird. In administrativer Hinsicht endlich, insofern als das kaiserliche Haus über einen so umfassenden und komplizierten Apparat von Verwaltungsämtern und Organen verfügt, daß es auf die staatliche Verwaltung fast gar nicht angewiesen ist. Die Wohnstätten des Hofes sind vom Gemeindeverband ausgenommen und daher in bezug auf die Selbstverwaltung exterritorial. Der Hof hat seine eigenen Sanitäts-, Unterrichts- und Kultusorgane. Das Hofbauwesen ist ganz selbständig organisiert. Die Matriken werden vom Hof- und Burgpfarrer, das Grundbuch über die Hofburg in Wien wird vom Obersthofmeisteramt geführt[1], die Notariatsgeschäfte werden von einem Staatsorgan besorgt, das zugleich Hausorgan ist, nämlich vom Ministerium des kaiserlichen und königlichen Hauses und des Äußern[2]. Die Kapuzinergruft in Wien belehrt uns darüber, daß auch für die Leichenbestattung im kaiserlichen Hause andere Grundsätze gelten, als im Staat, welcher das Recht der Kirchenpatrone, in der Kirche beigesetzt zu werden, als sanitätswidrig beseitigt hat. Dort aber, wo die Mitglieder der Dynastie mit der staatlichen Verwaltung in Berührung kommen, genießen sie besondere Vorrechte. So können sie die Leistungen der Post unentgeltlich in Anspruch nehmen. Ihre Apanagen sind von der Personaleinkommensteuer befreit. Ihr sonstiges Einkommen müssen sie wohl einbekennen. Aber sie überreichen ihre Fassion unmittelbar dem Minister, und dieser stellt das steuerpflichtige Einkommen fest[3]. Man kann in der Tat behaupten, daß es keine konstitutionelle Monarchie gibt, in welcher das regierende Haus eine so bevorzugte Rechtsstellung einnimmt, wie bei uns.

Wie sehr wir es aber dabei mit einem Vermächtnis des alten Staates zu tun haben, lehrt am deutlichsten die Tatsache, daß die Hausgesetze, in welchen die Rechtsverhältnisse der kaiserlichen Familie ihre Regelung gefunden haben, auch heute noch geheim gehalten werden. Pomponius berichtet uns in einem Fragment zur römischen Rechtsgeschichte, welches in die Digesten Aufnahme gefunden hat, daß es eine Zeit gegeben habe, wo die Rechtskenntnis dem Kollegium der Pontifices vorbehalten war. Erst Gnaeus Flavius habe das Buch der actiones veröffentlicht, und so angenehm sei das dem Volke ge-

---

[1] Rieger in dem 1907 in tschechischer Sprache publizierten Gutachtenband „Über die königliche Burg in Prag", S. 165.

[2] Die offizielle Bezeichnung des Hauses ist aber nicht „kaiserliches und königliches", sondern in Österreich „kaiserliches", in Ungarn „königliches" Haus. Vgl. die Militärstrafprozeßordnungen und das Pferdestellungsgesetz.

[3] Das Pferdestellungsgesetz vom 21. Dezember 1912 Nr. 235 RGBl. nimmt die zur Hofhaltung der Mitglieder des kaiserlichen Hauses gehörigen Pferde und Fuhrwerke von der Überlassungspflicht aus. Gebäude, welche zum Aufenthalt eines Mitgliedes des Allerhöchsten Herrscherhauses bestimmt sind, dürfen zur Einquartierung nicht in Anspruch genommen werden (§ 10 des Einquartierungsges.).

wesen, daß es den Flavius zu den höchsten Ehrenstellen berufen habe [1]. Wir sind geneigt, hierin einen Bericht über äußerst primitive Rechtszustände zu erblicken. Publizität ist ja das allererste Erfordernis eines einigermaßen entwickelten Rechts. Aber wir selbst stehen noch in vielen Fragen des Dynastierechts auf diesem primitiven Standpunkt. Das Dynastierecht ist sicherlich eine Angelegenheit der Dynastie, aber ebenso sicher keine interne Angelegenheit der Dynastie. Denn das monarchische Staatsrecht läßt sich ohne das Dynastierecht weder begreifen noch darstellen. Und dennoch sind wir nicht in der Lage, uns auf die einfachste Weise, nämlich durch das Studium der Hausgesetze, über das Dynastierecht zu informieren. Nur einzelne Bestimmungen des Familienstatuts sind gelegentlich bekannt geworden [2]. Was sonst noch darin steht, können wir mit größerer oder geringerer Sicherheit erraten. Nachlesen können wir es nicht. Mitglieder des Herrenhauses sind alle großjährigen Prinzen des kaiserlichen Hauses. Wann wird ein Erzherzog großjährig? Wir können das Großjährigkeitsalter ermitteln, indem wir uns die periodisch veröffentlichte Liste der Herrenhausmitglieder ansehen und feststellen, welche Prinzen noch nicht und welche schon in der Liste stehen. Die Beleidigung der Mitglieder des kaiserlichen Hauses ist ein besonderes Verbrechen. Wer ist aber Mitglied des Kaiserhauses? Gehören die Erzherzoginnen, die mit Prinzen fremder Häuser oder mit fremden Souveränen verheiratet sind, zu diesen Mitgliedern oder nicht? Wir tappen da ziemlich im Dunklen. Denn wenn wir auch Gründe haben, die Frage zu verneinen, so steht dem doch wieder die Tatsache entgegen, daß der Kaiser im Jahre 1903 die Mitgliedschaftsrechte der Gräfin Montignoso suspendiert, diese Mitgliedschaftsrechte also implicite anerkannt hat [3]. Wie hört man auf, Mitglied des Kaiserhauses zu sein? Genügt die Austrittserklärung oder muß diese Erklärung vom Kaiser angenommen sein? Gibt es einen Wiedereintritt in das Haus für denjenigen, der freiwillig ausgeschieden ist? Wir sehen: Fragen gibt es da genug, Fragen, die staats- und strafrechtlich sehr wichtig sein können. Ich will nun keineswegs behaupten, daß sich alle diese Fragen glatt lösen würden, wenn uns das Familienstatut bekannt wäre. Aber heute ist die Sachlage doch so, daß es Eingeweihte und Nichteingeweihte gibt, solche, welche das Material kennen,

---

[1] L. 2 §§ 6, 7 Dig. de origine iuris 1, 2.

[2] So die §§ 30 und 31 durch den oben (S. 6) zitierten Ministerialerlaß. Dieser Erlaß widerlegt zugleich die oft aufgestellte Behauptung, daß die Bestimmungen des Familienstatuts bloß interne Bedeutung haben und das Interesse der Staatsbürger nicht berühren. (So beruft sich Ministerpräsident Körber in der Sitzung des Abgeordnetenhauses vom 7. Mai 1901 darauf, daß das Statut im Eingang als seinen Zweck erkläre, „die wichtigsten Bestimmungen, welche die Rechte und die Verpflichtungen des Familienoberhaupts und der einzelnen Glieder Unseres Hauses in ihren gegenseitigen Beziehungen betreffen", zusammenzufassen. Sten. Prot. S. 3389.)

[3] Vgl. Rehm, Modernes Fürstenrecht, S. 254 f., 273, Tezner a. a. O. S. 184 und die Entscheidung des obersten Gerichtshofs vom 8. April 1863 Z. 2265 (bei § 64 StG. in der Manzschen Ausgabe auszugsweise abgedruckt.) — Das neueste Dokument zu dieser Frage ist die offizielle Mitteilung vom 26. April 1913, daß die Erzherzogin Isabella

auf Grund dessen an die Beantwortung der Fragen überhaupt herangetreten werden kann, und solche, welche als extranei von diesem Material ferngehalten werden. Das ist ganz die Anschauungsweise des Absolutismus. Das Staatsgeheimnis wird höher gestellt, als das Interesse des Volks an der genauen Kenntnis des staatlichen Rechts und als das Interesse der Wissenschaft an der Verarbeitung dieses Rechts. Das Hausrecht wird als ein Sonderrecht des regierenden Hauses aufgefaßt, während es doch in Wahrheit ein Teil des Staatsrechts ist.

Die aber, die uns in dieser Hinsicht vorwärts bringen könnten infolge ihres rücksichtslosen, nur auf das eigene Interesse bedachten Vorgehens, die Ungarn, tun es nicht, weil sie eine andere Taktik verfolgen. Sie ignorieren das Hausrecht und erklären, daß das ungarische Staatsrecht allein alle staatsrechtlich wichtigen Beziehungen der kaiserlichen Familie regle [1]. Das ist nun freilich nicht der Fall. Auch die Ungarn können aus ihrem Staatsrecht heraus die Frage nicht beantworten, wer Mitglied des kaiserlichen Hauses ist. Aber es läßt sich nicht leugnen, daß sie ganz konsequent vorgehen, wenn sie bei jedem Anlasse verlangen, daß irgendeine aktuelle dynastierechtliche Frage durch ein ungarisches Gesetz entschieden werde. Auf diese Weise streben sie nicht das an, was wir bedächtig ans Werk gehenden Österreicher als die nächste Aufgabe auf diesem Gebiet ansehen, nämlich die Kenntnis der Hausgesetze, sondern sie setzen sich ein viel weiteres Ziel: die Beseitigung eines jeden vom Staatsrecht unterschiedenen Hausrechts.

Die Dynastie war ein mächtiger Faktor im absolutistischen Staate, mächtiger fast, als der Monarch selbst. Wenigstens war gerade in den letzten Jahren vor der Märzrevolution der Einfluß des Kaisers ganz verdrängt worden durch den seines Hauses. Niemals ist Kaiser Franz Joseph trotz der Verfassungen, an die er sich diesseits und jenseits der Leitha gebunden hat, ein Scheinmonarch gewesen. Sein Vorgänger war es [2]. Nicht der gebrechliche Kaiser Ferdinand regierte, sondern das kaiserliche Haus, und so wurde in einem gewissen Sinne die höchste Leistung des Absolutismus erzielt, ein in Wahrheit „absolutes" Regime, an dem nicht einmal der Herrscher teilnahm.

Marie nach Nichtigerklärung ihrer mit einem bayrischen Prinzen eingegangenen Ehe in die Rechte eines Mitgliedes des Kaiserhauses „wieder eintrete".

[1] Vgl. den GesArt. XXIV: 1900 über die Inartikulierung der vom Erzherzog Franz Ferdinand aus Anlaß seiner mit Gräfin Chotek geschlossenen Ehe abgegebenen Erklärung. Im österreichischen Abgeordnetenhaus hat diese Erklärung den Anlaß zu einer großen Debatte gegeben, die die verschiedene Stellungnahme der einzelnen Parteien zu diesen Fragen erkennen ließ. Diejenigen, die die Publikation der Hausgesetze forderten, waren aber in der Minorität. (Vgl. die Rede des Abg. Löcker in der Sitzung vom 7. Mai 1901. Sten. Prot. S. 3394).

[2] Diese in zeitgenössischen und historischen Schriften wiederkehrende Behauptung zu widerlegen, ist das Buch des Grafen Ségur-Cabanac, Kaiser Ferdinand I. als Regent und Mensch (Der Vormärz), 1912, bemüht. Allein gerade dieses Werk, welches sich auf Informationen aus der Umgebung des Kaisers stützt, kann die herrschende Meinung nur bestätigen. Vgl. meine Besprechung in der Deutschen Literaturzeitung, 1912, Sp. 3117 ff.

Das war freilich nur deshalb möglich, weil dieses Regime über starke und verläßliche Hilfstruppen verfügte, und das waren die Staatsdiener, die Staatsbeamten, mochten sie nun Zivil- oder Militärbeamte, Beamte im engeren Sinne oder Offiziere sein. In kriegerischen Zeiten ist man geneigt, die Bedeutung des Heeres zu überschätzen. Die Dienste, die das Heer leistet, sind sinnenfällig, und jeder kann sich ein Urteil darüber bilden. So scheint es bei oberflächlicher Betrachtung erklärlich, daß Grillparzer während der inneren und äußeren Kämpfe der Revolutionszeit den Feldmarschall Radetzky mit den berühmten Worten apostrophierte:

In deinem Lager ist Österreich,
Wir andern sind einzelne Trümmer.

Diese Verse werden oft zitiert. Aber sie werden, wie ich glaube, nicht verstanden, weil sie, aus dem Zusammenhang gerissen, zu wörtlich genommen werden. Der Dichter will nicht sagen, daß das Heil Österreichs von der Armee Radetzkys abhänge, sondern er will *an einem Bilde* zeigen, wie Österreich beschaffen sein muß oder — im Hinblick auf die pessimistische Stimmung des Dichters — wie es beschaffen sein müßte, um sich behaupten zu können. Er nennt die Soldaten Radetzkys sehr unmilitärisch „die Bürger deiner wandernden Stadt“. Die Heerführer bezeichnet er als „deine Minister“. Während sich die Nationalitäten im Staate bekämpfen, halten sie bei Radetzky Frieden:

Die Gott als Slav' und Magyaren schuf,
Sie streiten um Worte nicht hämisch.
Sie folgen, ob *deutsch* auch der Feldherrnruf.
Denn „Vorwärts“ ist ungrisch und böhmisch.

Und er schließt sein Gedicht mit den Strophen:

Gemeinsame Hilf' in gemeinsamer Not
Hat Reiche und Staaten gegründet;
Der Mensch ist ein Einsamer nur im Tod,
Doch Leben und Streben verbündet.

Wär' uns ein Beispiel dein ruhmvoller Krieg,
Wir reichten uns freudig die Hände.
Im Anschluß von allen liegt der Sieg,
Im Glück eines jeden das Ende.

Nichts lag also Grillparzer ferner, als etwa dem Militarismus das Wort zu reden. Was er verherrlichte, war der *Kollektivismus*, und dieser wurde im absolutistischen Staat, welcher die Bevölkerung als solche von der Teilnahme am öffentlichen Leben fernhielt, verkörpert durch die Beamtenschaft im weitesten Sinne des Worts, zu der ja Grillparzer selbst gehörte. Ich sage: durch die Beamtenschaft im weitesten Sinne, weil es ganz verkehrt wäre, eine scharfe Scheidung von Zivil- und Militärverwaltung vorzunehmen. Selbst in unserer weit mehr differenzierten Verwaltung ist eine solche Scheidung nicht möglich. Zivil- und Militärverwaltung sind eng miteinander verflochten, und wir dürfen nicht übersehen, daß uns auf dem Exerzierplatz und im Manöver eben nur ein Teil des Militärs gegenübertritt, während eine weitverzweigte Bureauarbeit eine innige Verbindung zwischen Zivil- und Militärämtern herstellt und aufrechthält. Im absolutistischen Staate aber ist vollends die Heeresverwaltung eben nur ein Zweig, und zwar ein äußerst wichtiger Zweig der großen Staatsverwaltung, und diese Staatsverwaltung ist es, welche die wertvollste Errungenschaft des Absolutismus darstellt. Wenn ich gesagt habe: Unser Staat ist eine Schöpfung des Absolutismus, so hätte ich mit demselben Recht sagen dürfen: er ist die Schöpfung der Beamtenschaft. Denn die landesfürstliche Verwaltung, die ja der Natur der Sache nach keine andere sein konnte, als eine beamtenmäßige, eine bureaukratische Verwaltung, hat den Staat ermöglicht, gegründet und ausgebaut. „Staat", „Status": Mit diesem Ausdruck wurde ja früher ein Beamten- und Ämterkomplex bezeichnet. Noch heute gebrauchen wir unbedenklich in diesem Sinne das Kompositum „Hofstaat". Der „Beamtenstaat" als die Gesamtheit der im Dienste des Landesfürsten stehenden Amtspersonen ist denn auch das feste Knochengerüste des monarchischen Staates geworden. Im Anfang freilich hielten sich noch landesfürstliche und ständische Verwaltung die Wage. Beide Machtfaktoren bedienten sich einer beamtenmäßigen Verwaltung. Aber im Laufe der Zeit gewann die landesfürstliche Verwaltung einen nicht mehr wettzumachenden Vorsprung. Unter Maria Theresia strebt sie in die Breite und in die Tiefe. Die Kreisämter stellen sich als die erwünschten Ausläufer der landesfürstlichen Verwaltung dar, die sich nun mit der Bevölkerung in unmittelbare Verbindung setzt [1]. Zwei große Vorbilder sind es, an die sich die landesherrliche Zivilverwaltung halten kann: die uralte Kirchenverwaltung und die landesfürstliche Heeresverwaltung. Ich habe schon gesagt, daß man zwischen Militär- und Zivilverwaltung nicht allzu scharf unterscheiden darf. Was speziell die innere Verwaltungsorganisation anbelangt, so hat diese in der Heeresorganisation ihre höchste Ausbildung erlangt, und militärische Einrichtungen wurden dann leicht auch auf die Zivilverwaltung übertragen. So ist unser ganzes Rangsklassen- und Uniformenwesen militärischen Ursprungs. So ergab es sich von selbst, daß an die Spitze des Kreisamts ein „Kreishauptmann" gestellt wurde, dessen Nachkomme ja unser heutiger „Bezirkshauptmann" ist [2]. Vollends für die anstaltliche Verwaltung boten die

[1] Mayern, Einleitung zur kreisämtlichen Wissenschaft im Königreich Böheim, 1776, S. 3, bezeichnet das Kreisamt als „eine dem hohen Landesgubernio unterstehende Mittelstelle zwischen gleich besagtem königl. Gubernio und den Kreisinsassen". Heute verstehen wir unter einer Mittelstelle eine zwischen zwei Ämtern in der Mitte stehende Behörde.

[2] Mayern (a. a. O. S. 11) wirft die Frage nach dem Range des Kreishauptmanns und des Kreisadjunkten auf und beantwortet sie, wie folgt: „Die Kreishauptleute als jüngste Oberstleutnants", „Adjunkt aber, wenn er in vicem des Kreishauptmanns erscheint, als jüngster Major, sonsten aber qua Adjunkt als jüngster Hauptmann." „Jedoch dürfen diese, wenn sie gleich auch Militär-Offiziers gewesen wären, kein Militär-Ehrenzeichen, als Uniform oder Porte-Epée tragen."

so vielfältigen und verschiedenartigen Heeresanstalten fertige Typen. Wenn einmal die Geschichte der österreichischen Verwaltung wird geschrieben werden können — es ist beschämend, daß wir heute noch tief in den Vorarbeiten dazu stecken —, wird es sich herausstellen, wie viel Gedanken einer rationellen und ersprießlichen Verwaltung dem militärischen Milieu entstammen. Wie sehr aber Zivil- und Militärverwaltung einander in die Hände arbeiteten, das zeigt sich am deutlichsten bei der sogenannten „Konskription". Aus dieser Konskription hat sich unser heutiges Volkszählungswesen entwickelt. Aber die Konskription selbst verfolgte nicht bloß statistische, sondern sehr weitgehende Verwaltungszwecke. Sie schuf die unbedingt notwendige Unterlage für eine gedeihliche Zivil- und Militärverwaltung. Wiederum muß ich sagen: Es ist beschämend, daß uns eine Geschichte des österreichischen Konskriptionswesens fehlt. Das Konskriptionspatent ist vollständig vergessen. Es ist zwar äußerst leicht in den Gesetzsammlungen zu finden. Aber niemand liest es, niemand studiert es, und so werden die wertvollsten Verbindungsfäden zwischen dem alten und dem neuen Verwaltungsrecht übersehen [1].

Denn darüber darf man sich nicht täuschen: Unsere Staatsverwaltung führt in den meisten Beziehungen auf den absolutistischen Staat zurück. Selbst nach der Revolution war es der wiedererstandene Absolutismus, der seine Arbeit noch zu Ende führte, indem er durch einen großartigen Ausbau der Staatsverwaltung die Lücken ausfüllte, die durch den Wegfall der patrimonialen Gerichtsbarkeit und Verwaltung entstehen mußten [2]. Diese ganze zentralistisch-absolutistische Verwaltungsorganisation hat durch den Übergang zum Konstitutionalismus keine durchgreifenden Änderungen erfahren, und so kommt es, daß sich die altösterreichischen Beamtentraditionen bis heute erhalten haben. Die altösterreichischen Beamtentraditionen! Wir sind in Österreich gewohnt, von den Leistungen der Staatsbeamten sehr gering zu denken. Die schwer arbeitende Bevölkerung ist ohnedies geneigt, die scheinbar leichte Bureautätigkeit zu verachten, und dazu kommt noch, daß man im Beamten immer nur den dünkelhaften und verbohrten Bureaukraten, den stumpfsinnigen Pedanten sieht, der den Bedürfnissen des Volkes verständnislos gegenübersteht und dem es an jenem gesunden Menschenverstande gebricht, den das Volk natürlich in jeder erwünschten Quantität stets vorrätig hat. Sankt Bureaukratius heißt ja neuestens in den Witz- und Tagesblättern der komische Heilige, dessen sonderbare Taten zur Aufheiterung aller über die Kleinlichkeiten des Tages erhabenen Gemüter festgestellt werden. Ich will niemand die Freude an den Bureaukratiusscherzen rauben oder schmälern. Aber darauf muß ich hinweisen, welch starker ethischer Gehalt in der Lebensarbeit eines Beamten steckt, der trotz kärglicher Besoldung und ohne der äußeren Aner-

[1] Gemeint ist im Text der erste Abschnitt des Konskriptions- und Rekrutierungspatents vom 25. Oktober 1804. Den österreichischen Juristen pflegt das Konskriptionspatent nur als Heimatrechtsquelle bekannt zu sein, obwohl es das Heimatrecht selbst gar nicht behandelt. Vgl. Spiegel im Österr. Staatswörterb., 2. Aufl., II. Bd. S. 812.

[2] Darüber vgl. neuestens Friedjung, Österreich von 1848 bis 1860. I. Bd. S. 292 ff.

kennung sicher zu sein in den Interessen seines Amtes aufgeht und nichts anderes sein will, als — um wieder mit Grillparzer zu reden — „ein treuer Diener seines Herrn". Das ist die historische Gestalt des österreichischen Beamten. Die Fehler und Schattenseiten auch der altösterreichischen Beamten sollen weder verkannt noch beschönigt werden. Aber trotz aller seiner Mängel war der Beamte des alten Österreich die festeste Stütze des Staates, das verläßlichste und willigste Werkzeug des kaiserlichen Willens. Die Zufriedenheit seiner Vorgesetzten und vor allem des Kaisers selbst war sein höchstes Ideal, dem er sein eigenes Wohlergehen oft genug zum Opfer brachte. Und blinder Gehorsam war es, den er seinen Vorgesetzten schuldig war. Der Absolutismus der Staatsgewalt wiederholte und verschärfte sich eben innerhalb der Staatsverwaltung. Wie ein absoluter Fürst herrschte der Bureaukrat über die ihm untergebenen Beamten. Und wenn man sich vergegenwärtigt, wie sehr die Lebensführung der Bevölkerung vom Polizeistaat überwacht und reguliert wurde, so kann man sich eine Vorstellung davon machen, wie die Beamten in allem und jedem von ihren Vorgesetzten abhängig waren. Ich habe gesagt, daß sich die altösterreichischen Beamtentraditionen bis heute erhalten haben. Vielleicht habe ich damit zu viel behauptet. Ich wollte auch nur feststellen, daß das konstitutionelle Verhältnis, in welchem Monarch und Regierung zur Bevölkerung stehen, verträglich ist und lange Zeit verträglich war mit dem absoluten Regime des Beamtenchefs über seine Unterbeamten. Noch vor wenigen Jahren hätte man von einer Alleinherrschaft des absoluten Prinzips in der Beamtenhierarchie sprechen können. Heute mehren sich die Anzeichen, daß dieses absolutistische Prinzip einem demokratischen zu weichen beginnt. Neue Probleme tauchen in der Beamtenwelt auf, so vor allem das Massenproblem. Beamtenorganisationen, welche Standesfragen in Versammlungen erörtern, ohne sich darum zu kümmern, ob das, was gesprochen wird, den Vorgesetzten angenehm ist, wären im alten Staat nicht nur unmöglich, sondern geradezu undenkbar und unfaßbar gewesen. Heute sind die Beamten selbst eine Macht, wenn auch eine kleine Macht, die mit ihren Ansprüchen nicht bittend, sondern fordernd an die Vorgesetzten herantritt. Wie die Bevölkerung ihre Verfassung verlangt und durchgesetzt hat, so begehren auch die Beamten ihre Verfassung, die Dienstpragmatik [1]. Schon beginnt also eine Umgestaltung der traditionellen Verhältnisse. Die Grundlagen werden geschaffen für eine neue Psychologie und Ethik des Beamtentums. Was sich daraus entwickeln wird, können wir nicht vorhersehen. Ich wollte nur auf diese Erscheinung aufmerk-

[1] Der Vergleich der Dienstpragmatik mit der Staatsverfassung ist auch insofern begründet, als die Dienstpragmatik durch ihre gesetzliche Festlegung geradeso der Verfügungsgewalt der Regierung entrückt werden soll, wie die Verfassung jener des Monarchen. Erst nach jahrelangem Widerstand hat die Regierung der gesetzlichen Regelung der Dienstpragmatik zugestimmt. Gegenwärtig harrt der vom Reichsrat beschlossene Gesetzentwurf betreffend das Dienstverhältnis der Staatsbeamten und der Staatsdienerschaft (Dienstpragmatik) der Sanktionierung. Aber die Hindernisse, die der Erlassung des Gesetzes entgegenstehen, sind bloß budgetäre.

sam machen und andeuten, daß hier die neue Welt im Streit liegt mit der alten.

Nun hängen aber im sozialen und staatlichen Leben alle Erscheinungen eng miteinander zusammen, und so entspricht der persönlichen Seite, die ich bisher besprochen habe, auch eine sachliche, und auf diese kommt es uns ja vor allem an. Nicht bloß in bezug auf sein persönliches Verhalten hat sich der altösterreichische Beamte seinen Vorgesetzten untergeordnet, sondern selbstverständlich auch, und in erster Linie, in bezug auf seine amtliche Tätigkeit. Jeder Absolutismus ist zugleich Zentralismus. Die absolute Herrschergewalt befindet sich im Zentrum und wirkt von da durch Vermittlung der dem Herrscher willig gehorchenden Ämter bis an die Peripherie. Die Aufgabe des Beamten ist es also, sich in jedem einzelnen Falle die Frage vorzulegen, wie die Zentralbehörde, die Hofstelle diesen Fall entschieden wissen will. Die Willensmeinung der Hofstellen zu erkunden oder zu erraten, das ist es, was die Lebensaufgabe des vormärzlichen Beamten bildete. Die Hilfsmittel, die ihm dabei zur Verfügung standen, waren die Gesetze, die Verordnungen, die Hofdekrete, die Generalien, die Normalien und wie immer die Kundgebungen der Zentralstellen heißen mochten. Eine Rangordnung unter diesen Kundgebungen gab es nicht. Das geheim zu haltende Normale hatte keine geringere Kraft als das der Bevölkerung bekannt gegebene Gesetz. Denn beide entstammten ja demselben Herrscherwillen, und nur darauf kam es an, welches der neuere und darum entscheidende Wille war. Nicht die voluntas legis war maßgebend, sondern die voluntas legislatoris, der wie immer ausgedrückte Wille des souveränen Landesfürsten. Joseph Unger erzählt, daß er wegen kritischer Bemerkungen über das allgemeine bürgerliche Gesetzbuch von einem Wiener Professor der Majestätsbeleidigung geziehen wurde. Denn er habe es gewagt, den allerhöchsten Gesetzgeber Kaiser Franz anzugreifen [1]. Das ist ganz die absolutistische Denkweise, welche unterschieds- und kritiklos alles hinnimmt, was „von oben“ kommt, und hinter dem Gesetz immer die Person des Monarchen sieht. Das Normaliensammeln war damals die Lieblingsbeschäftigung des Beamten, sei es, daß er sich ihr zu eigenem Nutz und Frommen hingab oder daß er die Früchte seiner emsigen Tätigkeit der Öffentlichkeit zugänglich machte. Wir besitzen eine überaus große Zahl von Sammlungen älterer Vorschriften, die von Beamten, oft von kleinen Beamten herrühren und die uns ganz unentbehrlich sind, wenn wir das ältere Recht kennen lernen wollen. Das große und das kleine ist darin mit derselben Liebe und Sorgfalt aufgezeichnet. Wir erfahren daraus, daß es der absolutistische Staat als seine Aufgabe angesehen hat, jedes Detail genau zu normieren, um nur ja der einzelnen Amtsperson keine Freiheit einzuräumen. Alles wurde in Wien vorbedacht und erledigt, um dann in den einzelnen Teilen des weiten Reichs einfach vollstreckt zu werden.

---

[1] Grünhuts Ztschr. 31. Bd. S. 402. Vgl. neuestens Pattai, Der Kampf um die Rechtswissenschaft und die Freirechtsbewegung, 1913, S. 15.

Auch daran hat sich zunächst durch den Übergang zum Konstitutionalismus nicht allzuviel geändert. Nur eine ganz bestimmte Gruppe von Beamten, die Richter, und auch nicht einmal alle Richter — denn für die Gefälls- und Militärgerichte gilt das Staatsgrundgesetz über die richterliche Gewalt nicht[1] — wurden unabhängig gemacht von den Anordnungen der vorgesetzten Behörden und bloß auf das Gesetz verwiesen, welches nunmehr eine überragende Stellung einnimmt. Der Richter hat nach dem Gesetze zu entscheiden und nicht etwa nach Normalien oder Weisungen, die er neben dem Gesetz von den Oberbehörden empfängt. Für die übrigen Beamten aber ist die Rechtslage auch heute noch so wie früher. Auch heute noch gilt für den Verwaltungsbeamten das unscheinbarste Normale genau so viel (oder vielleicht auch mehr) als das Gesetz. Nicht darauf kommt es an, ob er dem Gesetz, sondern darauf, ob er seinen Vorgesetzten entspricht. Nur ganz allmählich bereitet sich auch hier eine Änderung vor. Ich werde darauf noch zurückkommen müssen.

Zunächst aber muß ich doch vom Gesetze sprechen, welches im konstitutionellen Staat, wie gesagt, eine überragende Stellung einnimmt. Es ist nicht mehr eine der vielen Willensäußerungen des Monarchen, sondern eine Anordnung des Staates, die auch dem Monarchen gegenüber, der ja nicht mehr der einzige Faktor der Gesetzgebung ist, rechtsverbindlich ist. Der einzelne Staatsbürger hat das Gesetz zu befolgen und nicht etwa Verordnungen, die dem Gesetz nicht entsprechen oder ihm gar widerstreiten. Vollends können ihm die Instruktionen, Normalien, Weisungen, die die Behörde ihren Beamten erteilt, gleichgültig sein. Es tritt also im konstitutionellen Staat an Stelle des persönlichen Herrschers ein unpersönlicher, an Stelle des Monarchen das Gesetz, und da scheint es, daß wir es wirklich mit einer vollständigen Umgestaltung der Verhältnisse zu tun haben, daß keine Brücke vom absolutistischen Staat in die Gegenwart führt. Aber es scheint nur so. Denn der Satz, daß das Gesetz — und darunter ist das konstitutionelle, das mit Zustimmung des Parlaments erlassene Gesetz zu verstehen — die alleinige Quelle des geschriebenen Rechts ist, daß die Staatsbürger sich an das Gesetz zu halten haben und daß die Verwaltung eben auch gesetzmäßig zu führen ist, ist gewiß ein grundlegender Satz des konstitutionellen Staatsrechts; aber es genügt nicht, diesen Satz aufzustellen und zu billigen, man muß auch die Voraussetzungen dafür schaffen, daß er praktische Geltung erlange, und das ist eine sehr mühselige Arbeit. Man muß nämlich dafür sorgen, daß wirklich alle Rechtsregeln, deren der Staat bedarf, die für die Staatsverwaltung und für die Bevölkerung in Betracht kommen, in verfassungsmäßig zustande gebrachten Gesetzen ihren Ausdruck finden. Das ist denn auch sicherlich das Ideal aller derjenigen ge-

[1] Bezüglich der Militärgerichtsbarkeit steht gegenwärtig die Inkraftsetzung der neuen Militärstrafprozeßordnungen bevor, welche erklären, daß die Gerichte sowie ihre Mitglieder und richterlichen Organe bei der Vornahme richterlicher Ermittlungshandlungen sowie bei der Schöpfung von Erkenntnissen unabhängig und nur dem Gesetze unterworfen sind (§ 26). Vgl. hierzu die einschlägigen Stellen des Ausschußberichts bei Lelewer, Die Militärstrafprozeßordnungen Österreich-Ungarns, 1912, S. 15.

wesen, die den modernen Staat geschaffen haben, und der Gesetzgebungsapparat wurde auch tatsächlich in Bewegung gesetzt, damit dieses Ideal verwirklicht werde. Aber vorläufig sind wir davon noch sehr weit entfernt. Wir haben gewiß nicht wenig konstitutionelle Gesetze. Aber trotzdem läßt sich nicht behaupten, daß die unzähligen Vorschriften des absolutistischen Staates vollständig oder nahezu vollständig revidiert worden seien. Wenn wir ein Inventar unseres geschriebenen Rechts aufnehmen wollten, so würde sich herausstellen, daß außerordentlich viel Rechtsstoff aus der absolutistischen Zeit stammt, zum Teil aus dem 19., zum Teil aber auch noch aus dem 18. Jahrhundert, aus der Zeit Maria Theresias und Josephs. Und dieser alte Rechtsstoff läßt eine staatsrechtliche Sonderung von Gesetz und Verordnung, wie wir sie heute vornehmen, nicht zu. Immer ist es die voluntas legislatoris und nicht die voluntas legis, die uns da in den allerverschiedensten Formen und bei den allerverschiedensten Anlässen entgegentritt. Wenn man sich darüber nicht genügend klar zu sein pflegt, so liegt der Grund in dem Tiefstand unserer Verwaltungsrechtswissenschaft, welche sich meist mit oberflächlichen Darstellungen begnügt. Wenn man irgendein Kapitel des Verwaltungsrechts genauer untersucht, so sieht man sich immer wieder genötigt, sich mit den Rechtsquellen der älteren Zeit zu beschäftigen, und man findet dann, daß die absolutistische Ära durchaus nicht zur Vergangenheit gehört, sondern lebendige Wirklichkeit darstellt. Unser gesamtes Recht — es gilt das auch vom Privat- und Strafrecht, weil das bürgerliche Gesetzbuch und das Strafgesetz auch aus der Zeit des Absolutismus herrühren, wenn sie auch durch zahlreiche Novellen aus neuerer und neuester Zeit abgeändert sind — unser gesamtes Recht setzt sich zusammen aus Normen, die verschiedenen Zeitaltern entstammen und die darum Anschauungen und Denkweise verschiedener Epochen zum Ausdruck bringen. Der Polizeistaat lebt noch immer fort in unzähligen Anordnungen, die wir zu beseitigen oder durch moderne Gesetze zu ersetzen unterlassen haben. Es ist das eine sehr bedeutsame Erbschaft des Absolutismus, die nicht immer erfreulich ist. Unsere Gesetzgebung hat sich mit dieser Tatsache so ziemlich abgefunden. So viele Gesetzentwürfe auch im Laufe der Jahre im Reichsrat eingebracht werden, so sind doch verhältnismäßig wenige dazu bestimmt, an Stelle alter Hofdekrete, Patente usw. Normen zu setzen, die den Bedürfnissen unserer Zeit entsprechen. Der Gründe für diese seltsame Erscheinung gibt es eine ganze Reihe, und die technische Schwierigkeit der Arbeit ist unter ihnen eine der nebensächlichsten. Weit mehr kommt in Betracht, daß jene konservativen Anschauungen des ancien régime, die durch den Übergang zum Konstitutionalismus scheinbar überwunden worden sind, doch wieder das Übergewicht erlangt haben und der Revision der mit ihnen trefflich harmonierenden älteren Normen entgegenstehen. Sowie bei der Reform des bürgerlichen Gesetzbuchs, die die Regierung eben jetzt in Angriff genommen hat [1], das

[1] Seit der Niederschrift des Textes hat die Zivilgesetznovelle bereits das Herrenhaus passiert.

Eherecht als noli me tangere angesehen wird, weil man das Verhältnis von Staat und Kirche nicht zur Diskussion zu stellen wagt, so verhält es sich auch mit sehr vielen Materien des Verwaltungsrechts, und die Folge ist, daß wir uns bis auf weiteres immer noch mit den Rechtsnormen des absolutistischen Staates behelfen müssen, so wenig sie den Anforderungen der Zeit entsprechen und so seltsam sie von den auf anderen Gebieten geltenden modernen Gesetzen abstechen.

So stellt sich uns also der Bestand unserer Rechtsquellen als ein höchst eigentümliches Gemisch von alten und neuen Normen dar, und es ist keine leichte Aufgabe für die Rechtswissenschaft, aus diesen Normenkomplexen ein harmonisches System zu schaffen. Dadurch, daß es der Rechtswissenschaft um eine systematische Verarbeitung der Rechtsnormen zu tun ist, unterscheidet sie sich von jener sammelnden Tätigkeit der älteren Beamtengeneration, die ihren Ausdruck in der Verwaltungs- und Finanzgesetzkunde gefunden hat. Gewiß ist die Bearbeitung und Verarbeitung der Rechtsvorschriften eine qualifiziertere Tätigkeit als das bloße Sammeln und Zusammenstellen dieser Vorschriften. Aber das Material für die systematische Bearbeitung muß sich natürlich auch die moderne Rechtswissenschaft beschaffen und in bezug auf diese Vorarbeit für die Schaffung eines Rechtssystems hat sich durch die Beseitigung des Absolutismus nichts Wesentliches geändert. Unsere Rechtswissenschaft lebt nach meiner Überzeugung auch heute noch ganz im Gedankenkreise der absolutistischen Zeit. Ich berühre diesen Punkt mit großer Reserve und nicht ohne Bedenken [1]. Denn, was ich sagen will, ist durchaus nicht die communis opinio doctorum. Wenn auch alle Anzeichen dafür sprechen, daß sich in der Rechtswissenschaft eine große Wandlung vorbereitet, so stehen wir in dieser Richtung doch erst am Anfang der Entwicklung, und wir pflegen uns auch die Gründe der ganzen Reformbewegung nicht klar zu machen. Was ich darüber sagen will, ist meine höchst persönliche Anschauung, die ich als solche hinzunehmen bitte, nicht etwa auf Treu und Glauben, sondern als Anregung zu eigenem Nachdenken.

Im absolutistischen Staate ist der Landesfürst die Quelle alles Rechts. Er setzt das Recht durch die Kundgabe seines Willens. Suprema lex regis voluntas. Die Rechtswissenschaft hat also nichts anderes zu tun, als den vom Landesfürsten, vom Monarchen geäußerten Willen zu erforschen. Infolge des Übergangs zum Konstitutionalismus ist nun, wie schon erwähnt, an Stelle des persönlichen Herrschers ein unpersönlicher getreten: das Gesetz, die Gesetzgebung, der Staat. Es handelt sich nunmehr nicht um den Willen einer physischen, einer Einzelperson, sondern um den Willen einer juristischen Person, um einen juristischen Willen. Die Aufgabe der Rechtswissenschaft ist nunmehr die, den Willen des Gesetzes zu erforschen. Denn jetzt gilt der Satz: Supremus

[1] Man wolle beachten, daß der hier abgedruckte Vortrag in einem studentischen Verein gehalten wurde.

rex legis voluntas[1]. Das ist denn auch der Standpunkt der klassischen Rechtswissenschaft, das ist die herrschende Anschauung. Wenn sie richtig ist, dann leben wir auch jetzt noch in einem absoluten Staate. Nur ist eben an die Stelle des Fürstenabsolutismus der Staatsabsolutismus getreten, und auch das ist noch immer die herrschende, wenn auch nicht mit dürren Worten zum Ausdruck gebrachte Anschauung. Aber sie entspricht nicht der Wirklichkeit. Wenn wir das wirkliche Rechtsleben beobachten, so sehen wir, daß es sich nicht rein mechanisch nach den Bestimmungen des Gesetzes abwickelt, sondern daß die Persönlichkeit der an der Rechtsübung beteiligten Individuen und die wechselnden Bedürfnisse und Anforderungen des Lebens sehr wesentliche Faktoren für die Gestaltung des Rechtes sind. Ein und dasselbe Gesetz wird, wenn es in zwei Staaten gilt, verschieden gehandhabt, verschieden angewendet, und auf diese Anwendung, auf die faktische Herrschaft des Gesetzes kommt es an und nicht auf den toten Buchstaben. Ein Gesetz, an welchem durch ein Jahrhundert kein Buchstabe geändert worden ist, wird doch hundert Jahre nach seiner Erlassung anders aufgefaßt und anders verstanden als in seiner Jugendzeit. Es folgt dem Gesetze alles Lebens, indem es sich unausgesetzt verändert, ohne daß diese Veränderung auf einen gesetzgeberischen Akt zurückgeführt werden könnte. Unser bürgerliches Gesetzbuch lesen wir Epigonen anders, als es unsere Großväter getan haben. Gesetztes Recht hat es nicht von allem Anfang an gegeben. Das ungesetzte Recht ist das ursprüngliche, das ältere Recht, dem gegenüber das gesetzte eine höhere, vollkommenere Stufe des Rechts darstellt. Aber es ist ein Irrtum, anzunehmen, daß das gesetzte Recht jemals imstande sein wird, das ungesetzte vollständig zu verdrängen oder die Quellen für die Bildung ungesetzten Rechts zu verstopfen. Das Leben wird immer rechtsgestaltend und rechtsumbildend wirken. Niemals wird es gelingen, das Volk von dem Rechtsbildungsprozeß auszuschalten. So notwendig auch das gesetzte Recht ist, so sehr es dem ungesetzten technisch überlegen ist, so glücklich es dem unleugbaren Bedürfnisse der Rechtssicherheit und Rechtsgewißheit entgegenkommt, so ist es doch nicht imstande, das ungesetzte Recht aus der Welt zu schaffen. Immer wird das wirkliche, das lebendige Recht ein Mischungsverhältnis von gesetztem und ungesetztem Recht aufweisen. Daß der Absolutismus diese Wahrheit verkannt hat, ist begreiflich. Denn für ihn war der Glaube an die Alleinherrschaft des gesetzten, des vom Monarchen ausgehenden Rechts wesentlich. Hätte er in diesem Punkte theoretische Zugeständnisse gemacht, so hätte er sich selbst widersprochen. Nachdem aber der Absolutismus beseitigt ist, sind die Voraussetzungen gegeben für eine andere Anschauungsweise. Wir dürfen nicht glauben, daß sich der konstitutionelle Staat nur dadurch vom absoluten unterscheidet,

[1] Anschütz im Verwaltungsarchiv, 14. Bd. S. 330. (Vgl. meine „Verwaltungsrechtswissenschaft", S. 199.) Mathias schließt seinen Vortrag „Der Wille des Gesetzes" (Manz, 1900, S. 14) mit den Worten: „Hoffen wir, daß unsere Wissenschaft in das Gedenkbuch des neuen Jahrhunderts die Worte schreiben wird: Legis voluntas suprema voluntas."

daß die Herrschaft nun nicht mehr vom Monarchen allein, sondern vom Monarchen in Verbindung mit dem Parlament geführt wird. Das Parlament ist selbst nur der Ausdruck dessen, daß das Volk zur Mitarbeit an der Bewältigung der Staatsaufgaben herangezogen wird, und neben die organisierte Mitarbeit tritt die nicht organisierte, die nicht regulierbare und nicht kontrollierbare, aber darum doch nicht minder tatsächliche, nicht minder fruchtbare und fördernde Beteiligung am staatlichen und am Rechtsleben. Will die Rechtswissenschaft ihrer Aufgabe entsprechen, so darf sie sich nicht darauf beschränken, den Gesetzesinhalt zu erforschen, sondern sie muß auch dem lebendigen Recht ihre Aufmerksamkeit zuwenden, dem lebendigen Recht, das seine Quelle nicht bloß im Zentrum des Staates findet, nicht bloß in der ausdrücklichen Rechtsetzung, sondern auch in der Betätigung, in der Übung, in der Gestaltung des Rechts. Wenn die Rechtswissenschaft das tut, dann erst emanzipiert sie sich von der Anschauungsweise des Absolutismus, der das ungesetzte Recht entweder verfolgt oder ignoriert hat.

Doch das sind Zukunftsträume! Vorläufig wandelt die Rechtswissenschaft noch in den alten Bahnen. Sie ist eine Wissenschaft des *gesetzten* Rechts. Sie glaubt noch an die rechtliche Allmacht des Gesetzes. Da ist es nun interessant zu sehen, daß die Gesetzgebung selbst, wenigstens auf gewissen Gebieten, ihre Herrschaft freiwillig einschränkt. Während sich der absolute Staat nicht genug tun konnte in der Aufstellung von Normen, welche für die Ämter bei der Erfüllung der ihnen zugewiesenen Aufgaben maßgebend zu sein hatten, zeigt die moderne Gesetzgebung mitunter die Tendenz, dem eigenen Ermessen der Staatsorgane und der öffentlichen Organe überhaupt einen weiten Spielraum zuzugestehen [1]. In seiner ganzen Schärfe können wir diesen Gegensatz wahrnehmen, wenn wir die heute geltenden Prozeßordnungen — die Straf- und die Zivilprozeßordnung — mit den alten Strafgesetzen und Gerichtsordnungen vergleichen. Der Richter, dem im alten Staat jeder Schritt, den er zu machen hatte, derart vorgezeichnet war, daß man den Verlauf des Prozesses wie ein Schachspiel vorausberechnen konnte, kann den Prozeß heute nach bestem Wissen und Gewissen selbständig leiten. Das gleiche wiederholt sich auf anderen Gebieten, und man kann im großen und ganzen feststellen, daß die Selbständigkeit der einzelnen Behörden und Ämter im Laufe der Zeit zugenommen hat. Man wertet eben heute auch *die Persönlichkeit* des Richters und des Verwaltungsbeamten, man weiß auch die Vorteile zu würdigen und auszunützen, die die Initiative, der Intellekt und die Energie des Einzelnen bieten. Man will nicht vom Zentrum aus alle Provinzen des Rechtslebens beherrschen, sondern man vertraut darauf, daß die öffentlichen Interessen auch ohne weitgehende Reglementierung ihre Befriedigung finden

[1] Darüber, daß neben dieser Tendenz noch immer — namentlich auf verwaltungsrechtlichem Gebiete — die geradezu entgegengesetzte anzutreffen ist, vgl. unten S. 65 ff. Ein Nebeneinanderbestehen verschiedener Strömungen und Anschauungen ist ja im Staatsleben nichts Seltenes.

werden, ja man ist davon überzeugt, daß gerade die der Verwaltung und der Justiz eingeräumte Freiheit, ihr Vorgehen den Besonderheiten des konkreten Falles anzupassen, die wertvollste Vorbedingung ist für die Lösung ihrer Aufgaben. Damit hängt denn auch die Tendenz zusammen, den Instanzenzug tunlichst abzukürzen. Man sieht es nicht mehr als notwendig oder als wünschenswert an, daß jede Angelegenheit bis zur Zentralstelle gebracht werde, sondern man spricht auch Behörden, die vom Zentrum mehr oder minder weit entfernt sind, das Recht zu, in gewissen Sachen *endgültig*, als letzte Instanz zu entscheiden. Während der Absolutismus, wie gesagt, zugleich Zentralismus ist, kann nach dem Sturze des Absolutismus auch eine vernünftige Dezentralisation Platz greifen. Wir haben es hier nicht bloß mit äußeren, sondern auch mit geistigen Vorgängen zu tun. Der Beamte, der nach eigenem Ermessen vorzugehen hat, ist ein anderer oder wird naturgemäß ein anderer als derjenige, der von seinen vorgesetzten Behörden oder vom Gesetz am Gängelbande geführt wird. Der vormärzliche Beamte hatte kein anderes Ideal als das, seinen Vorgesetzten zu gehorchen und zu gefallen. Darum sah er es nicht als ein Hemmnis, sondern im Gegenteil als eine höchst willkommene *Förderung* seiner Tätigkeit an, wenn ihm sein Verhalten bis in alle Einzelheiten genau vorgeschrieben wurde. Darum wandte er sich um Belehrung „nach Hof“, so oft er irgendeinen Zweifel hatte [1]. Denn es handelte sich ja um den kaiserlichen Dienst, und darum war nicht *die* Meinung maßgebend, die *der Beamte selbst* von der besten Art der Erledigung hatte — er hatte eine solche Meinung überhaupt nur, wenn er etwa darnach gefragt wurde —, sondern maßgebend war die Meinung, die man an höchster Stelle hegte. Dem „beschränkten Untertanenverstand“, mit dem die Machthaber rechneten, entsprach auch der beschränkte Beamtenverstand. Unter dem Einfluß der demokratischen Gedanken, auf denen der Konstitutionalismus beruht und die er weiterbildet, und unter dem Einfluß der modernen Gesetzgebung geht auch hier langsam jene Änderung vor sich, die ich früher angedeutet habe. Die einzelnen Amtspersonen beginnen sich als selbständig tätige Glieder des Staates und nicht bloß als Vollstreckungsorgane eines gegebenen Willens zu fühlen. Sie müssen sich eine eigene Meinung bilden nicht bloß darüber, was die Vorgesetzten von ihnen verlangen, sondern auch darüber, was der Fall, was das Leben von ihnen verlangt. Ihr Verantwortlichkeitsgefühl wird dadurch geweckt, ihr Selbstgefühl gestärkt, und sie stellen ihre Persönlichkeit, die früher ganz zurücktreten mußte, in den Dienst ihres Berufs. Die höchste Staatskunst des Absolutismus war es, die Persönlichkeit der Beamten unschädlich zu machen. Der Beamte sollte nichts anderes sein, als eine Maschine, der *eine* Beamte genau dasselbe und in derselben Weise leisten wie irgendein anderer. Die moderne Staatskunst sucht die Persönlichkeit des Beamten *zur Geltung zu bringen*, ihm Gelegenheit zu geben, seine besten Kräfte dem Wohle des Ganzen zu widmen, ihn zu befähigen, auf Grund

[1] Vgl. unten die Abhandlung über den référé législatif.

eigener Wahrnehmung und eigenen Nachdenkens das Richtige und Zweckmäßige zu erkennen. Wenn ich da von der modernen Staatskunst spreche, so ist das freilich wiederum ein Blick in die Zukunft. Denn augenblicklich befinden wir uns ja noch in einer Übergangsperiode. Es gilt für uns der Satz: Video meliora proboque, deteriora sequor. Das Richtige wird wohl erkannt. Wir sprechen unausgesetzt von der Notwendigkeit einer Reform der Verwaltung und denken dabei in erster Linie an eine Reform der Ausbildung der Verwaltungsbeamten. Aber wir sprechen eben nur davon und haben noch nicht begonnen, die Reform zur Tat werden zu lassen [1]. Endlich werden wir uns aber doch dazu aufraffen müssen, um auch in diesem Punkt über das absolutistische Zeitalter hinauszukommen.

Es ist mir vielleicht gelungen, darzutun, daß es sich bei der Überwindung des Absolutismus nicht nur um einen mechanischen oder technischen Vorgang handelt, nicht darum allein, etwa durch einige Paragraphen die Grundsätze des konstitutionellen Staatsrechts zu proklamieren, sondern daß es sich dabei in erster Linie um einen geistigen Prozeß handelt, daß die Ideen des Absolutismus neuen, freiheitlichen Ideen Platz machen müssen. Formell gilt ja die Verfassung bei uns schon seit vierzig Jahren, wenn man die Unterbrechung unter Belcredi vernachlässigt, seit nahezu einem halben Jahrhundert. Aber wenn wir, wie ich gezeigt zu haben glaube, die Erbschaft des Absolutismus noch lange nicht realisiert haben, so liegt der Grund darin, daß wir uns von ihm innerlich noch nicht losgemacht haben. Es kommen da nicht bloß politische und Rechtsanschauungen in Betracht, sondern die gesamte psychische Veranlagung des Menschen. Absolutistische und antiabsolutistische Neigungen und Anschauungen hängen mit der Weltanschauung eng zusammen. In religiöser, ethischer, philosophischer und politischer Beziehung können wir mit ziemlicher Deutlichkeit zwei Gruppen von Menschen unterscheiden, solche, die heteronom veranlagt sind, die also die Normen für ihr ganzes Verhalten und für den Inhalt ihres Denkens von außen, von einer ihnen selbst gegenüberstehenden Autorität empfangen und erwarten, und autonom veranlagte Menschen, die sich die Normen und Anschauungen selbst zu bilden oder wenigstens zu eigen zu machen bestrebt sind. In politischer Hinsicht sind die heteronom veranlagten Menschen die Absolutisten, die anderen die Antiabsolutisten [2]. Man darf sich dadurch nicht beirren lassen, daß in Revolutionszeiten ein allgemeiner Freiheitsrausch alle Schichten und Kreise der Bevölkerung zu erfassen scheint. Das ist eben nur ein Rausch, der nicht beweist, daß diejenigen, die von ihm ergriffen werden, sich auch im

[1] Im Jahre 1911 ist allerdings eine Kommission zur Förderung der Verwaltungsreform eingesetzt worden. Vgl. hierüber Hauke im Jahrbuch des öffentlichen Rechts der Gegenwart 6. Bd. S. 467 ff.

[2] Selbstverständlich ist dabei nicht an jene gedacht, die im absolutistischen Staate die Führerrolle innehaben. Für diese ist gerade der Absolutismus das Mittel zur Verwirklichung der eigenen Ideen. Und ebenso selbstverständlich gibt es in allen, also auch in den antiabsolutistischen Parteien solche, die den Führern blind gehorchen.

nüchternen Zustand zu den gleichen Ideen bekennen werden, und überdies gibt es auch während der Revolution immer noch eine beträchtliche, anders gesinnte Minderheit, die nur deshalb übersehen wird, weil sie sich aus Furcht oder im Bewußtsein ihrer augenblicklichen Ohnmacht still verhält. Wenn aber wieder ruhige Zeiten eintreten, so zeigt es sich, daß der Gegensatz der Anschauungen unvermindert fortbesteht, und da können sich denn leicht unter dem Einfluß äußerer Umstände die Zahlenverhältnisse verschieben: die Minorität kann zur Majorität werden, und wenn sie dann auch nicht alles rückgängig machen kann, was die frühere Majorität errungen hat, so kann sie es doch durch ihr entgegengesetztes Verhalten empfindlich entwerten. Wer da geglaubt hat, daß durch die Etablierung der modernen Verfassungen der Geist der alten Zeit vernichtet worden ist, hat sich einer gründlichen Täuschung hingegeben. Der Thronfolge- und Regentschaftsstreit im Fürstentum Lippe, der vor einigen Jahren die Gemüter erhitzt hat, hat zur allgemeinen Überraschung der staatsrechtlichen Literatur eine große Zahl fürstenrechtlicher Schriften zugeführt, die längst totgeglaubte Ansichten, längst für überwunden gehaltene Lehrmeinungen wieder erstehen ließen. Es war nicht schwer nachzuweisen, daß sich diese Ansichten und Lehrmeinungen mit den modernen Verfassungen nicht vertragen, und das ist ja gründlich genug geschehen [1]. Aber lehrreich bleibt diese Erscheinung immerhin, weil sie zeigt, wie tief noch immer die absolutistischen fürstenrechtlichen Ideen in weiten Kreisen der Bevölkerung wurzeln. Die unendlich vielen, die nicht auf eigenen Füßen stehen können, die mit ihrem ganzen Denken und Fühlen Halt suchen bei anderen, die glücklich sind, wenn ihnen eine äußere Macht sagt, was sie glauben, was sie tun und was sie lassen sollen [2], die werden immer die verläßlichsten und überzeugtesten Anhänger des Absolutismus sein. Darum ist aber die Auseinandersetzung mit dem Absolutismus nicht eine Erscheinung der Vergangenheit, die wir mit der Ruhe und Objektivität des Historikers erfassen und darstellen können, sondern sie ist ein aktuelles Problem der Gegenwart, an dem wir alle beteiligt sind.

---

[1] Vgl. Jellinek, Der Kampf des alten mit dem neuen Recht, S. 33 ff., 59 ff., ferner Meyer-Anschütz, Lehrbuch des Deutschen Staatsrechts, 6. Aufl., S. 255 ff.

[2] Über den Zusammenhang dieses Bedürfnisses mit dem Materialienkultus vgl. unten S. 70 f.

II.
Jurisprudenz und Sozialwissenschaft.
(1908.)

Zu den allerwichtigsten Erscheinungen und Faktoren des sozialen Lebens gehört sicherlich das Recht. Ihrem Gegenstande nach ist also die Rechtswissenschaft gewiß eine Sozialwissenschaft. Trotzdem empfinden wir Sozialwissenschaft und Jurisprudenz mehr oder minder lebhaft als Gegensätze. Der Grund liegt darin, daß beide Wissenschaften mit verschiedenen Methoden arbeiten. Die Sozialwissenschaft verfährt deskriptiv, induktiv, die Rechtswissenschaft dogmatisch, deduktiv. Der verschiedenen Methode entspricht denn auch die Ungleichartigkeit der Ergebnisse. Die Sozialwissenschaft muß sehr vorsichtig zu Werke gehen. Es handelt sich da um Resultate der Beobachtung und noch dazu der Beobachtung überaus komplizierter, schwer faßbarer Vorgänge und Verhältnisse. Man muß da immer mit Fehlerquellen rechnen, man muß, wo es nicht anders geht, Hypothesen aufstellen. Und selbst dort, wo man ein festes Ergebnis gewonnen zu haben glaubt, muß man jederzeit bereit sein, es zu opfern, wenn es sich bei schärferer Prüfung oder, weil das Beobachtungsgebiet erweitert worden ist, als unrichtig erweist. Die unendliche und niemals vollständig übersehbare Tatsachenwelt ist es eben, mit der sich die Sozialwissenschaft beschäftigt, mit der sie sich unaufhörlich auseinanderzusetzen bemüht sein muß. Ganz anders arbeitet der Jurist. Er tritt mit der denkbar größten Sicherheit auf. Der Rechtsstoff ist ihm etwas Festes, Gegebenes. Er hat ihn nur zu verarbeiten. Und bei dieser Verarbeitung, bei der konstruktiven Tätigkeit verfährt er mit der größten Präzision. Er formuliert haarscharfe Begriffe, er operiert mit den feinsten Distinktionen — in halbvergangener Zeit pflegte man noch zu sagen: Er rechnet mit Begriffen, wie der Mathematiker mit Zahlen [1]. Dieser Vergleich ist sehr

[1] Gegen diese Parallele Jhering, Scherz und Ernst in der Jurisprudenz, S. 10, 342. Savigny (Vom Beruf unsrer Zeit für Gesetzgebung und Rechtswissenschaft, S. 29) hat den römischen Juristen nachgerühmt, „daß sie mit ihren Begriffen rechnen". Im Zusammenhange damit steht seine Ansicht, daß sich bei diesen Juristen weit weniger „Individualität" finde, als in irgendeiner anderen Literatur, und daß man sie als fungible Personen bezeichnen könnte (S. 157). Bekker, Ernst und Scherz über unsere Wissenschaft, S. 118, sieht hierin einen „kolossalen Bock des Vaters der historischen Schule, der nur aus gröblicher Unaufmerksamkeit beim Lesen der Quellen und aus Mangel an historischem Sinne überhaupt ... zu erklären ist". (Vgl. gegen Savigny schon Gönner, Über Gesetzgebung und Rechtswissenschaft in unsrer Zeit, S. 277, und hierzu Savignys Replik

bezeichnend. Man kann sich kaum größere Gegensätze denken als Sozialwissenschaft und Mathematik. Auf der einen Seite die Wissenschaft des so vielgestaltigen und unaufhörlich im Flusse befindlichen sozialen Lebens, welche der exakten Beobachtung auf Schritt und Tritt Hindernisse in den Weg legt, und auf der anderen Seite eine Theorie, die mit festen Größen arbeitet, von Denknotwendigkeiten ausgeht und darum zu unfehlbaren Resultaten gelangt. Stellen wir die Jurisprudenz der Mathematik zur Seite, dann ist sie durch eine tiefe Kluft von der Sozialwissenschaft getrennt.

Da entsteht nun freilich die Frage: Wenn das Recht wirklich eine soziale Erscheinung ist, wie kann es sich so sehr von allen anderen sozialen Erscheinungen unterscheiden? Wo sind denn im sozialen Leben die scharfen Grenzen, die Ecken und Winkel, die uns das Rechtsgebäude zeigt? Wie ist es möglich, daß sich das Recht von allen Eigentümlichkeiten des sozialen Lebens, ja des Lebens überhaupt so sehr emanzipiert hat, daß es sich von der Theorie widerspruchslos in ein festes System pressen läßt? Den Juristen wird diese Frage nicht einen Augenblick in Verlegenheit bringen. Er wird uns antworten, daß es ja gerade die Aufgabe des Rechts ist, dort scharfe Grenzen zu ziehen, wo sie im Leben nicht gezogen sind. Das Recht hat eben die Funktion, die verschiedenen Rechtskreise gegeneinander genau abzugrenzen. Und daraus ergibt sich auf privatrechtlichem Gebiete der Gegensatz von juristischer und wirtschaftlicher Auffassung der Lebensverhältnisse, auf staatsrechtlichem der Gegensatz von juristischer und politischer Betrachtungsweise. Wenn der Nationalökonom die Arbeit den Sachgütern anreiht und sie als Verkehrsgegenstand behandelt, wenn er von einem Arbeitsmarkt spricht, so sagt der Zivilist: Das ist eine wirtschaftliche Betrachtung der Dinge. Denn Sache im Rechtssinne kann nur ein scharf abgegrenztes, sinnenfälliges Ding der Außenwelt sein. Und wenn man konstatiert, daß es zwischen Monarchien und Republiken zahlreiche Übergänge gibt, daß es Monarchien gibt, in denen der Monarch kein entscheidendes Wort mitzureden hat, und umgekehrt Republiken mit einem überaus mächtigen Präsidenten an der Spitze, so sagt der Jurist wiederum: So sehen die Dinge politisch aus. Juristisch kommt es nicht auf die Macht-, sondern nur auf die Rechtsverhältnisse an. Dem Rechte ist die scharfe Formulierung und Absonderung der einzelnen Begriffe wesentlich.

Das wäre also eine Antwort, aber, wie ich glaube, keine befriedigende. Denn wenn auch zugegeben werden mag, daß scharfe Grenzen für das Recht

---

in der Zeitschrift für geschichtliche Rechtswissenschaft, 1. Bd., S. 415: „Dem Verfasser kam es komisch vor, daß ich unter den römischen Juristen Gleichartigkeit der Bildung und des literarischen Charakters angenommen habe; aber ich glaube, daß die Geschäftsmänner von Wien und Stuttgart, von München und Hannover um sehr vieles heterogener sein mögen, als es Ulpian und Paulus waren.") Auch Thibaut, Über die Notwendigkeit eines allgemeinen bürgerlichen Rechts für Deutschland, Neue Ausgabe, 1840, S. 43, sagt, daß viele Teile des bürgerlichen Rechts „sozusagen nur eine Art reiner juristischer Mathematik" seien.

sehr wünschenswert sind, so bleibt noch immer unerklärt, wie es kommt, daß das Rechtsleben, also das, was ich die soziale Erscheinung des Rechts genannt habe, diesem Postulat entspricht. Anderen Postulaten gegenüber zeigt sich ja das Leben durchaus nicht gefügig. Aber auch mit diesem Einwand treiben wir den Juristen nicht in die Enge. Er wird darauf verweisen, daß das Rechtsleben in der Tat dem Rechte nicht zu entsprechen braucht und auch vielfach nicht entspricht, daß es aber der Jurist gar nicht mit dem Rechtsleben, sondern *mit dem Rechte selbst* zu tun hat. Und das Recht gilt ganz unabhängig davon, ob es auch im konkreten Fall verwirklicht wird. Hier ist denn auch der Punkt, wo sich Sozial- und Rechtswissenschaft von einander trennen. Die Rechtswissenschaft kehrt sich vom Leben ab und widmet sich dem Recht. Wiederum muß man fragen: Woher kommt dieser Gegensatz von Recht und Rechtsleben? Ist er wirklich schon dadurch gegeben, daß der Einzelne mitunter *rechtswidrig* handelt? So ist ja der Jurist geneigt die Sache aufzufassen. Die Rechtsnorm besteht, auch wenn sie von dem oder jenem übertreten wird. Das Leben setzt sich eben über das Recht hinweg, ohne daß dieses dadurch auch nur das Geringste von seiner Geltung einbüßt. Aber ich glaube, daß diese Erscheinung für sich allein den Gegensatz von Recht und Rechtsleben nicht zu erklären vermag. Abnormale Erscheinungen sind ja im sozialen und auch im individuellen Leben des Menschen etwas Alltägliches und Allbekanntes. Wir wissen sehr wohl, wann das Verhalten eines Menschen normal und wann es abnormal ist, wann es den Anforderungen der Sittlichkeit, der Sitte, des guten Tons, des Geschmacks, des Anstands entspricht und wann es ihnen widerstreitet, wir wissen den physisch oder psychisch gesunden Menschen vom kranken zu unterscheiden, wir trauen uns ein Urteil darüber zu, ob jemand eine Sprache richtig oder falsch spricht usw. Auch nicht im Traum wird es uns einfallen, die Sprache als soziale Erscheinung zu leugnen, weil es Leute gibt, die sich nicht an die Sprachregeln halten. Kommen wir auf den Fall der Rechtswidrigkeit zurück, so kann sich gerade hier das Recht als eine lebendige Macht dadurch bewähren, daß die Rechtswidrigkeit als solche konstatiert und in irgendeiner Weise, z. B. durch die Strafe, geahndet wird. Das Rechtsleben weist nicht bloß normale, sondern auch pathologische Erscheinungen auf. Um es zu erkennen, muß man *alle* diese Erscheinungen ins Auge fassen, sowie das ja mutatis mutandis auch bei Sitte, Sittlichkeit, Wirtschaft, Sprache usw. unerläßlich ist.

Verfährt nun aber der Jurist so, wie etwa der Sprachforscher oder der Nationalökonom? Gewinnt er seine Anschauung von den Regeln des Rechts aus der Beobachtung des wirklichen Lebens? Keineswegs. Ich habe schon früher gesagt: Die Rechtswissenschaft arbeitet im Gegensatz zur Sozialwissenschaft *deduktiv*. Die Rechtsregeln werden nicht induktiv gewonnen, sondern sie werden *deduziert*. Ich brauche nur noch hinzuzufügen: Sie werden deduziert *aus dem Gesetze*. Was der römische Jurist Paulus perhorreszierte, das ist tatsächlich die Devise der Jurisprudenz geworden: Ex regula ius sumitur, non ex iure, quod est, regula fit. Wir brauchen dabei nur regula mit „Gesetz“ zu übersetzen [1]. Der Gegensatz von Recht und Rechtsleben ist nur dann verständlich, wenn wir unter Recht das gesetzte Recht verstehen, und die deduktive Methode der Jurisprudenz ist nur deshalb möglich, weil es eben geschriebene Rechtsquellen gibt, die den Ausgangspunkt für wissenschaftliche Forschungen bilden können. Das ist bekanntlich nicht immer so gewesen. Das gesetzte Recht ist jünger als das ungesetzte. Erst mit der fortschreitenden Kultur hat das gesetzte Recht immer mehr an Boden gewonnen, bis es schließlich — das ist ja die herrschende Anschauung — das ungesetzte vollständig oder fast vollständig verdrängt hat. Die Rechtswissenschaft hat das ungesetzte Recht oder, wie sie es nennt, das Gewohnheitsrecht meist mit scheelen Augen angesehen. In der Tat weist das gesetzte Recht Vorzüge gegenüber dem ungesetzten auf. Es ist leicht erkennbar. Man kann leichter das ganze bürgerliche Gesetzbuch studieren, als sich darüber informieren, welche gewohnheitsrechtlichen Regeln in irgendeiner noch so engbegrenzten Partie des Rechtslebens gelten. Ferner ist das Geltungsgebiet des gesetzten Rechts jenem des Gewohnheitsrechts weitaus überlegen. Ein Gesetz kann im ganzen Staate, ja sogar darüber hinaus Geltung beanspruchen. Das Gewohnheitsrecht bildet sich immer nur lokal, in einem kleinen Kreis. In verschiedenen Teilen des Staatsgebiets oder auch nur eines Landes finden sich verschiedene gewohnheitsrechtliche Bildungen. Das gesetzte Recht läßt sich scharf und präzis formulieren. Dem Gewohnheitsrecht mangelt eine derartige Bestimmtheit. Es ist, wie alle sozialen Erscheinungen, fließend, schwer faßbar, unausgesetzt veränderlich. So wirken eine Reihe von Momenten zusammen, welche die Bekämpfung des Gewohnheitsrechts wünschenswert erscheinen lassen. Als das wichtigste von allen hat sich das politische erwiesen [2]. Der erstarkende Staat hat sich des Rechts bemächtigt. Er hat die Rechtssetzung an sich gezogen und im Gesetz das Mittel gefunden, um das Recht nach seinem Dafürhalten im ganzen Staatsgebiet einheitlich zu gestalten. Das Gesetz hat das Gewohnheitsrecht zu verdrängen unternommen, und zwar nicht bloß faktisch, sondern auch rechtlich zu verdrängen, insofern es die gewohnheitsrechtliche Rechtsbildung untersagt hat. So bestimmt das österreichische allgemeine bürgerliche Gesetzbuch im § 10: „Auf Gewohnheiten kann nur in den Fällen, in welchen sich ein Gesetz darauf beruft, Rücksicht genommen werden.“ Dieser Satz stellt den Höhepunkt der Entwicklung dar [3]. Er zeigt uns den vollständigen

[1] Vgl. hierzu nunmehr Jung, Das Problem des natürlichen Rechts, S. 321 ff.

[2] Gerade diesen Umstand scheint Kraus in seiner überaus interessanten Abhandlung: „Die leitenden Grundsätze der Gesetzesinterpretation“ (Grünhutsche Ztschr., 32. Bd., S. 619 f.) übersehen zu haben. Die Vorteile, welche die Gesetzgebung der Bevölkerung bringt, sind gewiß erwünschte Wirkungen. Aber in erster Linie handelte es sich doch dem Staate darum, durch die Bindung der Behörden an die Gesetze seine eigene Macht zu stärken. Damit stimmt es überein, daß in Deutschland und Österreich die Straf-, Verwaltungs- und Prozeßgesetze älter sind als die Privatrechtsgesetze.

[3] Genau genommen war freilich im Jahre 1811 der Höhepunkt schon überschritten. Vgl. die Bestimmungen des Josephinischen bürgerlichen Gesetzbuchs unten in der Abhandlung über den référé législatif.

Sieg des gesetzten Rechts über das ungesetzte. In der Folge können wir nun freilich eine rückläufige Bewegung wahrnehmen. Während noch der erste Entwurf des deutschen Bürgerlichen Gesetzbuchs das gleiche verfügte wie unser § 10, wurde dieser Passus später gestrichen [1].

Der Entwicklung des Rechts hat sich die Rechtswissenschaft angepaßt. Sie beschäftigt sich jetzt nur mit dem gesetzten Recht. Ja wir können von einer eigentlichen Rechtswissenschaft überhaupt erst sprechen, seit es ein gesetztes Recht gibt. Das Gesetz ist die feste Grundlage der Jurisprudenz. Es fragt sich aber, ob sich auf dieser Grundlage unbedingt richtige und zuverlässige Anschauungen gewinnen lassen über das „ius, quod est“. Ich kann hier natürlich nicht das Problem des Rechts aufrollen. Aber soviel darf ich doch als feststehend annehmen, daß Recht nur jene Lebensordnung ist, die ein bestimmtes Gebiet des sozialen Lebens wirklich beherrscht und durchdringt, die also nicht bloß auf dem Papier steht. Wenn man nun dieses Recht aus dem Gesetze erschließen zu können glaubt, so geht man dabei offenbar von der Anschauung aus, daß der Staat die Macht hat, durch seine Gesetze das Leben wirklich zu beherrschen, daß sich das Recht also ausschließlich nach dem Willen des Staates gestaltet.

Wie verhält es sich damit aber in Wirklichkeit? Nochmals muß ich da auf die Möglichkeit zurückkommen, daß das Gesetz im einzelnen Fall übertreten wird. Diese Möglichkeit bietet, wie schon gesagt, keine Schwierigkeiten. Denn es ist selbstverständlich, daß die Geltung einer Rechtsregel nicht davon abhängt, ob diese Regel in jedem einzelnen Fall beachtet wird. Das Recht wirkt niemals wie ein Naturgesetz, mag es sich nun um gesetztes oder nichtgesetztes Recht handeln. Niemals wird es gelingen, Rechtswidrigkeiten aus der Welt zu schaffen. Immer aber führt das Recht gegen solche Rechtswidrigkeiten einen Kampf, d. h. das rechtswidrige Verhalten wird selbst wieder als eine Erscheinung des Rechts aufgefaßt, die bestimmte Rechtsfolgen nach sich zieht: Strafe, Schadensersatzpflicht, Nichtigkeit des Handelns usw. Sobald das Recht den Kampf aufgibt und die Rechtswidrigkeit ruhig hinnimmt, und zwar nicht etwa die einzelne, isolierte Rechtswidrigkeit, sondern die Rechtswidrigkeit als Massenerscheinung, zeigt es sich eben, daß die Rechtsregel, um die es sich handelt, nicht mehr gilt [2]. Sie hat ihre Herrschaft verloren, gerade

---

[1] Vgl. Jung, „Positives“ Recht. Ein Beitrag zur Theorie von Rechtsquelle und Auslegung, S. 3. Nach Bülow, Heitere und ernste Betrachtungen über die Rechtswissenschaft, S. 109, wäre allerdings der heftige Streit hierüber „ein Streit um ein Nichts gewesen.“ Vgl. hierzu unten S. 35.

[2] Vgl. Jung, Problem, S. 146, und die dort zitierte Stelle aus Windscheids Pandekten. — Kraus, Das Recht zu strafen (Beilageheft zum Gerichtssaal, Bd. 79, S. 151) gibt meine Behauptung in folgender Form wieder: „Das Unrecht als Massenerscheinung bewirke, daß die Regel stirbt.“ Er fährt dann fort: „Zwar stirbt sie nach m. M. nicht, sondern wird nur ohnmächtig.“ Beim Menschen kann man Tod und Ohnmacht unterscheiden. Soll man aber der Regel den Puls fühlen oder ihre Herztätigkeit untersuchen, um feststellen zu können, ob es sich bloß um eine Ohnmacht oder um Schlimmeres handelt?

so wie ein Fürst, der aus seinem Lande vertrieben worden ist[1]. Handelt es sich um gesetztes Recht, so kann man freilich die Frage aufwerfen, ob der Zustand der Nichtgeltung des vom Staate aufgestellten Satzes ein vorübergehender oder dauernder ist. Es ist ja möglich, daß auf eine Zeit, in der das Gesetz faktisch nicht gilt, wieder eine Zeit kommt, in der es beachtet wird. Im Prinzip aber muß daran festgehalten werden, daß die Geltung des Gesetzes etwas Faktisches ist, daß man von der Geltung eines Gesetzes nur insofern sprechen kann, als es auf die ihm unterworfenen Personen tatsächlich bestimmend wirkt. Es kann sein, daß das Gesetz nicht gilt, sei es, daß es von vornherein nicht imstande war, sich durchzusetzen, sei es, daß es seine Position nicht zu behaupten vermocht hat, daß es in desuetudinem geraten ist.

Daß das wirkliche Rechtsleben mit dem Gesetze nicht übereinstimmen muß und auch vielfach nicht übereinstimmt, ist nun in neuester Zeit von den verschiedensten Seiten mit Nachdruck betont worden[2]. Im Jahre 1885 hat Bülow in einer gedankenreichen, damals allerdings noch nicht nach Gebühr gewürdigten Schrift: „Gesetz und Richteramt" ausgeführt, daß der Richter nicht rein mechanisch das Gesetz anwendet, sondern mitteilnimmt an der Schaffung des Rechts. „Das abstrakte stumme Gebot des Gesetzes," sagt Bülow (S. 46), „vermag der vielgestaltigen stürmischen Bewegung des menschlichen Gemeinlebens nicht völlig Herr zu werden. Das vermag es nur im Bunde mit der lebendigen Macht eines unmittelbar ins Leben eingreifenden Willens. Die Gesetzgebung denkt den Rechtsgedanken noch nicht fertig. Erst die rechtsbeteiligten Personen, und wenn diese nicht einmütig werden, erst der Richter denken ihn zu Ende." Und an einer anderen Stelle (S. 30): „Tag für Tag spottet das wirkliche Leben der gesetzgeberischen Voraussicht. Immer und immer wieder lehrt seine unerschöpfliche Mannigfaltigkeit, wie vermessen die Hoffnung wäre, der Gesetzgeber könne alles, was die Zukunft bringen wird, überblicken, vorbedenken und in seine starren, toten Regeln zwängen." Während sich Bülow in der Hauptsache darauf beschränkt, das richterliche Urteil mit dem Gesetze zu vergleichen, und hier den Hebel ansetzt, um den Glauben an die Allmacht des Gesetzes zu erschüttern, hat neuestens Ehrlich mit Recht darauf verwiesen, daß ja die wenigsten Rechtsbeziehungen zu einer richterlichen Entscheidung führen und daß man das Rechtsleben, den Rechtsverkehr beobachten

[1] Die Frage, ob der vertriebene Fürst de iure Herrscher bleibt (Legitimitätsprinzip), oder ob auch sein Herrschafts recht erlischt, ist in der Tat nichts anderes als eine Teilfrage des Problems der Entstehung und Veränderung des Rechts.

[2] Die Literatur über diesen Gegenstand und über die damit zusammenhängenden theoretischen und praktischen Probleme schwillt geradezu beängstigend an. Vgl. die chronologische Zusammenstellung bei Jung, Problem, S. 330 ff., und bei Heck, Das Problem der Rechtsgewinnung, 1912, S. 48 f., ferner W. Jellinek, Gesetz, Gesetzesanwendung und Zweckmäßigkeitserwägung, 1913, und die dort S. 2 zitierten Schriften, weiter den schon oben (S. 14) erwähnten Vortrag von Pattai, der gleichfalls Literaturangaben enthält, und den Artikel von Peretiatkowicz, Methodenstreit in der Rechtswissenschaft, in Grünhuts Zeitschr. 39. Bd. S. 555 ff.

muß, um sich über das wirklich geltende Recht zu informieren [1]. Da tauchen natürlich die Bedenken Bülows in verstärktem Maße auf. Der Richter ist ja auf das Gesetz beeidigt. Er ist Staatsorgan. Sein Bestreben ist es, dem Gesetz möglichst gerecht zu werden. Der Rechtsverkehr ist dem Gesetz gegenüber viel freier und unabhängiger. Decken sich schon die richterlichen Urteile nicht oder nicht immer oder nicht vollständig mit dem Gesetz, so ist es natürlich, daß sich die Parteien, besonders in jenen Fällen, welche nicht zur richterlichen Kognition kommen, mehr oder minder weit vom Gesetz entfernen oder daß sie sich an Regeln halten, die nicht im Gesetz zu finden sind, sei es, daß sie mit dem Gesetz verträglich sind oder daß sie ihm geradezu widersprechen. Aber auch in der Ausdehnung, die ihm Ehrlich gegeben hat, ist unser Beobachtungsgebiet noch nicht weit genug. Die Literatur über unseren Gegenstand hat hauptsächlich das Privatrecht vor Augen. Ziehen wir aber auch das öffentliche Recht in Betracht, das Staatsrecht und namentlich das Verwaltungsrecht, so nehmen wir leicht wahr, wie sehr hier Gesetz und Recht auseinanderfallen können. Es würde zu weit führen, das hier näher darzutun [2]. Ich will darum nur eine seltsame Erscheinung der letzten Jahre zur Illustration heranziehen, über die man bei uns in Österreich viel gelacht hat, ohne daß doch das Problem, das sie darbietet, auch nur im entferntesten gewürdigt worden wäre, nämlich die passive Resistenz der Verkehrsbeamten. Man hat die Möglichkeit einer solchen passiven Resistenz darauf zurückgeführt, daß die Vorschriften schlecht sind. Wenn sie genau befolgt werden, stockt der Verkehr, und darum liegt es eben im Interesse des Verkehrs, sie zu ignorieren. Sie werden auch in normalen Zeiten ignoriert. Aber um ihren Forderungen den nötigen Nachdruck zu verleihen, haben die Bediensteten die Vorschriften durch ihre genaue Befolgung ad absurdum geführt. Sie haben ihren Vorgesetzten dadurch Verlegenheiten bereitet, daß sie sich an die Vorschriften gehalten haben. Das Rezept gegen eine solche passive Resistenz liegt scheinbar auf der Hand: Man ändere die Vorschriften und die passive Resistenz ist unmöglich. So einfach ist aber die Sache nicht. Gewiß mögen manche Vorschriften veraltet sein oder zu ängstlichen Erwägungen entstammen; aber man täuscht sich, wenn man glaubt, daß es möglich ist, Vorschriften zu verfassen, welche

[1] Ehrlich, Die Tatsachen des Gewohnheitsrechts, S. 7: Es ist „wohl zweifellos, daß von der unübersehbaren Zahl der Lebensverhältnisse nur ganz ausnahmsweise welche die Aufmerksamkeit der Gerichte und anderer Behörden auf sich ziehen. Unser Leben spielt sich doch nicht vor den Behörden ab. Es gibt Millionen von Menschen, die in zahllose Rechtsverhältnisse treten und die so glücklich sind, nie eine Behörde anrufen zu müssen." — Dieser Gedanke war selbst Ihering noch vollkommen fremd. Vgl. Zweck im Recht, I. Bd., S. 321: „Der Charakter einer Rechtsnorm bestimmt sich lediglich darnach, daß der Richter nach ihr Recht zu sprechen . . . hat — eine Rechtsnorm, nach der der Richter nicht zu sprechen hat, ist ein Widerspruch in sich selbst, ein Feuer, das nicht brennt, ein Licht, das nicht leuchtet."

[2] Vgl. hierüber meine „Verwaltungsrechtswissenschaft" S. 173 ff., speziell über die passive Resistenz S. 206 ff.

für die passive Resistenz keine Handhabe bieten. Man kann doch nicht die Schlamperei kodifizieren! Die Vorschriften müssen streng sein. Aber sie sind eben nur die eine Richtschnur des Beamten. Daneben muß er immer noch andere Interessen berücksichtigen, so vor allem den Zweck seiner Tätigkeit. Er ist ja keine Maschine, die ihre Arbeit automatisch versieht. Wie weit er von diesen Vorschriften abgehen kann, ohne die Interessen zu gefährden, die diese schützen wollen, und inwieweit er von ihnen abgehen muß, um nicht den Dienst überhaupt in Frage zu stellen, das lernt er eben in seinem Berufe, und nur dann beherrscht er seinen Beruf, wenn er es erlernt hat. Wollen wir wissen, wie sich der Eisenbahndienst wirklich abwickelt, so dürfen wir uns nicht darauf beschränken, die Vorschriften zu studieren, sondern wir müssen den Dienst selbst beobachten. Was nun hier auf einem kleinen Gebiete der technischen Verwaltung gilt, das gilt von der ganzen Verwaltung. Das Gesetz kann seine Natur niemals verleugnen. Es muß sich immer mit der nötigen Bestimmtheit darüber aussprechen, was zu geschehen und was nicht zu geschehen hat. Aber eben darum ist es nur einer der Faktoren, die auf die Verwaltung einwirken. Es konkurriert in dieser Hinsicht immer mit den Bedürfnissen und Interessen der Verwaltung, mit den Anschauungen und Empfindungen der in der Verwaltung tätigen Personen, mit ihrer Bildungsstufe, ihrer Geschicklichkeit usw., und aus dem Zusammenwirken aller dieser Faktoren entsteht erst das wirkliche Verwaltungsrecht.

Gesetz und wirkliches Recht müssen sich also nicht decken und decken sich vielfach nicht. Ich habe schon früher auf die Möglichkeit hingewiesen, daß einem Gesetz die Kraft fehlen kann, sich durchzusetzen. Ein drastisches Beispiel bieten uns unsere ersten Verfassungen. Die österreichische Verfassung vom Jahre 1848 ist ein Stück Papier geblieben. Es war zweifellos der ernste Wille des Kaisers, daß diese Verfassung in Kraft treten solle. Tatsächlich ist es nicht dazu gekommen. Der Jurist steht ratlos vor dieser Tatsache. Sie läßt sich auch nicht juristisch erklären. So gering ist nun die Macht des Gesetzes freilich selten. Aber bei jedem Gesetz besteht die Möglichkeit, daß es nicht so zur Anwendung gelangt, wie es der Absicht des Gesetzgebers entspricht. Bei jedem Gesetz besteht ferner die Möglichkeit, daß die Auslegung bestimmte Wege einschlägt, so zwar, daß man nicht sagen kann: alle Auslegungsmöglichkeiten bestehen in gleicher Weise zu Recht, sondern eine der mehreren oder vielen Auslegungsmöglichkeiten hat sich ausschließlich Geltung verschafft. Es besteht hier also eine eigentümliche Mischung von gesetztem und ungesetztem Recht. Um ein Beispiel dafür zu bringen, verweise ich auf die Kompetenz des österreichischen Reichsgerichts. Das Staatsgrundgesetz über das Reichsgericht läßt verschiedenartige Deutungen zu. Würden wir uns darauf beschränken, dieses Staatsgrundgesetz zu interpretieren, so käme wohl jeder Theoretiker zu einer anderen Anschauung über den Umfang der reichsgerichtlichen Kompetenz. Tatsächlich haben wir aber eine feste Praxis und diese sagt uns z. B., daß das Reichsgericht kompetent ist für Klagen der Beamten auf Zahlung des Gehalts, daß es kompetent ist zur Entscheidung über

Beschwerden wegen Verletzung des Reichsratswahlrechts, des Landtagswahlrechts, ja sogar des Gemeindewahlrechts. Das sind Tatsachen unseres Rechtslebens. Aus dem Gesetz allein lassen sie sich nicht erschließen. Weiter ist darauf zu verweisen, daß das gesetzte Recht niemals das gesamte Recht erschöpfen kann. Unser Privatrecht ist wohl im bürgerlichen Gesetzbuch kodifiziert. Aber der aufmerksame Beobachter des Rechtslebens nimmt wahr, daß es eine große Zahl von Rechtserscheinungen gibt, die sich aus dem Gesetz allein nicht erklären lassen [1]. Wiederholt ist schon betont worden, wie dürftig unser Gesetzbuch den Arbeitsvertrag behandelt, der doch für die große Masse der Bevölkerung von außerordentlicher Wichtigkeit ist. Recht gibt es auch auf diesem Gebiete, wenn auch nicht gesetztes Recht [2]. Ich verweise weiter auf das Privatversicherungsrecht, auf die Ausgedinge usw. Wichtiger aber noch als alle diese Erscheinungen, die man schließlich auf die Unvollkommenheit der tatsächlich geltenden Gesetze zurückführen könnte — man könnte meinen, durch größere Sorgfalt bei Verfassung der Gesetze ließen sich derartige Konsequenzen vermeiden — wichtiger ist die eigentümliche Tatsache, daß ein und dasselbe Gesetz zu verschiedenen Zeiten verschieden verstanden und angewendet wird, ohne daß man sagen kann, daß die Erkenntnis dessen, was das Gesetz will, Fortschritte gemacht hat. Ich kann mich damit begnügen, einen Satz aus der Antrittsvorlesung zu zitieren, die Wellspacher vor kurzem in Wien gehalten hat. „Wir in Österreich,“ sagt er [3], „die wir mit einem fast hundert Jahre alten bürgerlichen Gesetzbuch arbeiten müssen, das vor dem Aufkommen des modernen Kapitalismus mit seinen gewaltigen gesellschaftlichen und wirtschaftlichen Umwälzungen entstanden ist, konnten uns seit langem nicht mehr verhehlen, daß jene Verschiebung der Machtverhältnisse eine weitgehende Wandelung unseres Gesetzesinhalts herbeigeführt hat, daß heute wenige Bestimmungen unseres Gesetzes mehr in ihrem ursprünglichen Sinne verstanden werden, daß durch die Mittel der juristischen Kunst viele veraltete Rechtsnormen des bürgerlichen Gesetzbuchs neuen Verhältnissen angepaßt und Lücken des Gesetzes mit neuem Rechte erfüllt wurden. Das ist ein naturnotwendiger Vorgang, über dessen Berechtigung zu streiten zwecklos wäre.“ Als Pendant dazu mag die Schrift Georg Jellineks „Verfassungsänderung und Verfassungswandlung“ dienen, welche zeigt, daß sich auch auf dem Gebiete des Staatsrechts, wo wir es nicht mit einer hundertjährigen Kodifikation zu tun haben, das Recht ändern kann und ändert, ohne daß das Gesetz geändert wird [4].

---

[1] Vgl. Unger, Zur Revision des allgemeinen bürgerlichen Gesetzbuchs. Grünhutsche Ztschr., 31. Bd., S. 397 f.

[2] Vgl. Unger, a. a. O. S. 399: „Sollte nun wirklich nur dasjenige Recht sein, was in den 1502 Paragraphen des allgemeinen bürgerlichen Gesetzbuches enthalten ist? Sollte wirklich der Grundsatz gelten: quod non est in codice, non est in mundo? Man käme damit in einer großen Anzahl von Fällen dem praktischen Resultat nach zu einer denegatio iustitiae.“

[3] Die Zukunft der österreichischen Privatrechtswissenschaft, S. 9. Vgl. nunmehr auch Mayr in der Festschrift zur Jahrhundertfeier des abGB. I. S. 430 ff.

[4] Vgl. W. Jellinek a. a. O. S. 186 f.

Berücksichtigen wir das, so müssen wir von den Vorzügen, die wir dem gesetzten Recht nachgerühmt haben, einen beträchtlichen Abzug machen. Das ius certum, das scheinbar durch das Recht geschaffen wird, läßt sich in der Wirklichkeit nicht immer nachweisen. Sind wir nicht bloß auf das Gesetz, sondern auch — und in erster Linie — auf die Auslegung und Anwendung des Gesetzes angewiesen, so müssen wir den sicheren Boden, auf dem wir uns bewegen zu können glaubten, verlassen. Die Auslegung und Anwendung des Gesetzes ist nicht immer berechenbar. Sie ist schwankend, sie wechselt von Zeit zu Zeit, von Ort zu Ort. Dem entspricht auch die tägliche Erfahrung der Rechtsanwälte und Prozeßparteien. Der Ausgang eines Prozesses läßt sich niemals mit Sicherheit voraussehen, nicht nur deshalb, weil die Beurteilung der Tatfragen unsicher ist, sondern namentlich auch deshalb, weil niemand die Rechtsanschauungen des Richters im vorhinein kennen kann. Die Richter der verschiedenen Instanzen urteilen verschieden, und die Entscheidung, die in erster Instanz gefällt wurde, hätte ebensogut die Entscheidung der maßgebenden letzten Instanz sein können und umgekehrt. Die Prozeßführung ist also ein sehr gewagtes Unternehmen. Stellt man einmal solche Erwägungen an, so gelangt man schließlich zu der Frage: Wozu brauchen wir überhaupt ein geschriebenes Recht, wozu binden wir den Richter theoretisch an das Gesetz, wenn die Entscheidung eines Prozesses in jedem einzelnen Fall doch unsicher ist? Der Richter entscheidet ja ohnedies jeden Rechtsfall nach bestem Wissen und Gewissen unter Berücksichtigung des pro und contra. Daran sollten wir uns genügen lassen. Wir sollten nicht noch weiter gehen und dem Richter die ganz unnütze Verpflichtung auferlegen, diese Entscheidung durch mehr oder minder gewagte Interpretationskünste als die vom Gesetz gebotene, aus dem Gesetz mit logischer Notwendigkeit resultierende Entscheidung hinzustellen. Unsere juristische Dialektik ist ja nachgerade dermaßen entwickelt, daß es nicht schwer fällt, eine j e d e Entscheidung auf das Gesetz zu basieren. In Wahrheit aber kommt es ja gar nicht auf die B e g r ü n d u n g einer Entscheidung an, sondern auf diese selbst, und die Entscheidung hat der Richter in der Regel fertig, ehe er noch darüber nachgedacht hat, wie er sie begründen wird [1]. Damit sind wir denn bei dem modernsten Postulat der freien Rechtsfindung angelangt, welches am scharfsinnigsten, aber auch am besonnensten von E h r l i c h vertreten wird, dessen Schriften überhaupt für alle einschlägigen Fragen von der größten Bedeutung sind.

Gegen die Freirechtsbewegung hat sich sofort eine lebhafte Opposition erhoben. Bei uns in Österreich waren es die beiden hervorragendsten juristischen Theoretiker-Praktiker, U n g e r und K l e i n, welche sich übereinstimmend gegen diese Bewegung ausgesprochen haben [2]. Es geschah das anläßlich des

[1] Treffende Bemerkungen hierüber bei J u n g, Positives Recht, S. 12 f. und bei U n g e r, Deutsche Jur.-Ztg., 1906, Sp. 786.

[2] U n g e r, Der Kampf um die Rechtswissenschaft, Deutsche Juristenzeitung, 1906, Sp. 781 ff.; K l e i n, Der Kampf um die Rechtswissenschaft, Allg. österr. Gerichtszeitung, 1906, S. 265 ff. Ich weiß nicht, ob schon einmal darauf hingewiesen worden ist, daß

Erscheinens der sehr interessanten Schrift von Gnaeus Flavius (Kantorowicz): „Der Kampf um die Rechtswissenschaft". Auch Wellspacher hat in seiner Antrittsvorlesung die freie Rechtsfindung abgelehnt. „Es ist hier," meint er [1], „wie so oft, ein guter Gedanke durch maßlose Übertreibung zu Tode gehetzt worden." Ich würde dieses Bild nicht gebrauchen. Der gute Gedanke ist doch noch zu neu, als daß er schon hätte zu Tode gehetzt werden können. Es handelt sich nur darum, ihn zum richtigen Ausdruck zu bringen, die richtigen Folgerungen dieses Gedankens zu ziehen. Aus der Beobachtung, daß sich das Recht vielfach anders gestaltet, als das Gesetz es haben will, ergibt sich nicht das Bedürfnis, das Recht zu ändern, sondern nur die Notwendigkeit, die Methode der Rechtswissenschaft zu revidieren.

Es ist eine bekannte Tatsache, daß die praktischen Wissenschaften früher gepflegt werden als die theoretischen. Vor allem handelt es sich dem Menschen darum, jenes Wissen zu gewinnen, das ihm unmittelbar Früchte trägt. Erst später trachtet er nach Erkenntnis um ihrer selbst willen. Die Rechtswissenschaft steckt nun noch immer im ersten Stadium. Sie wird herkömmlicherweise ausschließlich als praktische Wissenschaft betrieben. Die vorzugsweise Berücksichtigung des Privat- und Strafrechts bringt es mit sich, daß die Rechtswissenschaft das Ziel verfolgt, das Recht in einer für die Rechtsprechung geeigneten Weise — ich möchte sagen: gebrauchsfertig — zu formulieren. Wendet sich schon das Gesetz in erster Linie an den Richter, dem es die Weisung gibt, wie er zu verfahren hat und wie er entscheiden soll, so führt die Rechtswissenschaft die Aufgabe, der das Gesetz allein nicht entsprechen kann, weiter. Muß sich das Gesetz eine gewisse Reserve auferlegen, schon darum, weil es doch nicht zu umfangreich werden kann, so kann sich die Wissenschaft mit allen Detailfragen eingehend beschäftigen. Die Lücken, die das Gesetz offen läßt, werden so durch die Wissenschaft ausgefüllt, die Zweifel werden gelöst, die Bedenken zerstreut. Aus dem ius certum der Gesetzgebung schafft die Wissenschaft ein ius certissimum. Tatsächlich beeinflußt auch die Wissenschaft die Rechtspraxis in hohem Maße. Wenn wir uns aus der Literatur über das geltende Recht informieren wollen, so kommen wir der Wahrheit bei weitem

---

Savigny („Beruf" S. 129 f.) die freie Rechtsfindung der buchstabenmäßigen Anwendung des Gesetzes als dem anderen Extrem gegenüber stellt. Die sklavische Unterordnung unter das Gesetz ist ihm „das nachteiligste Verhältnis". An das andere Extrem „aber ist wenigstens eine Annäherung möglich, und in ihm wäre die älteste deutsche Gerichtsverfassung in verjüngter Form wiedererweckt."

[1] A. a. O. S. 9. Am Schlusse seiner Vorlesung (S. 16) spricht der Autor von der Gefahr, „daß unsere (österreichische) Zivilistik in einer gemütlichen Rechtsgefühlsduselei ihr Ende findet". Damit vergleiche man Bekkers Ausführungen a. a. O. S. 106: Der Richter soll sich sagen, daß er, wenn die Rechtsnormen unvollkommen sind, aus den und den (nur für ihn persönlich, nicht objektiv) durchschlagenden Gründen so entscheide. „Und zwar soll er das sagen .. vor allem sich selber, dann so vielen, als Verständnis für solche Dinge besitzen; wogegen nicht zu verlangen, daß er mit derartigen Offenherzigkeiten die gemütliche Vertrauensduselei der Massen brüskiere." Wie man sieht, kann man also intra et extra muros „gemütlich duseln".

näher, als wenn wir bloß das Gesetz zu Rate ziehen. Aber freilich deckt sich das wirklich geltende Recht auch mit dem sogenannten Juristenrecht nicht, und überdies ist das Juristenrecht ja kein einheitliches Recht. Was der eine Autor behauptet, wird oft genug von dem anderen bestritten. Kommt man nun zu der Überzeugung, daß sich die Rechtspraxis auch von der Wissenschaft nicht in bestimmte Bahnen zwängen läßt, daß sie vielmehr ihre eigenen Wege geht, so ist für denjenigen, der eben nur von praktischen Gesichtspunkten ausgeht, dem es nicht darauf ankommt, das Recht zu erkennen, sondern der seine Aufgabe darin erblickt, dem Richter das Recht zu weisen, die Konsequenz die, daß die faktische Freiheit, die sich der Richter nimmt, in eine rechtliche umgewandelt werden muß. Die Freiheit des Richters wird also als Rechtssatz postuliert[1]. Der Richter soll das Recht der freien Rechtsfindung zuerkannt erhalten. Auf diese Weise wird dann freilich die Übereinstimmung des Gesetzes mit dem Rechtsleben auf die einfachste Weise hergestellt. Der Richter, der das Recht der freien Rechtsfindung hat, kann natürlich kein Gesetz verletzen. Aber dabei werden alle Vorteile geopfert, die der bisherige Zustand des geschriebenen Rechts trotz allem zweifellos gebracht hat[2].

Ich glaube, daß man bei derartigen Argumentationen das Kind mit dem Bade ausschüttet. Weil die Gesetzgebung nicht alles vermag, ist sie doch keineswegs ohnmächtig. Die Gesetzgebung ist nicht der alleinige Faktor der Rechtsbildung. Aber sie ist doch jedenfalls ein äußerst wichtiger Faktor, und wir werden doch nicht die Errungenschaften, die wir im Laufe der Jahrhunderte erzielt haben, aufopfern, um zu den primitiven Rechtszuständen der älteren Zeit zurückzukehren. Aber die Erkenntnis von den Grenzen der gesetzgeberischen Macht legt der Rechtswissenschaft die Verpflichtung auf, sich nicht mit der Ermittlung des Gesetzesinhalts zu begnügen, wie sie es heute tut. Gewiß ist die Rechtsdogmatik von außerordentlichem Wert. Ohne sie kann das geltende Recht nicht erkannt werden. Aber mit der Erforschung des Gesetzesrechts hat die Rechtswissenschaft ihre Aufgabe eben erst begonnen. Sie muß das Recht auch noch als soziale Erscheinung erfassen und mit den Mitteln der Sozialwissenschaft erforschen. Sie muß feststellen, welches Recht gilt, und sie muß dann dieses geltende Recht zu seinen Quellen zurückverfolgen. Die Gesetzgebung ist eine dieser Quellen, aber durchaus nicht die einzige. Das wird ja freilich allgemein zugegeben. In allen Lehrbüchern wird ausgeführt, daß es neben dem Gesetzesrecht auch Gewohnheitsrecht gibt, wobei dann freilich die Frage erörtert wird, ob und inwieweit der betreffende Staat

[1] Vgl. übrigens auch Zitelmann, Lücken im Recht, S. 26: „Es muß einen allgemeinen Rechtssatz geben ... des Inhalts: Recht ist das, was hier im Gesetz steht, mit gewissen Änderungen (Ausdehnungen und Einschränkungen), die sich durch Analogie usw. ergeben." Wenn Zitelmann diesen Rechtssatz auf den Willen des Gesetzgebers zurückführt, was aus seinen Ausführungen nicht mit Sicherheit erhellt (dafür spricht aber jedenfalls, daß er ein gesetzliches Verbot der Analogieziehung für schlechthin wirksam ansieht), so handelt es sich um eine reine Fiktion.

[2] Vgl. auch Verwaltungsrechtswissenschaft S. 199, 205.

ein Gewohnheitsrecht zuläßt oder anerkennt [1]. Aber dieses „Gewohnheitsrecht" ist nur ein Sammelname, ein Verlegenheitsausdruck. Es handelt sich dabei um sehr verschiedene Tatsachen. Damit, daß man die Gewohnheit als Rechtsquelle bezeichnet, ist gar nichts gesagt. Die einschlägigen Erscheinungen sind je nachdem auf historische, psychologische, soziale, wirtschaftliche, rationalistische, ethische, religiöse Wurzeln zurückzuführen. Das Gewohnheitsrecht als einheitliche Masse dem Gesetzesrecht gegenüberzustellen, entsprach ja der bequemen Art der älteren Forschung. Wir, die wir gelernt haben, sozialwissenschaftlich zu beobachten und zu denken, müssen von dieser Fähigkeit auch dem Recht gegenüber Gebrauch machen.

Um es ganz präzis auszudrücken: Was uns nottut, ist eine Rechtswissenschaft im wahren Sinn des Wortes, während das, was wir heute als Rechtswissenschaft bezeichnen und betreiben, bloß eine Rechts q u e l l e n wissenschaft ist. Der Jurist beschäftigt sich nicht mit dem Recht, sondern mit den Quellen des Rechts oder vielmehr, da das Gewohnheitsrecht in unserer Literatur ja doch nur eine dekorative Rolle spielt, nur mit einer e i n z i g e n Rechtsquelle, mit der Gesetzgebung. Das schließt nun freilich nicht aus, daß der Jurist auch auf das tatsächliche Rechtsleben Rücksicht nimmt. Auch er ist ja ein Kind seiner Zeit. Unsere heutige Privatrechtsjurisprudenz unterscheidet sich sehr wesentlich von jener aus der ersten Hälfte des 19. Jahrhunderts, trotzdem damals das allgemeine bürgerliche Gesetzbuch genau so gegolten hat wie heute. Aber wenn der Jurist bewußt (meistens erfolgt es freilich unbewußt) dem Rechtszustande s e i n e r Zeit Konzessionen macht, ohne durch das Gesetz gedeckt zu sein, so geschieht es doch in der Regel nicht aus einer klaren Erkenntnis dessen heraus, daß das notwendig ist und warum es notwendig ist, sondern gewissermaßen per nefas. Es ist überaus interessant und lehrreich, sich die Irrtümer zu vergegenwärtigen, in welche die Juristen der verschiedensten Zeiten verfielen, sobald sie es unternahmen, sich über den Grund der Verbindlichkeit des von ihnen behandelten Rechts Rechenschaft zu geben.

Werfen wir einen Blick auf die Geschichte der deutschen Rechtswissenschaft! Da tritt uns vor allem der merkwürdige Prozeß der Rezeption des römischen Rechts entgegen. Die Rechtshistoriker sind seit langem eifrigst bemüht, die tatsächlichen Gründe der Rezeption und den Rezeptionsgang zu erforschen. Mag auch im einzelnen noch vieles streitig oder nicht aufgeklärt sein, so wissen wir

[1] Einen Sonderstandpunkt nimmt allerdings B ü l o w (Heitere und ernste Betrachtungen a. a. O.) ein, welcher die Behauptung aufstellt: „Ein Gewohnheits r e c h t hat es n i e gegeben. Die ganze Gewohnheitsrechtstheorie ist ein Erzeugnis der romantisch-historischen Phantasie." Indessen zeigen gerade seine Ausführungen, daß er die Erscheinungen, für die man die Bezeichnung „Gewohnheitsrecht" gebraucht, anerkennt und nur die Annahme bekämpft, daß das unorganisierte Volk „generelle Rechtsgebote" schaffe. Selbstverständlich kommt das Gewohnheitsrecht bloß in der Rechts ü b u n g zum Ausdruck, und Sache der Wissenschaft (oder auch des Richters) ist es, die Regeln, die der Übung zugrunde liegen, herauszufinden. (Auf einem anderen Standpunkt noch „Gesetz und Richteramt" S. 1.)

doch im großen und ganzen, wie es zu der Aufnahme des fremden Rechts gekommen ist. Die Verdrängung der volkstümlichen Rechtsprechung und Verwaltung durch gelehrte Elemente, die Tatsache, daß bloß das fremde Recht an der Universität gelehrt wurde, der Einfluß der Kirche und der kirchlichen Gerichtsbarkeit, die Zersplitterung des heimischen Rechts und die Schwierigkeit, sich über dasselbe zu informieren, die inneren Vorzüge der fremden Rechte: alles das hat zusammengewirkt, um dem römisch-kanonischen Recht Eingang in die deutschen Länder zu verschaffen. Aber die zeitgenössische Theorie machte sich diesen Hergang der Dinge nicht klar. Damals glaubte man, daß das römische Recht als solches auch für Deutschland verbindlich sei, weil das heilige römische Reich deutscher Nation eine Fortsetzung des alten römischen Reiches darstelle [1]. Den Befehlen der römischen Cäsaren hatte sich auch das deutsche Volk, hatte sich die gesamte Christenheit zu fügen. Frühzeitig finden wir neben der romanistischen auch eine deutschrechtliche Literatur, die von den Rechtsbüchern des 13. Jahrhunderts ihren Ausgang nimmt. Aber auch hier begegnen wir Irrtümern. Das Bedürfnis nach einem geschriebenen Recht wurde dadurch befriedigt, daß man z. B. den Sachsenspiegel selbst als Rechtsquelle ansah [2]. Er wurde als Gesetzbuch behandelt und nicht als wissenschaftliche Privatarbeit [3].

Wenn wir nun nichts wüßten über den weiteren Verlauf der Geschichte, so könnten wir annehmen, daß die Verpflanzung eines toten Rechts nach

---

[1] Diese Ansicht hat selbst wiederum auf die Rezeption eingewirkt, gehört also mit zu den Ursachen der Rezeption. Wie immer nnd überall, so zeigt sich auch hier eine Wechselwirkung zwischen den äußeren Rechtsvorgängen und den Rechtsanschauungen.

[2] Savigny, a. a. O. S. 19: „Wir würden viele Mühe gehabt haben, unseren Vorfahren den Unterschied eines Rechtsbuches als einer Privatarbeit von einem wahren Gesetzbuche deutlich zu machen, den wir uns als so natürlich und wesentlich denken."

[3] Wenn man vom „autoritätsgläubigen" Mittelalter spricht, so darf man doch nicht übersehen, wie das Mittelalter mit den Autoritäten umgesprungen ist und wie leicht es darum war, den Autoritäten nachzuleben. Die skrupellose Auslegung von Quellenstellen (Bibel!) in der dem Ausleger erwünschten Weise, die Legendenbildung bezüglich des autoritativen Ursprungs einer Urkunde und schließlich die Fälschung und Verfälschung von Urkunden im großen Stile sind zusammengehörige Erscheinungen. In gleicher Weise hängen aber heute die sorgfältige Quellenkritik (Bibelkritik!), und zwar nicht bloß die Textkritik, sondern auch die Prüfung der Herkunft jeder einzelnen Urkunde und die gewissenhafte Auslegung der Quellen zusammen. (Ich finde nachträglich einen Vergleich zwischen juristischer Text- und Bibelkritik auch bei Savigny a. a. O. S. 123. Dagegen in charakteristischer Weise Thibaut a. a. O. S. 96.) Je rigoroser aber der Gesetzesinhalt festgestellt wird, desto mehr fällt die Abweichung des Lebens vom Gesetz in die Augen. Diese Abweichung zu übersehen, ist im Hinblick auf den heutigen Stand der Geschichtswissenschaft, der Psychologie und der Sozialwissenschaft nicht mehr möglich. Der Kritizismus ergreift eben auch die Rechtswissenschaft. Wir können den Tatsachen gegenüber nicht mehr blind sein, so bequem es auch ist, Gesetz und Recht zu identifizieren. Die Forderung, beides auseinanderzuhalten, ist nichts anderes als ein Gebot wissenschaftlicher Ehrlichkeit (vgl. Jung, Problem, S. 128).

Deutschland eine vollständige Erstarrung des Rechts zur Folge gehabt habe. Tatsächlich ist das nicht der Fall gewesen. Das römische Recht war durchaus nicht tot, sondern ungemein lebendig und entwicklungsfähig. Es wurde von der Theorie den jeweiligen Bedürfnissen angepaßt und mit dem wirklichen Rechtsleben möglichst in Einklang gebracht. Es war ja überhaupt nicht in seiner ursprünglichen Gestalt nach Deutschland gekommen, sondern in der ihm durch die Glosse und die Postglossatoren zuteil gewordenen Bearbeitung. In Deutschland wurde der Umbildungsprozeß fortgesetzt. Die Quellen wurden in der von der Praxis geforderten Weise umgedeutet. Das Resultat war schließlich der usus modernus pandectarum. Erst verhältnißmäßig spät gelangte man zu der Erkenntnis, daß das, was man als römisches Recht lehrte, zum großen Teil gar nicht römisches, sondern deutsches Recht war, welches sich trotz der Rezeption und gegenüber der Rezeption behauptet hatte. Die sogenannte historische Rechtsschule des 19. Jahrhunderts [1] hat diese Erkenntnis nicht nur dazu verwertet, um das klassische römische Recht zu erforschen und als Recht der Vergangenheit darzustellen, sondern sie hat — durchaus unhistorisch — dieses klassische römische Recht als das bei uns geltende, für uns verbindliche angesehen, ein römisches Recht, das niemals den Gegenstand der Rezeption gebildet hat oder bilden konnte [2]. So wurde ein Irrtum durch einen anderen abgelöst.

Die historische Schule hat aber auch noch nach einer anderen Richtung gewirkt. Sie hat das Naturrecht bekämpft, und zwar genau mit demselben Recht und mit demselben Unrecht, wie den usus modernus. Das Naturrecht war ein aus den Bedürfnissen der Zeit geborenes Recht, welches aber theoretisch falsch begründet wurde. Es war ebenso wenig ein aus der Natur des Menschen, aus der menschlichen Vernunft unmittelbar abgeleitetes oder ableitbares Recht, wie der usus modernus römisches Recht war. Aber die Erfahrung hat gezeigt, daß die naturrechtlichen Ideen durch die Erkenntnis des Fehlers, der der Naturrechtslehre zugrunde lag, ihre Lebenskraft nicht eingebüßt haben. Trotz Savigny hat das Naturrecht in der Revolution gesiegt. Unser heutiges Ver-

---

[1] Als „sogenannte“ historische Rechtsschule hat sie schon Thibaut bezeichnet. Vgl. dessen temperamentvolle Schrift: „Über die sogenannte historische und nichthistorische Rechtsschule.“ 1838. — Die außerordentlichen Verdienste der historischen Schule um die deutsche Rechtswissenschaft auch nur in Frage zu stellen, wäre allerdings ganz unangebracht. Im Grunde ist es ja doch nur eine Anknüpfung an den Grundgedanken dieser Schule, wenn die wissenschaftliche Erforschung des wirklich geltenden Rechts gefordert wird.

[2] Vgl. Kohler in Holtzendorffs Enzyklopädie, 6. Aufl., 1. Bd., S. 563: „Die guten Zeiten der Postglossatoren, bei denen das deutsche Recht in das corpus iuris hineinfloß, und die guten Zeiten des usus modernus pandectarum, welche sich in kräftiger Weise mit dem römischen Rechte abfanden, waren dahin. Anstatt daß man das corpus iuris nach unseren Gedanken interpretierte, interpretierte man es jetzt nach seinen eigenen Gedanken. Man lernte das reine römische Recht kennen und Männer wie Vangerow glaubten in schrecklicher Verblendung auch noch für das 19. Jahrhundert das reine römische Recht als geltendes Recht verteidigen zu können.“ Vgl. auch Rümelin, Bernhard Windscheid und sein Einfluß auf Privatrecht und Privatrechtswissenschaft, S. 33.

fassungsrecht ist bloß naturrechtlich zu erklären. Unsere gesamte Rechtsordnung trägt den Stempel des Naturrechts.

Post nubila Phoebus! Wie hebt sich unsere heutige Rechtswissenschaft von ihren Vorgängerinnen ab! Alle Irrtümer haben wir erkannt, alle Unklarheiten überwunden. Wir haben uns von der Positivität des Rechts überzeugt und damit ebenso das auf Cäsarenworte gegründete Weltrecht abgelehnt, wie das auf die Meditationen irgendeines isolierten Forschers aufgebaute Naturrecht. Nun sind wir endlich so weit, das Rechtsgebäude richtig zu fundamentieren ... Sind wir wirklich so weit? Haben wir einen Grund anzunehmen, daß wir den Höhepunkt der Rechtswissenschaft bereits erklommen haben? Haben wir auch nur den Gedanken der Positivität des Rechts zu Ende gedacht? Mit dem Naturrecht verglichen, ist das Gesetzesrecht eines bestimmten Staates freilich ein positives Recht. Aber wenn wir damit auch der Wirklichkeit des Rechtslebens näher gekommen sind, erreicht haben wir sie noch nicht. Denn positiv ist doch nur das Recht, welches tatsächlich lebt, welches reale Geltung hat, mag es nun gesetzlich fixiert sein oder nicht [1]. Worin liegt denn das πρῶτον ψεῦδος, welches wir in der deutschen Rechtswissenschaft aller Zeiten — die heutige nicht ausgeschlossen — finden? Darin, daß man die Entstehung des Rechts selbst wieder juristisch erklären will. Man will den Rechtsgrund für die Geltung des Rechts finden und zieht zu diesem Ende staatsrechtliche Anschauungen von problematischem Werte heran. So führt die Ansicht von der Verbindlichkeit des römischen Rechts auf das von Gott eingesetzte imperium mundi zurück. Die gesamte Christenheit bildet eine staatsrechtliche Einheit, mag nun der Kaiser ein Römer oder ein Deutscher sein. Das römische Recht ist das Weltrecht, also das Recht der vom Kaiser beherrschten christlichen Welt. Das Naturrecht wiederum leitete den Staat ab aus dem Staatsvertrag. Die einzelnen Menschen sind aus freien Stücken in die staatliche Gemeinschaft eingetreten. Auf ihren Willen ist darum alles staatliche Recht zurückzuführen. Der Inhalt ihres Willens ergibt sich aber von selbst aus den unwandelbaren Eigenschaften der menschlichen Natur. Das gesamte Recht gewinnt so eine individualistische Grundlage. Dem gegenüber lehrt

[1] Gerade umgekehrt bezeichnet Löning, Über Wurzel und Wesen des Rechts, S. 37, als positives Recht das in die entsprechenden Formen gekleidete, äußerlich dokumentierte, von den Gerichten anzuwendende Recht im Gegensatz zu dem Recht an sich, zu dem zunächst nur ein Innendasein führenden, ursprünglichen Recht. „Das positive Recht ist eine besondere Ausgestaltung des Rechts an sich zum Zweck praktischer Handhabung. Als Mittel und Formen dieser Ausgestaltung, der äußeren Dokumentierung kennen wir: Die ausdrückliche staatliche Erklärung oder Konstatierung eines Satzes als Recht in Form des Gesetzes und ... die Gewohnheit. Es sind das die sog. Quellen des positiven Rechts, nicht des Rechts überhaupt." Wiederum eine andere Bedeutung hat das positive Recht als das zufällige, willkürlich so und nicht anders bestimmte Recht, so daß z. B. die Dauer der Verjährungsfristen oder „die Rechtssätze über eine verwickelte Verkehrserscheinung, wie den Wechsel" „als in besonderem Maße positiv" erscheinen. Jung, Positives Recht, S. 26 f.

die historische Schule, daß nicht der Wille des Einzelnen staatsbildend gewirkt hat. Staat und Recht sind vielmehr allmählich entstanden, organisch erwachsen. Als unbewußte Schöpfung des Volksgeistes ist das historische Recht allgemein verbindlich. Wie es allmählich entstanden ist, so kann es wiederum nur allmählich geändert werden. Darin lag die politische Tendenz der historischen Schule, die sich nicht bloß gegen die Revolution, sondern auch gegen umfassende Kodifikationen richtete. Und auch unsere heutige Anschauung von der Entstehung und Verbindlichkeit des Rechts ist nicht frei von solchen staatsrechtlichen Vorstellungen. Sie wurzelt vielmehr geradezu in der absolutistischen Staatstheorie, welche sich zäher und lebensfähiger erwiesen hat als der Absolutismus selbst. Den Fürstenabsolutismus haben wir überwunden. An dem Absolutismus des Gesetzes beginnen erst die modernsten Autoren zu rütteln. Zu lang wurde dem deutschen Volk in allen Tonarten gepredigt, daß es seine oberste Aufgabe sei, der hohen Obrigkeit zu gehorchen, daß es nicht selbst beteiligt sei an der Rechtsbildung, vielmehr als Recht entgegennehmen müsse, was die Weisheit der Staatslenker als solches festzusetzen für gut finde, als daß wir uns von der Vorstellung des sklavischen Unterworfenseins so leicht hätten losmachen können. Das Dogma, daß alle Rechtsbildung verstaatlicht sei, ist im Staatsinteresse aufgestellt worden. Prüft man dieses Dogma nach, so zeigt sich freilich, daß sich die Rechtsbildung nur bis zu einem gewissen Grade verstaatlichen läßt, daß das Gesetz zwar auf die Rechtsbildung einen weitgehenden Einfluß nimmt, daß es aber niemals der alleinige Faktor der Rechtsbildung sein kann, daß ferner das Volk niemals, auch nicht in den Zeiten des starrsten Absolutismus, ohne Einfluß auf die Gestaltung des Rechts gewesen ist. Wollen wir uns darüber klar werden, so müssen wir freilich zunächst erkennen, daß es eine seltsame Verirrung ist, wenn man das Wesen des Rechts nicht in der der staatlichen Gemeinschaft immanenten Organisationsform und Lebensordnung, sondern in einem von außenher kommenden Imperativ erblickt[1]. Ordnung ist das Recht, nicht Anordnung[2]. Die Anordnung

[1] Gegen die Imperativentheorie vgl. Löning, a. a. O. S. 15 ff.: „Diese Theorie ist durch und durch despotisch ... immer kennt diese Theorie nur einen Herrn, dem allein alles Recht zusteht, dem alle anderen nach seinem Ermessen und Belieben zum Gehorsam verpflichtet sind: nicht freie Bürger, sondern in Wahrheit Unfreie und Knechte des omnipotenten Staates." Wurzel, Das juristische Denken, S. 33: „Das Recht verlor seinen Charakter eines tief im sozialen Leben begründeten Phänomens, es sank zum bloßen Gebote herab ... Auch die Jurisprudenz stieg von der stolzen Höhe herab ... sie ist (nominell!) keine Sozialwissenschaft mehr, sondern eine Wissenschaft des Gehorsams, des Befehlebefolgens. Der Jurist ist ein Gehorsamskünstler geworden." Vgl. auch Ehrlich, Freie Rechtsfindung und freie Rechtswissenschaft, S. 7 f., und Kraus, Das Recht zu strafen, S. 155 ff.

[2] Dagegen Kraus a. a. O. S. 151: „Das positive Recht ist Anordnung, welche Ordnung bezweckt." Kraus nimmt allerdings dem Gegensatz seine Schärfe, indem er sagt, die praktische Jurisprudenz habe die Anordnung so zu verstehen und zu handhaben, daß sie Ordnung herbeiführt. Ist also positives Recht bloß die in einem bestimmten Sinne verstandene und gehandhabte Anordnung? Damit kann ich mich ja einverstanden

soll zu neuem Rechte führen, ist aber selbst noch nicht Recht. Wie Bülow (Gesetz und Richteramt, S. 3) treffend sagt, ist es „noch kein geltendes Recht, es ist nur ein Plan, nur der Entwurf einer zukünftigen, erwünschten Rechtsordnung, was der Gesetzgeber von sich aus fertig zu bringen vermag.“ Das Recht ist eine soziale Erscheinung und kann darum nur sozialwissenschaftlich begriffen werden. Die Entstehung des Rechts ist ein sozialer und kein juristischer Prozeß. Will man die Rechtsbildung juristisch erklären, so erinnert das an Münchhausen, der sich an seinem eigenen Zopfe aus dem Sumpf zieht [1]. Es entspricht ja der orthodoxen Anschauung der Jurisprudenz, daß die Entstehung und Änderung des Rechts vor sich zu gehen habe in Form Rechtens. Leider läßt sich aber das Leben durch solche Theorien nicht meistern. Unversehens entstehen neue Rechtsanschauungen, Rechtsüberzeugungen, es bilden sich Rechtsübungen, von denen das Gesetz nichts weiß und die doch Anerkennung und Geltung heischen und finden. Unmerklich werden Gesetze beiseite geschoben. Sie werden nicht angewendet. Sie verlieren ihre tatsächliche Geltung, und wenn das geschehen ist, so ist es herzlich gleichgültig, ob das Gesetzbuch das Gewohnheitsrecht zuläßt oder ausschließt [2]. Aufgabe der Wissenschaft ist es sicherlich, derartige Erscheinungen sorgfältig zu beobachten. Aufgabe der Rechtswissenschaft ist es zunächst, das geltende Recht zu „finden“, nicht das ius inter partes, wie es der Richter findet, sondern die Rechtsordnung als solche. Sodann aber muß die Rechtswissenschaft die Geltung des Rechts, soweit es möglich ist, erklären. Sie muß mit den Mitteln, die überhaupt sozialen Problemen gegenüber verwendet werden, aufzuklären suchen, aus welchen Wurzeln dieses lebendige Recht erwachsen ist. Nur äußerst selten wird dabei die staatliche Anordnung der alleinige Nährboden sein, dem das Recht entsprießt.

Wenn die Rechtswissenschaft in diesem Sinne verfährt, so ist es ihr nur um die Erkenntnis des Seienden und des Gewordenen zu tun, nicht um irgend-

erklären. Nur ziehe ich meine Formulierung als die klarere vor. Kraus bemängelt es, daß ich die gebräuchliche Terminologie ändere. Bisher habe man unter dem positiven Recht eines Staates die Gesetze, Normen und Vorschriften verstanden, welche in das Leben irgendwie ordnend einzugreifen bestimmt sind. Gehört das Gewohnheitsrecht, dem doch die historische Schule so eingehende Untersuchungen gewidmet hat, etwa nicht zum positiven Recht? Das Gesetz ist stets als Rechtsquelle dem Recht gegenübergestellt worden und nur darum dreht sich der Streit, ob es die alleinige Rechtsquelle ist. (Die Antithese „Gesetz“ und „Recht“ gibt erst dem von Kraus [Grünhuts Ztschr. 32. Bd., S. 632] zitierten und offenbar mißverstandenen Satze Dernburgs ihren Sinn.)

[1] Zustimmend Jung, Problem, S. 105, 325. Vgl. auch Kelsen, Hauptprobleme der Staatsrechtslehre, S. 353. Eine Auseinandersetzung mit Kelsens Theorien kann an dieser Stelle nicht erfolgen.

[2] Bekker, a. a. O. S. 60: „Es darf auch nicht verkannt werden, daß . . . Gewohnheiten wider das Handelsgesetzbuch durchdringen können, und daß es überhaupt kein Mittel gibt, einen gesetzgeberischen Willen unverändert aufrecht zu halten, wo Volk und Gerichte zur Abänderung sich die Hände reichen.“

einen praktischen Zweck, nicht darum, dem Richter Anleitungen zu geben, wie er einen Prozeß entscheiden soll. Aber natürlich wird auch die sozialwissenschaftliche Jurisprudenz[1], wie jede andere theoretische Wissenschaft, Einfluß auf das Leben gewinnen. Sie wird z. B. sehr wertvoll sein für den Gesetzgeber. Es ist ungemein wichtig zu wissen, welches Gesetz und inwieweit ein Gesetz Aussicht hat, faktische Geltung zu erlangen. Ist sich der Gesetzgeber über die Grenzen seiner Macht klar, so wird er äußerst vorsichtig zu Werke gehen. Er wird die freie Betätigung der dem Gesetz unterworfenen Personen und Behörden nur soweit als nötig einschränken, wenn er weiß, daß eine allzustarke Bindung an das Gesetz die Nichtbeachtung des Gesetzes zur Folge hat. Indessen dürfte gerade die praktische Seite der sozialwissenschaftlichen Jurisprudenz bei vielen Anstoß erregen. Die Rechtssicherheit, die wir mühsam erlangt haben, scheint dabei verloren zu gehen. Wenn der Richter einmal weiß, daß das Recht auch vom Gesetz abweichen kann, so wird er darin einen Freibrief erblicken, um seine Entscheidungen nach Gutdünken zu fällen. Wir hören ja oft genug, daß die moderne Richtung den Voluntarismus des Richters und der Wissenschaft zur Folge haben muß. Der richterlichen Willkür Vorschub zu leisten, wäre gewiß äußerst bedenklich. Auf diesen Punkt ist noch näher einzugehen.

Ich will mich nicht mit der Bemerkung begnügen, daß die voraussetzungslose Wissenschaft das, was ist, ergründen muß ohne Rücksicht auf die praktische Bedenklichkeit oder Gefährlichkeit ihrer Lehren. Denn wenn ich auch dieses Argument für durchaus richtig halte, so genügt es doch nicht, um ängstliche Gemüter zu beruhigen. Aber ist denn unserer heutigen Theorie, Gesetzgebung und Praxis der Gedanke, daß das richterliche Urteil nicht durch das Gesetz allein determiniert wird, vollkommen fremd? Welchen Erwägungen entspringt denn die Unabsetzbarkeit und Unversetzbarkeit des Richters? Bringt das Staatsgrundgesetz damit nicht zum Ausdruck, daß ein von der Regierung abhängiger Richter in manchen Fällen anders urteilen würde als ein in seinem

[1] Die „sozialwissenschaftliche" Jurisprudenz ist natürlich mit der „sozialen", d. h. derjenigen, welche von sozialpolitischen Ideen erfüllt ist, nicht zu verwechseln. Wohl aber ist sie mit der „soziologischen" Jurisprudenz identisch. Ich ziehe den Ausdruck „sozialwissenschaftlich" vor, weil die Soziologie, mag man sie wie immer auffassen, doch nur sozialwissenschaftlich vorgehen kann. Die „soziologische Methode", welche Fuchs, Recht und Wahrheit in unserer heutigen Justiz, propagiert, ist nicht eine Methode der wissenschaftlichen Behandlung des Rechts, sondern eine Methode der Rechtsprechung. Vgl. auch die übrigen Schriften dieses Autors, zuletzt „Juristischer Kulturkampf", 1912. — Mitunter wird die Ansicht vertreten, das Recht müsse „naturwissenschaftlich" erforscht werden. Seltsamerweise wurde sogar die Begriffsjurisprudenz als „naturhistorische" Richtung bezeichnet (vgl. die kritischen Bemerkungen Pfersches, Methodik der Privatrechtswissenschaft, S. 52 ff.). In der Regel spricht sich aber in der Forderung einer „naturwissenschaftlichen" Behandlung des Rechts gerade die Unzufriedenheit mit der deduktiven Begriffsjurisprudenz aus. Nur wird dabei übersehen, daß die sozialen Erscheinungen und Vorgänge eine andere wissenschaftliche Behandlung erfordern als diejenigen Probleme, mit denen sich der Naturforscher beschäftigt.

Amt gegen administrative Maßregeln sichergestellter Richter? Und liegt nicht in der Einsetzung der Geschworenengerichte ein ganz auffallendes Mißtrauen gegen den Berufsrichter, ein Mißtrauen, welches zur Folge hat, daß man auf die Rechtskenntnisse des Richters geradezu verzichtet? Niemand wird behaupten wollen, daß sich das Urteil des Geschworenengerichts enger an das Gesetz anschließt als das des Beamtengerichts. Blicken wir auf die Praxis, so finden wir da die sehr eigentümliche Einrichtung von Spruchrepertorien und Judikatenbüchern. Streng genommen widerspricht die Sorge für die Einheitlichkeit der Rechtsprechung dem Gesetz. Der Richter ist auf das Gesetz beeidigt. Er hat nach bestem Wissen und Gewissen, jedenfalls aber auf Grund seiner eigenen Überzeugung Recht zu sprechen. Stimmt die Judikatur mit dem Gesetz überein, so ist ihre Kenntnis für den gesetzestreuen Richter entbehrlich. Widerspricht sie dem Gesetz, so ist sie für ihn nicht maßgebend. Trotzdem zeigt die Praxis, die sich eben von doktrinären Erwägungen freihält, die offensichtliche Tendenz, den Richter in der Auslegung der Gesetze dadurch zu beeinflussen, daß sie ihm Präjudikate vor Augen hält. Der Richter soll selbst dann, wenn das Gesetz eine andere Deutung zuläßt, wenn möglich geradeso entscheiden wie andere Richter vor ihm. Nebenbei bemerkt, zeigt das Sammeln von Präjudikaten, daß das certum ius nicht schon durch die Gesetzgebung erreicht wird, sondern mitunter gegen das Gesetz, auf Kosten des Gesetzes[1]. Würde der einzelne Richter bloß nach dem Gesetz zu entscheiden haben, so wären wir vom certum ius noch viel weiter entfernt, als wir es tatsächlich sind. Erst der Zusammenhang der erkennenden Gerichte und das Bewußtsein dieses Zusammenhangs ermöglicht eine Übereinstimmung der Judikatur. In der Zeit des volkstümlichen, ungesetzten Rechtes mußte die Einheitlichkeit der Rechtsprechung nicht erst künstlich erzielt werden. Damals liefen Rechtsbildung und Rechtsprechung vollkommen parallel.

Was ich bisher vorgebracht habe, waren aber freilich nur argumenta ad hominem. Von entscheidender Bedeutung ist die Erkenntnis, daß die Antithese: strenge Bindung des Richters an das Gesetz oder richterliche Willkür durchaus verfehlt ist[2]. Gibt es wirklich keine anderen Momente, welche das Urteil des Richters bestimmen können, als das (Staats-) Gesetz? Die Gesetzmäßigkeit aller psychologischen und sozialen Vorgänge gilt doch auch für den Richter und die Rechtsprechung. Das Urteil des Richters ist bedingt durch seine Vorbildung, durch seine Erfahrung, durch seine juristischen, wirtschaftlichen, politischen, nationalen, ethischen, religiösen Vorstellungen, Anschauungen

---

[1] Zustimmend Jung a. a. O. S. 129.

[2] Jung, Positives Recht, S. 46: „Weil das Ideal der Aufklärungszeit oder auch des Absolutismus nicht erreichbar war, nämlich den Richter zur Maschine zu machen, ist noch nicht das andere Extrem gegeben, daß er frei, d. h. willkürlich so oder so entscheiden könnte ... Der Einzelne ist, auch wo er nicht an äußerlich mitteilbare Formen seiner Sozialpsyche gehalten ist, doch durch Abstammung, Erziehung und Einflüsse der Mitlebenden ein Produkt und Teil dieser Sozialpsyche."

und Überzeugungen [1]. Er steht überdies mitten drin in einem großen Organismus, als dessen Glied er sich fühlt, und sein naturgemäßes Bestreben muß es sein, den Zusammenhang mit den übrigen Gliedern zu wahren. Wer sozialwissenschaftlich geschult ist, der weiß, daß auch dem ungeübten Blick als willkürlich erscheinende Vorgänge, wie z. B. die Preisbildung, durchaus nicht willkürlich sind, sondern bestimmten Gesetzen unterliegen. Und gerade die Rechtsprechung sollte sich willkürlich gestalten, wenn und soweit nicht von außen her ein Zwang auf den Richter ausgeübt wird? Wenn wir den Gründen nachgehen, warum sich die Rechtsprechung vom Gesetz entfernt, so können wir die überraschende Wahrnehmung machen, daß es sich dabei durchaus nicht um richterliche Willkür handelt, sondern gerade um das Gegenteil. Der Richter ist hier durch die Macht der Verhältnisse in seiner Rechtsprechung derart gebunden, daß er nicht die nötige Freiheit hat, um im Sinne des Gesetzes zu entscheiden. Einen interessanten Beleg bietet hiefür die Handhabung des außerordentlichen Milderungsrechts durch die österreichischen Strafgerichte. Während von diesem Milderungsrecht nach dem Gesetz nur ausnahmsweise Gebrauch zu machen ist, hat sich die Praxis seiner bemächtigt, um auf diesem Wege die Strafsätze des Strafgesetzes überhaupt zu ermäßigen [2].

[1] Die Hexenverfolgungen haben aufgehört, ehe noch die Gesetzgebung das Verbrechen der Zauberei beseitigte (Liszt, Lehrb. d. deutsch. Strafrechts, § 6). Die Praxis war dabei durch Thomasius beeinflußt, welcher forderte, „daß alle Hexenprozesse einzustellen seien, sei es nun durch fürstliches Machtwort, sei es durch Einsicht der Richter, welche unmöglich, auch nach bestehenden Gesetzen, ein nicht bestehendes Delikt zu strafen gezwungen sein können" (Landsberg, Geschichte der deutschen Rechtswissenschaft, 3. Abt., 1. Halbbd., S. 92). Wer wollte leugnen, daß auch im heutigen Recht die religiösen Anschauungen für die Frage maßgebend sind, was als Gotteslästerung aufzufassen ist? Die österreichischen Strafrechtslehrer (Wahlberg, Finger, Lammasch) gehen in ihren Ansichten darüber, welche Gottesidee dem § 122 a StG. zugrunde liegt, auseinander. (Vgl. auch unten S. 62.) — Die wissenschaftliche Überzeugung davon, daß es kein Naturrecht gibt, hat zur Ignorierung und das teilweise Wiederaufleben naturrechtlicher Gedankengänge wiederum zur Restaurierung des Schlußsatzes des § 7 abGB., die große Umwälzung in den wirtschaftlichen und ethischen Anschauungen zu einer neuen Judikatur in Schadensersatzsachen geführt. (Unger, System d. österr. allgem. Privatrechts, 1. Bd., S. 71, sagt, die Versuche, den § 7 abGB. umzudeuten, zeigten, „wie die Theorie stets bemüht sein wird, über eine der herrschenden Ansicht nicht mehr entsprechende Gesetzesstelle auf die eine oder andere Art hinauszukommen.")

[2] Überdies kommt in Betracht, daß sich selbst dort, wo das außerordentliche Milderungsrecht nicht gehandhabt wird, die vom Richter verhängten Strafen in der Nähe des Strafminimums bewegen. „Die Maxima der Strafen, ja selbst die mittleren Strafsätze sind außer Gebrauch gekommen" (Finger, Österr. Strafrecht, I. Bd., 3. Aufl., S. 820). — Lammasch (Grundriß des Strafrechts, 4. Aufl., S. 62) hat die Tendenz der Praxis geradezu dem Gesetze zugeschrieben: „Mit Rücksicht darauf, daß die Strafsätze unseres Gesetzbuchs aus einer Zeit stammen, die Verbrechen mit weit größerer Strenge beurteilte, als die gegenwärtige, läßt das geltende Recht ... durch das außerordentliche Milderungsrecht auch ein Herabgehen unter das Minimum des ... angedrohten Strafsatzes zu." Tatsächlich war aber das außerordentliche Milderungsrecht schon dem Strafgesetze von 1803 bekannt.

Es gelten bei uns tatsächlich nicht die harten Strafsätze des in Wahrheit aus dem Jahre 1803 stammenden Strafgesetzes. Der Richter verhängt viel mildere Strafen und nur äußerlich beruft er sich dabei auf das Gesetz, indem er vorgibt, das außerordentliche Milderungsrecht anzuwenden. Eine regelmäßige Anwendung des außerordentlichen Milderungsrechtes ist ja ein lucus a non lucendo. Das Justizministerium ist dieser Praxis wiederholt entgegengetreten und hat den Richter auf das Gesetz verwiesen [1]. Der Erfolg ist ausgeblieben und mußte ausbleiben [2]. Denn es ist ganz ausgeschlossen, daß wir zu den Strafsätzen des Gesetzes wieder zurückkehren. Die Rechtsprechung ist nur den Anschauungen der Zeit gefolgt und von ihnen beeinflußt gewesen, als sie die Strafen gemildert hat. Nicht hierin lag die richterliche Willkür, sondern Willkür wäre es, nunmehr einem weltfremden Doktrinarismus zuliebe das Gesetz wieder zu Ehren zu bringen. Wir würden es sicherlich als bitteres Unrecht empfinden, wenn einen Angeklagten heute nur deshalb die volle Schwere des Gesetzes träfe, weil er einen Richter gefunden hat, der sich an das Gesetz und nicht an die Praxis halten will. Was hier besonders kraß in die Erscheinung tritt, das gilt ganz ebenso in anderen Fällen einer dem Gesetze zuwiderlaufenden Praxis. Die „richterliche Willkür" wird man niemals als zutreffende Erklärung einer solchen Praxis gelten lassen können [3].

Darum brauchen wir uns wohl vor den praktischen Folgen der sozialwissen-

---

[1] Just.-Min.-Erl. vom 14. April 1853, Z. 3919, vom 13. November 1859, Z. 17.803 und vom 17. Mai 1902, Z. 296. Schon Hye (Das österr. Strafgesetz, 1855, I. Bd., S. 615 f.) beklagt die gesetzwidrige Praxis: „Man pflegte früherhin sehr häufig den § 48 des früheren Gesetzes ... und hie und da leider auch jetzt noch den § 54 des neuen Gesetzes statt als Ausnahme vielmehr als Regel in Betracht zu ziehen." „Man praktizierte auf diesem Wege — durch mißbrauchsweise und maßlose Ausbeutung der im § 54 ausgesprochenen Milde und Humanität des Gesetzgebers — die ernste Drohung und die gerechte Strenge des Strafgesetzes zur Illusion herab und zerstört damit zugleich die Gerechtigkeit und Kommensurabilität des gesetzlichen Strafensystems!" „Möchte dieser ... Vorgang ... keine Nachahmung finden, sondern vielmehr zur Warnungstafel dienen, in welches Labyrinth von Verirrungen und Ungerechtigkeiten der Richter gerate, wenn er irgendwie — den Boden des Gesetzes verläßt!" Vgl. auch S. 639 f.

[2] Finger a. a. O. S. 825: „Heute sind die betreffenden Bestimmungen des Strafgesetzes als durch langjährigen Gerichtsgebrauch derogiert anzusehen. Die Anwendung des außerordentlichen Milderungsrechts gehört heute zur Regel." Lammasch a. a. O.: „Das Gesetz hat infolge seiner unerträglich gewordenen Strenge aufgehört, die Grundlage der Strafbemessung zu sein."

[3] Ich verkenne trotzdem nicht die Möglichkeit und die Gefahren einer „impressionistischen" Rechtsprechung (Wellspacher, a. a. O. S. 10). Aber auch eine solche Rechtsprechung wäre nicht auf irgendwelche gefährliche Theorien oder auf richterliche Willkür zurückzuführen, sondern sie wäre nur eine Folge- oder Teilerscheinung der impressionistischen Modekrankheit, welche, von der Kunst ausgehend, andere Gebiete des geistigen und sittlichen Lebens erfaßt. Der Richter steht eben mitten drin in der Kultur seiner Zeit und partizipiert an allen ihren Vorzügen und Fehlern. Ein aus dem Kulturzusammenhang herausgerissener Richterstand wäre nicht einmal zu wünschen.

schaftlichen Jurisprudenz nicht zu fürchten, zumal gerade sie uns erst das Verhalten des Richters im richtigen Licht erscheinen läßt. Die hergebrachte juristische Theorie hat ja immer den einzelnen Richter dem Gesetz gegenübergestellt, während es die Sozialwissenschaft niemals mit dem isolierten Individuum, sondern stets mit Menschengruppen zu tun hat, die mitten im Leben stehen und von diesem unausgesetzt beeinflußt werden. Und auch das braucht uns nicht anzufechten, daß sich die Forderung, das Recht sozialwissenschaftlich zu untersuchen, gegen das Monopol der bisherigen Methode der Rechtswissenschaft richtet. So oft jemand im Laufe der Zeiten auf die Notwendigkeit hingewiesen hat, die Methode einer Wissenschaft zu ändern, hat es freilich immer konservative Männer gegeben, die es für ein selbstmörderisches Beginnen gehalten haben, die bisherigen Pfade der Forschung zu verlassen, um auf neuen Wegen einem ungewissen Erfolg nachzustreben. Die Erfahrung hat ihnen aber niemals Recht gegeben. Gerade die Geschichte der Rechtswissenschaft bietet hiefür Belege genug. Ich verweise nur darauf, wie schwer sich die Forderung durchgesetzt hat, das Recht systematisch zu behandeln. Die konservativen Rechtslehrer, die gewohnt waren, ihre Ausführungen an die einzelnen Quellenstellen anzulehnen, haben gegen ein so gewagtes Unternehmen energisch Stellung genommen. Und heute würden wir es für unwissenschaftlich halten, wenn sich die Theorie ihr System vom Gesetze aufzwingen ließe. Immer liegt die Bürgschaft für das Gedeihen einer Wissenschaft in ihrer Fähigkeit, sich zu verjüngen und neuen Anforderungen, die an sie gestellt werden, Rechnung zu tragen [1]. Nur scheinbar werden dabei die Ergebnisse der bisherigen Forschung beiseite geschoben. In Wahrheit wirkt die Lebensarbeit der früheren Generationen auch bei geänderter Methode in den Werken der Epigonen nach. Halten wir darum nicht ängstlich fest an den „gesicherten" Resultaten der bisherigen Wissenschaft, sondern seien wir dessen eingedenk, daß dem unaufhörlich sich erneuernden Recht auch eine in stetem Fluß befindliche Theorie entspricht! Das lebendige Recht verlangt eine lebendige Wissenschaft.

[1] Diese Fähigkeit bewährt gerade in unseren Tagen jener Zweig der Rechtswissenschaft, der von jeher für alle anderen vorbildlich war: die Wissenschaft des römischen Rechts. Die Romanisten sind zu der Erkenntnis gelangt, daß das römische Recht „auch nicht annähernd so, wie es überliefert ist, je in den Grenzen des römischen Reichs gegolten hat" (Ehrlich, Freie Rechtsfindung, S. 6). Es handelt sich heute darum, das nationalrömische Recht „von der byzantinischen Inkrustation zu befreien", und hiebei stehen wir, wie der jüngste Bearbeiter des römischen Privatrechts sagt, „zum großen Teil noch am Anfang" (Mitteis, Römisches Privatrecht bis auf die Zeit Diokletians, 1. Bd., S. VII). „Die älteren Werke sind überholt und muten in ihrem orthodoxen Echtheitsglauben fast befremdend an" (ebd., S. VIII). Der Eifer, der jetzt der Erforschung des wirklichen römischen Rechts gewidmet wird, kann und muß dazu anspornen, auch das geltende Recht nicht bloß durch das Medium des Gesetzes zu beobachten.

III.

Entwürfe und Gesetze.

(1913).

Unsere Zeit ist reich an säkularen Erinnerungen. Die blutige Auseinandersetzung mit Napoleon, welche vor einem Jahrhundert unsere Vorfahren in Atem gehalten hat, beansprucht in diesen Jahren auch unser lebhaftes Interesse. Haben wir 1909 das Andenken an die ruhmvolle Schlacht bei Aspern, in welcher sich die Besiegbarkeit des Korsen zum erstenmal erwiesen hat, gefeiert, so ist es heuer der deutsche Befreiungskrieg, dessen erhebenden Verlauf wir uns ins Gedächtnis zurückrufen. Neben solchen allgemeinen Jubiläen, die das ganze Volk angehen, haben nun wir Rechtsbeflissenen unsere besonderen Gedenktage. Für die Franzosenzeit hat der Satz inter arma silent leges jedenfalls nicht gegolten. Denn die Erlassung unseres bürgerlichen Gesetzbuchs, dessen Jubelfeier die österreichischen Juristen vor nicht ganz zwei Jahren würdig begangen haben, fällt gerade in die Jahre zwischen dem Sieg bei Aspern und der Leipziger Völkerschlacht. Der Gesetzgeber hat also trotz der Ungunst der Verhältnisse seine Stimme ziemlich kräftig vernehmen lassen. Halten wir heute Rückschau, so erscheint uns die Kodifikation des Zivilrechts in Preußen, Frankreich und Österreich als eine der erfreulichsten Erscheinungen jener bewegten Zeit. Es war zweifellos ein Glück für alle drei Staaten, daß sie ein certum ius erhielten, eine feste Grundlage für den Rechtsverkehr und die Rechtsprechung. Die Zeitgenossen allerdings waren nicht durchaus dieser Meinung. Über die Frage, ob ein Zivilgesetzbuch erwünscht sei oder nicht, entspann sich eine literarische Fehde, die im Jahre 1813 eingeleitet wurde [1]

[1] Ende 1813 erschien Rehbergs Werk „Über den Code Napoléon und dessen Einführung in Deutschland" (Landsberg, Geschichte der deutschen Rechtswissenschaft, 3. Abt., 2. Halbb., Text S. 78), welches von Thibaut alsbald in den Heidelbergischen Jahrbüchern der Literatur eingehend besprochen wurde. Im Anschlusse daran publizierte Thibaut 1814 seine Schrift „Über die Notwendigkeit eines allgemeinen bürgerlichen Rechts für Deutschland", gegen die sich eben Savignys „Beruf" wendete. Thibaut hat sodann den „Beruf" und andere einschlägige Schriften in der genannten Zeitschrift rezensiert. Gegen Savigny wiederum Gönner, Über Gesetzgebung und Rechtswissenschaft in unserer Zeit, 1815. (Vgl. unten S. 82 ff.). Nur zum Teil gehört das von Savigny zitierte Buch von Schmid, Deutschlands Wiedergeburt, 1814, in diesen Zusammenhang. Als Abschluß der ganzen Gelegenheitsliteratur kann Savignys Abhandlung „Stimmen für und wider neue Gesetzbücher" im 3. Bd. der Zeitschr. für geschichtliche Rechtswissenschaft (1816, wieder abgedruckt in der 3. Auflage des „Berufs" S. 163 ff.) gelten. Wie schon der

und im folgenden Jahre in Savignys berühmter Schrift „Vom Beruf unsrer Zeit zur Gesetzgebung und Rechtswissenschaft“ zwar nicht ihren Abschluß, aber doch unzweifelhaft ihren Höhepunkt erreichte. Mit dieser Schrift ist bekanntlich die Begründung der historischen Rechtsschule, welche für die Rechtswissenschaft des 19. Jahrhunderts richtunggebend geworden ist, eng verknüpft. Wir haben darum allen Grund, das Jahrhundertjubiläum der berühmten Polemik zwischen Savigny und Thibaut dadurch zu feiern, daß wir die von ihnen behandelten Probleme, denen ja neben der aktuellen auch eine dauernde Bedeutung für alle Zeiten zukommt, neuerlich erörtern und als bescheidenes Präludium hiezu können vielleicht die folgenden Erörterungen gelten.

Während Thibaut die Notwendigkeit eines allgemeinen bürgerlichen Gesetzbuchs für Deutschland betont, hält Savigny seine Zeit nicht für reif zu einem so großen Werk. Weder stehe die Rechtswissenschaft auf der erforderlichen Höhe, noch besitze man in der deutschen Sprache, die überhaupt nicht juristisch und am wenigsten für Gesetzgebung ausgebildet sei, ein taugliches Instrument[1]. Die edle und einfache Sprache unseres bürgerlichen Gesetzbuchs hat also Savigny offenbar nicht imponiert[2]. Aber auch mit seinem Inhalt war er nicht zufrieden. Ein gutes Dritteil seiner Schrift ist der Kritik der drei neuen Gesetzbücher gewidmet, und dabei kommt auch das österreichische Gesetzbuch schlecht weg[3]. Da wir uns gerade jetzt mit seiner

Titel der Rehbergschen Schrift zeigt, reiht sich diese Literatur nicht bloß zeitlich der Franzosenherrschaft in Deutschland und den Befreiungskriegen an. Sie ist durch diese Ereignisse geradezu veranlaßt. Thibaut (Über die sog. historische und nicht-historische Rechtsschule, S. 6 f.) berichtet, sein Geist sei im Jahre 1814, als er viele deutsche Soldaten, welche auf Paris marschieren wollten, mit frohen Hoffnungen im Quartier hatte, sehr bewegt gewesen. „Viele Freunde meines Vaterlandes lebten und webten damals mit mir in dem Gedanken an die Möglichkeit einer gründlichen Verbesserung unseres rechtlichen Zustandes, und so schrieb ich — höchstens nur in vierzehn Tagen — recht aus der vollen Wärme meines Herzens eine kleine Schrift über die Notwendigkeit eines allgemeinen bürgerlichen Rechts für Deutschland.“ Aber schon die Auseinandersetzungen von Almendingen über den Code Napoléon „sind wie ein entfernter Vorklang derjenigen, die dann Savigny gegen Thibaut geben sollte.“ (Landsberg a. a. O. Noten S. 51.)

[1] S. 48 ff., 91. In den „Stimmen“ wird noch ein drittes Moment hervorgehoben, das politische: Infolge der französischen Revolution und des Despotismus Bonapartes sei eine allgemeine Ungewißheit eingetreten. „Bürgerliche und kirchliche Verfassung sind aus allen Fugen gewichen, und auch die ordnende Sitte der Privatverhältnisse hat dem allgemeinen Schwanken nicht entgehen können.“ „Und einen solchen Zustand des Übergangs wollten wir durch geschriebene Buchstaben fixieren auf Jahrhunderte?“ („Beruf“ S. 174.)

[2] Es ist aber bezeichnend, daß Savigny wohl die Sprache des preußischen Landrechts bemängelt, aber zur Sprache des österreichischen Gesetzbuchs nichts bemerkt.

[3] Nach Landsberg (Text, S. 203) ist die Kritik der Gesetzbücher das „empfindlich schwächste“ Kapitel im „Beruf“. Man kann dieses Urteil dahin vervollständigen, daß die Kritik der deutschen Gesetzbücher noch schwächer ist, als die des französischen. Die

Revision beschäftigen, so ist es von Interesse festzustellen, was Savigny gegen das Gesetz vorbringt. Sollte der Begründer der historischen Rechtsschule vorahnend schon unserer Revision die Wege gewiesen, sich also ebenso sehr als Prophet wie als Historiker bewährt haben? Dem ist nun allerdings nicht so. Die Einwendungen Savignys beziehen sich auf einige allgemeine Begriffsbestimmungen, so z. B. auf den Sachbegriff, auf die Unterscheidung von Fruchtnießung und Gebrauch, von Vormundschaft und Kuratel. Es handelt sich dabei weniger um die Bedenklichkeit der gesetzgeberischen Anordnung, als um die Richtigkeit der Formulierung. Zu ängstlicher Anschluß an römisches Recht und zwar an mißverstandenes römisches Recht ist es, was er dem Gesetzgeber zum Vorwurf macht [1]. Und nur zum Belege dafür hebt er auch ein praktisches Moment hervor, nämlich wie bedenklich es sei, dem zum Vormund bestellten nächsten Verwandten des Kindes zugleich die Sorge für die Person des Mündels zu übertragen, obzwar er doch als gesetzlicher Erbe geradezu an dem Tode seines Mündels interessiert sei, ein Bedenken, welches uns, trotzdem es dem römischen Recht entnommen ist, nach den Erfahrungen eines Jahrhunderts seltsam anmutet [2]. Im ganzen sind Savignys Ausstellungen recht harmlos. Seine Gegner stehen denn auch in dieser Hinsicht auf einem anderen Standpunkt. Thibaut gibt seiner „innigsten Überzeugung" Ausdruck, daß gerade das österreichische Gesetzbuch durch seine Bündigkeit und seine einfachen, kräftigen, eigentümlichen Ansichten höchst merkwürdig sei und als Grundlage der Diskussion bei einem neuen Gesetzbuch unvergleichliche Dienste leisten könnte, und Gönner rühmt an ihm die Klarheit, Kraft, Kürze und Würde des Ausdrucks [3]. Der literarische Streit endete mit dem unzweifelhaften Siege Savignys. Nicht nur erlangte die von ihm begründete historische Schule maßgebende Bedeutung, sondern es unterblieb damals auch jeder Schritt zur Herstellung der deutschen Rechtseinheit und zur Schaffung eines deutschen bürgerlichen Gesetzbuchs [4].

Verwerfung des Code kommt dem Verfasser, wenn sie auch nicht an das wuchtige, markige Urteil Thibauts (in der Rezension von Rehberg) heranreicht, sichtlich aus dem Herzen, während die den heimischen Gesetzen gewidmeten Ausführungen mehr den Eindruck des Gezwungenen machen.

[1] So Savigny selbst in der Zeitschr. f. gesch. RW., 1. Bd., S. 403.

[2] Vgl. Montesquieu, De l'esprit des lois, l. 19 ch. 24: Zur Zeit, als die römischen Sitten bewundernswert waren, „on ne crut point la vie du pupille en danger, quoiqu'elle (la tutelle) fût mise entre les mains de celui à qui sa mort devait être utile. Mais lorsque les moeurs changèrent à Rome, on vit les législateurs changer aussi de façon de penser."

[3] Thibaut, Notwendigkeit eines allg. bürg. R., Ausgabe von 1840, S. 97 (Rezension von Savigny), Gönner S. 151. An einer späteren Stelle (S. 284) spricht Gönner von der „Klarheit, Würde und Präzision des österreichischen bürgerlichen Gesetzbuchs".

[4] Allerdings wäre gerade hier die Schlußfolgerung post hoc, ergo propter hoc sehr bedenklich. Vgl. Savigny selbst in den „Stimmen" („Beruf" S. 168 f.) und Jhering in seinen Jahrbüchern 5. Bd. S. 362. Nach Bülow, Heitere und ernste Betrachtungen, S. 132, „mochte die Abmahnung Savignys anfänglich, in der dem Napoleonischen Zeit-

Aber allerdings haben sich seither die Verhältnisse gründlich geändert. Thibauts lebhafter Wunsch ist noch vor dem Jahrhundertende in Erfüllung gegangen. Deutschland erfreut sich jetzt des längst ersehnten bürgerlichen Gesetzbuchs. Aber auch abgesehen hievon hat die Gesetzgebung seit Savigny eine geradezu unheimliche Tätigkeit entfaltet. Auf allen Gebieten des Rechtslebens begegnen wir mehr oder minder umfangreichen Gesetzen [1]. Unübersehbar sind die Vorschriften, die nicht als Erzeugnis des „Volksgeistes“ organisch entstanden sind, sondern dem Staat ihre Geltung verdanken. Und kaum ein Jurist kann sich einer umfassenden Gesetzeskenntnis in dem Sinne rühmen, daß er mit dem Inhalt aller in seinem Staate geltenden Gesetze vertraut wäre. Müßig wäre es, unserer Zeit den Beruf zur Gesetzgebung abzusprechen: Die Gesetzgebung gehört zu unseren primitivsten staatlichen und sozialen Bedürfnissen, sowie Essen, Trinken, Schlafen zu unseren leiblichen Bedürfnissen. Wir haben uns daran gewöhnt, die unausgesetzte Tätigkeit der Gesetzgebungsmaschine als Regel anzusehen, und empfinden es als einen unangenehmen und auf die Dauer sogar unerträglichen Zustand, wenn der Apparat infolge der — bei uns leider landesüblichen — parlamentarischen Obstruktion nicht tadellos funktioniert. Trotzdem läßt es sich kaum leugnen, daß wir manchmal das Gefühl der Übersättigung haben. Namentlich in den Kreisen der juristischen Praxis zeigt sich eine gewisse Gesetzesmüdigkeit, die nicht nur in der Massenhaftigkeit des Gesetzesstoffs, sondern namentlich auch in der Unzufriedenheit mit den Werken der Gesetzgebung ihren Grund hat. Die neuen Gesetze erregen häufig das Mißfallen der Juristen und, wer aufmerksam hinhorcht, kann oft genug das Urteil hören, unsere Zeit habe die Fähigkeit verloren, gute Gesetze zu machen. Es handelt sich da weniger um die gesetzgeberischen Gedanken, als um ihren Ausdruck, also um die technische Güte der Gesetze. Wir können uns für ein Gesetz begeistern, welches neue Ideen zur Geltung bringt und glücklich durchführt, wie es unseren Zivilprozeßgesetzen geglückt ist. Aber die Alltagsgesetze, wenn ich mich so ausdrücken darf, finden nicht unseren Beifall. Hielt Savigny seine Zeit noch nicht für reif zur Gesetzgebung, so betrachten wir uns als Epigonen glücklicherer Vorfahren: In der guten alten Zeit verstand man sich noch auf das Gesetzgebungshandwerk, wir sind Stümper geworden und bringen nichts Rechtes zustande [2].

alter folgenden politisch dumpfen Zeit den Regierungen mehrerer deutscher Staaten einen nicht unwillkommenen Grund gewähren, den Gang der Gesetzgebung zu verlangsamen, namentlich mit kodifikatorischen Unternehmungen noch eine Weile zurückzuhalten.“ Brauchten denn die Regierungen überhaupt einen Vorwand?

[1] Darüber kann wohl am besten der Verwaltungsrechtslehrer Auskunft geben, der alle Mühe hat, seine Vorlesungen in Übereinstimmung mit der Gesetzgebung zu erhalten.

[2] Wenigstens die eine Hälfte dieses Urteils bringt Wellspacher (Festschrift zur Jahrhundertfeier des abGB. 1. Bd. S. 183) zum Ausdruck, indem er sagt, „daß kaum irgendeine andere Zeit so viel Beruf zur Gesetzgebung gehabt hat, wie die Zeit des ausgehenden Naturrechts, und daß Savigny in einem schweren Irrtum über Zweck und Aufgaben der Gesetzgebung befangen war, als er seiner Zeit den Beruf zur Gesetzgebung absprach.“

Es ist das eine Erscheinung, die zu denken gibt. Warum befriedigen uns die modernen Gesetze nicht und warum ziehen wir ihnen die alten vor? Am nächsten liegt die Annahme, daß wir es verlernt haben, uns richtig auszudrücken, und das ist denn auch eine weit verbreitete Ansicht. Die alten Gesetze sagen klar und deutlich, was Rechtens sein soll. Den neuen Gesetzen mit ihren zahl- und endlosen Paragraphen und bandwurmartigen Perioden muß man ein sehr aufmerksames Studium widmen, wenn man ihren Sinn enträtseln will, und auch dann ist man des Erfolgs nicht sicher. Ich bin nicht dieser Meinung. Zwar will ich den Unterschied in der Diktion der alten und der neuen Gesetze nicht in Abrede stellen — ich werde darauf noch zurückkommen —, ich will ferner die heutigen Gesetze auch nicht vom ästhetischen Standpunkt aus in Schutz nehmen. Aber trotzdem halte ich es für durchaus verfehlt, anzunehmen, daß wir in bezug auf die juristische Ausdrucksweise irgendwelche Rückschritte gemacht haben. Die Sprache des Gesetzes ist keine andere, als die des Juristen überhaupt. Würde die Fähigkeit, sich genau und richtig auszudrücken, abgenommen haben, so müßte sich das auch in der juristischen Literatur, es müßte sich insbesondere auch in der juristischen Praxis äußern. Wir können aber im Gegenteil feststellen, daß wir heute eine viel entwickeltere Rechtssprache haben, als je eine Zeit vor uns. Nicht nur ist die Zahl der Fachausdrücke unausgesetzt im Wachsen begriffen, auch die Fertigkeit, die juristische Sprache zu handhaben, hat außerordentlich zugenommen. Halten wir uns doch nur vor Augen, wie sehr sich der Kreis jener Materien erweitert hat, über welche wir Rechtsurkunden aufnehmen! Unsere Verträge betreffen die allerverschiedenartigsten Gegenstände, die oft große Anforderungen an die sprachliche Formulierung stellen, wie z. B., wenn es sich um die Verwertung von Naturkräften handelt oder um die Sicherung und Ausnutzung von Urheberrechten aller Art oder um die Abgrenzung von geschäftlichen Interessensphären oder um neue Versicherungszweige usw. Wenn hier auch die Neuheit oder Schwierigkeit der Sache zu vorsichtigem, tastendem Vorgehen nötigt, so scheitert doch der Vertragsabschluß niemals daran, daß die Sprache die Rechtsverhältnisse, die begründet werden sollen, nicht auszudrücken vermag. Vergleichen wir unsere juristische Literatur mit den Werken aus der Kongreßzeit, so werden wir nicht einen Augenblick daran zweifeln, daß unsere Rechtssprache seither knapper, schärfer, reicher geworden ist. Mit welcher behaglichen Breite wurden früher Auseinandersetzungen gebracht, für die uns heute einige wenige bezeichnende Worte genügen. Und umgekehrt: für feine kriminalpsychologische Untersuchungen etwa, wie sie die strafrechtliche Literatur unserer Tage mit Leichtigkeit hervorbringt, hätte den Vätern unseres Strafgesetzes vor allem die Sprache, der Ausdruck gefehlt. Ich will damit keineswegs die Gegenwart auf Kosten der Vergangenheit rühmen; denn es handelt sich ja nur um die Feststellung der selbstverständlichen Tatsache, daß die Arbeit eines Jahrhunderts nicht vergeblich gewesen ist. So wie der Klavierspieler durch Übung zum Virtuosen wird, so haben wir uns eben auch unausgesetzt in der Handhabung der Rechtssprache geübt und dadurch eine größere Fertigkeit erlangt, als unsere Vorgänger.

Müssen wir uns mithin nach einem anderen Erklärungsgrund für die Minderwertigkeit der heutigen Gesetze umsehen, so richtet sich unsere Aufmerksamkeit auf ihren Entstehungsprozeß. Die alten Gesetze waren Schöpfungen aus einem Gusse. Noch bestand nicht der Reibungswiderstand der parlamentarischen Verhandlungen. Gewiß nahm auch der absolute Monarch die Mithilfe anderer Persönlichkeiten bei der Gesetzgebung in Anspruch. Aber das waren eben Sachverständige, es waren Juristen, die auf der Höhe der zeitgenössischen Fachbildung standen, nicht Laien, wie die Parlamentarier der Jetztzeit. Nach dieser durchaus nicht seltenen Auffassung wäre also die Volksvertretung das Hemmnis einer guten Gesetzgebung[1]. Der Konstitutionalismus, der dem Gesetz eine überragende Bedeutung zuerkennt, hätte der Güte der Gesetze Abbruch getan. Die parlamentarischen Gesetze stünden von vornherein zurück hinter den bloß bureaukratisch vorbereiteten, oktroierten, absolutistischen Gesetzen. Aber auch da bin ich anderer Ansicht. Gewiß! Wer wollte es leugnen, daß die parlamentarische Behandlung eine Gefahrenquelle für das Gesetz darstellt, daß durch irgendeinen ungeschickten, nicht reiflich überdachten Beschluß der Entwurf eines Gesetzes verschlechtert werden kann und auch mitunter verschlechtert wird? Viele Köche verderben den Brei, und der Einfluß auf die Gesetzgebung, den man der Volksvertretung einräumt, kann sich natürlich nicht bloß im guten, sondern auch im schlechten Sinne äußern. Aber eben darauf kommt es an, daß die Bewertung dieses Einflusses nicht von vornherein feststeht. So wie der Entwurf durch das Parlament verschlechtert werden kann, so kann er auch gerade durch die Mitarbeit der Volksvertretung eine Verbesserung erfahren. Nun ist es natürlich sehr schwer, eine Statistik über die parlamentarischen Schicksale der Gesetzentwürfe aufzustellen. Aber ich glaube, daß im großen und ganzen die Änderungen, die die Gesetzentwürfe im Parlament erfahren, ziemlich geringfügig sind. Es besteht auf Seite der Abgeordneten und Herrenhausmitglieder wenig Neigung, sich mit der technischen Seite der Gesetzgebung zu beschäftigen. Wer jemals Veranlassung gehabt hat, der Entstehung von Gesetzen nachzugehen, wird zugeben, daß das Studium der Materialien zumeist eine Enttäuschung bereitet[2]. Man forscht nach dem Willen des Gesetzgebers. Man möchte wissen, warum gerade diese Wendung gebraucht wurde, was ein bestimmtes Wort des Gesetzes zu bedeuten hat, wie sich der Verfasser des Gesetzes die Rechtslage vorgestellt hat, und wenn man nun die Reichsrats- oder Landtagsdebatten liest, so findet man nichts darüber. Die Reden, die gehalten wurden, befassen sich — wenn sie überhaupt sachlich gehalten sind — mit den Prinzipien des Gesetzes. Die Redner sprechen, wie es ja der Geschäftsordnung entspricht, pro oder contra, aber das juristische Detail erfreut sich keiner übermäßigen Beachtung, und wenn man darin vielleicht einen Nachteil erblicken kann, so wird dieser eben dadurch

[1] Vgl. Biermann, Die Gründe der Zweifelhaftigkeit rechtlicher Ergebnisse, S. 5 f.

[2] Das gilt nicht etwa bloß von der unmittelbaren Gegenwart, sondern schon von der Blütezeit des Parlamentarismus, insbesondere auch für die so wichtigen Gesetze der sechziger Jahre.

wieder aufgewogen, daß der Entwurf in der Regel, wenn schon nicht verbessert, so doch wenigstens nicht verschlechtert wird. Daß ein Gesetzentwurf durch Häufung frivoler Abänderungsbeschlüsse unbrauchbar wird, ist doch nur ein seltener Ausnahmefall. Auf der anderen Seite dürfen wir aber nicht übersehen, daß auch die Gesetze der absolutistischen Ära vielfach kollegial verhandelt, überprüft und umgearbeitet wurden und dabei nicht immer besser, sondern mitunter auch schlechter geworden sind. Manche Unebenheiten, Unklarheiten und Widersprüche erklären sich auf diese Weise. Savigny hat die Materialien unseres bürgerlichen Gesetzbuchs nicht gekannt. Er hätte, wenn sie ihm zugänglich gewesen wären, wahrscheinlich anders und günstiger geurteilt. Aber gerade an der Hand der Materialien können wir wahrnehmen, wie ab und zu auch hier der gute Homer geschlafen hat, wie Beschlüsse gefaßt wurden, die miteinander nicht im Einklange stehen, und wie darunter der Gesetzestext gelitten hat.

Ich will diesen Vergleich nicht weiter ausführen. Denn ich glaube, daß wir einen untrüglichen Beweis dafür haben, daß unsere Parlamente an den Mängeln der Gesetze unschuldig sind. Wäre dem nämlich nicht so, so müßten uns doch die aus den Ministerialbureaus hervorgehenden Gesetzentwürfe, die noch keine Spuren parlamentarischer Einwirkung zeigen, eine helle Freude bereiten. Und doch weisen schon diese Entwürfe jene Züge auf, die auch die sanktionierten Gesetze charakterisieren, und es setzt auch, sobald ein irgendwie bedeutsamer Entwurf veröffentlicht wird, die fachmännische Kritik ein, die den Entwurf schonungslos zerpflückt. Es ist nicht nur an sich interessant, sondern gerade für unser Thema von wesentlicher Bedeutung, diese Entwurfskritik näher ins Auge zu fassen. Wenn an der Verfassung des Entwurfs Professoren beteiligt waren, und nun andere Professoren als Kritiker auftreten, die zu den Entwurfsarbeiten nicht herangezogen worden sind, so könnte man ja ihr Urteil in der Erwägung leicht nehmen, daß da eben Eifersüchteleien im Spiel sind, wie sie bei Gelehrten nicht minder häufig vorkommen als in anderen Kreisen. Aber für so einfach würde ich die Sache doch nicht halten. Denn von allem anderen abgesehen ist die Entwurfskritik zum Teile auch Selbstkritik. Die Verfasser des Entwurfes selbst gehen ängstlich zu Werke. Sie sind mit ihrer Arbeit nicht leicht zufrieden, und man kann die Spuren einer solchen Selbstkritik oft in den Entwürfen nachweisen. Es muß sich also doch um etwas anderes handeln als um Äußerungen von Neid und Mißgunst. Betrachten wir einmal die Entwurfskritiker bei ihrer Arbeit! Ich bemerke von vornherein, daß ich dabei nicht an eine Kritik der Prinzipien des Gesetzes denke. Ein Freund der Gewerbefreiheit wird selbstverständlich einen Entwurf verdammen, der auf zünftlerischer Grundlage aufgebaut ist. Soll das Eherecht in freiheitlichem Sinne reformiert werden, so wird ebenso selbstverständlich der kirchlich oder konservativ Gesinnte dagegen Stellung nehmen. Hier handelt es sich um einen Kampf der Meinungen, möglicherweise sogar der Weltanschauungen, der zwischen den Parteien ausgetragen werden muß. Verschieden davon ist die Prüfung des Gesetzentwurfs in technischer Hinsicht.

Gewiß kommt es auch hier auf die ganze Denkweise und auf die Weltanschauung des Kritikers an. Aber in erster Linie steht doch die Untersuchung, ob der Entwurf die gesetzgeberischen Gedanken in klarer, einwandfreier und zuverlässiger Weise ausdrückt. Der Entwurf wird also dann bemängelt, wenn seine Bestimmungen nicht so gefaßt sind, daß der Wille und die Absicht des Gesetzes deutlich zu entnehmen sind, wenn verschiedene Bestimmungen des Entwurfs einander widersprechen, wenn er lückenhaft ist, wenn die Möglichkeit offen gelassen ist, das Gesetz zu umgehen und auf diese Weise den Zweck einer gesetzlichen Bestimmung zu hintertreiben, oder wenn gar die Auslegung des Gesetzes einen Unsinn ergibt. Der stärkste Trumpf, den die Entwurfskritiker ausspielen, ist der Nachweis von Absurditäten. Ein absurdes Gesetz ist selbstverständlich unannehmbar.

Ich möchte nun eine paradoxe Behauptung wagen. Wenn ein Gesetz keinen anderen Fehler hat, als, daß es einen oder den anderen Unsinn enthält, so ist das ein sehr geringer Mangel. Denn der Unsinn wird durch entsprechende Auslegung alsbald aus dem Gesetz ausgeschieden und damit unschädlich gemacht. Das bekannte Dichterwort läßt glücklicherweise auch eine Umkehrung zu: Unsinn wird Vernunft [1]. Ich sage nicht: Ein absurdes Gesetz ist unannehmbar, sondern es ist u n a n w e n d b a r. Wenn also das Gesetz angewendet werden soll, so muß die Absurdität beseitigt werden. Die Gesetzesauslegung ist das genaue Gegenstück der Entwurfskritik. Ich denke da an die Auslegung durch einen inländischen Juristen, dessen Bestreben es ist, auf das Rechtsleben selbst Einfluß zu nehmen, nicht durch einen ausländischen Gelehrten, für den das Gesetz eines anderen Staates bloß ein theoretisches Interesse hat und der darum diesem Gesetze nicht anders gegenübersteht als einem Entwurf. Wie stellt sich nun unser Inländer zu dem Gesetze? Vielleicht deckt auch er die Mängel des Gesetzes ohne Rückhalt auf. Aber damit wird er seine Tätigkeit nicht für abgeschlossen halten. Es genügt nicht, daß er das Gesetz, wenn auch mit vollem Recht als unklar hinstellt [2]. Er muß trotzdem, wenn es sich nicht um eine ganz untergeordnete Frage handelt, zu einer brauchbaren Deutung des Gesetzeswillens kommen. Wenn das Gesetz Widersprüche enthält, so muß er sich für die eine oder andere Bestimmung oder vielleicht für eine vermittelnde Lösung entscheiden [3]. Die Lücken des Gesetzes muß er durch vernünftige Auslegung

[1] Vgl. K r a u s, Das Recht zu strafen, S. 56.

[2] So kann es wohl nicht befriedigen, wenn B e r n a t z i k in der Studienausgabe österreichischer Gesetze (Die österr. Verfassungsgesetze, 2. Aufl., S. 411) erklärt, daß man die Aufzählung der dem Reichsrat im § 11 des Grundgesetzes über die Reichsvertretung zugewiesenen Gesetzgebungsmaterien „mit demselben Recht als taxative wie als demonstrative betrachten kann". Die Frage Quid iuris wird hier offen gelassen, nicht beantwortet.

[3] Die Lehre, daß im Falle einer Antinomie keine der widerstreitenden Bestimmungen gelte, ist praktisch wohl kaum je zur Geltung gelangt. Sie erinnert lebhaft an Buridans Esel, der zwischen zwei Heubündeln verhungert. Ein lebendiger Esel wird, wenn ihm zwei Heubündel winken, niemals verhungern. Schon rein mathematisch wird der Fall, daß ihm die Bündel gleich nahe sind und daß sie die gleiche Beschaffenheit aufweisen,

auszufüllen trachten, dem agere in fraudem legis wenn möglich einen Riegel vorschieben [1], die Absurditäten, die sich etwa in das Gesetz eingeschlichen haben, aus der Welt schaffen. So wie für die Grunddienstbarkeiten die Regel gilt, daß sie civiliter ausgeübt werden müssen, so gilt auch für die Auslegung der Gesetze die Forderung der Loyalität. Wir sehen also: Ein und derselbe Text wird verschieden behandelt, je nachdem er Entwurfs- oder Gesetzestext ist. Die Interpretation ist in beiden Fällen eine tendenziöse, und die Tendenz ist jedesmal eine andere. Der Entwurfskritiker will vor allem die Mängel des Textes hervorheben. Er steht ihm gegenüber wie der Staatsanwalt dem Angeklagten. Der Gesetzesausleger bemüht sich um eine benigna interpretatio. Er trachtet die Vorzüge des Textes zur Geltung zu bringen. Er verhält sich zu ihm, wie ein Verteidiger zu seinem Klienten. Sehen wir aber genauer zu, so verschwindet der scheinbar schroffe Gegensatz dieser Tendenzen. Es handelt sich in beiden Fällen in Wahrheit um die gleiche und zwar löbliche Tendenz, einen möglichst günstigen Rechtszustand zu erzielen oder zu sichern. Nur ist der Entwurf hiefür das Mittel, das Gesetz aber die Grundlage. Der Entwurf kann noch geändert werden, er soll also so geändert werden, daß er auf das Rechtsleben den gewünschten Einfluß nimmt. Das Gesetz ist bereits Rechtsquelle, sein Text steht endgültig fest und kann nur durch ein neues Gesetz geändert werden. Mit dem Gesetz muß sich darum der Jurist abfinden. Er muß nicht nur einen modus vivendi, sondern einen modus bene vivendi suchen, er muß das Beste aus dem Gesetze herausholen, das darin verborgen ist[2].

nicht leicht vorkommen. Aber selbst wenn dem so wäre, wird doch psychologisch keine Gleichheit vorliegen. Im entscheidenden Augenblick wird ihm eines der beiden Bündel näher vorkommen oder sonst begehrenswerter erscheinen. Ganz so verhält es sich bei der Antinomie. Schon daß sich zwei Bestimmungen eines Gesetzes vollkommen widersprechen, wird sich selten ereignen. Sie stehen doch an verschiedenen Stellen des Gesetzes, in verschiedenem Zusammenhang usw. Selbst wenn sich hieraus aber kein Argument für die eine oder andere Ansicht ergibt, wird doch der Ausleger Anhaltspunkte haben, die eine Lösung der anderen vorzuziehen. (Vgl. auch Pfaff-Hofmann, Kommentar zum öst. abGB. 1. Bd. S. 193).

[1] Dabei muß immer erwogen werden, ob es nicht vorzuziehen ist, im Interesse der Geltung des Gesetzes das agere in fraudem legis in Kauf zu nehmen. So würden die verfassungsmäßigen Freiheitsrechte zweifellos entwertet werden, wenn man einen Kampf gegen ihre mißbräuchliche Ausübung eröffnen wollte. Gewiß handelt in fraudem legis, wer für einige Tage konfessionslos wird, um während dieser Zeit eine Ehe zu schließen, der sonst das Ehehindernis der Religionsverschiedenheit im Wege stünde. Wir würden aber eine Gesetzesauslegung, die solchem Beginnen steuern wollte, als eine unerträgliche Verletzung der Freiheitsrechte empfinden.

[2] Eine Gesetzesauslegung, die dieses Ziel nicht verfolgt, empfinden wir als unbefriedigend. So z. B. wenn Bernatzik (a. a. O. S. 374) eine kleine Lücke des Ministerverantwortlichkeitsgesetzes (nämlich den Mangel einer Bestimmung über die Veranlassung der Wahl des Staatsgerichtshofsvorsitzenden) dazu benutzt, um das ganze Gesetz für unanwendbar zu erklären: „So lange diese Bestimmung nicht geändert ist, wird der Staatsgerichtshof niemals in Tätigkeit treten können, weil er ohne Berufung durch den

Liegen die Dinge so, dann ist das kritische Verfahren, dem die Gesetzentwürfe unterzogen werden, an sich gewiß nicht zu bemängeln. Es ist ein durchaus berechtigtes und dankenswertes Bestreben, die Entwürfe tunlichst zu verbessern. Was Bedenken hervorruft, ist nicht die Art, sondern das Maß, das Übermaß der Kritik. Es scheint, daß dabei zwei wichtige Tatsachen nicht genügend beachtet werden: die Unvollkommenheit aller menschlichen Werke, die auch darin zum Ausdruck kommt, daß jedes Gesetz Mängel aufweist, und die Unmöglichkeit, die Wirkungen des Gesetzes im Vorhinein exakt festzustellen. Vergleicht man einen Entwurf mit einem bereits seit längerer Zeit geltenden Gesetze, so ist man geneigt, die Güte des Gesetzes zu überschätzen. Es ist viel deutlicher, klarer, einleuchtender als der Entwurf. Dieses Urteil ist ceteris paribus darauf zurückzuführen, daß einem das Gesetz vertraut ist, daß man sich an dessen Bestimmungen schon gewöhnt hat und daß sich seine Anordnungen dem Rechtsleben bereits so angepaßt haben, wie ein länger getragenes Kleidungsstück dem Körper. Bekannt ist die Antwort, die ein zaghafter und unentschlossener Sohn dem Vater gibt, der ihn zum Heiraten drängt und darauf hinweist, daß ja auch er seinerzeit den folgenschweren Entschluß fassen mußte, eine Ehe einzugehen: „Ja, das war etwas ganz anderes! Du hast die Mutter geheiratet, ich aber soll eine ganz fremde Person nehmen." So wie der Sohn nicht begreifen kann, daß auch die Mutter einmal als Fremde in die Familie gekommen ist, so wie uns allen die Züge der Eltern so lieb und vertraut sind, daß wir gar nicht die Frage aufwerfen, ob sie schön oder häßlich sind, so geht es uns auch mit den alten Gesetzen. Sie sind uns lieb und wert mit allen ihren Schwächen und Fehlern, ja wir bemerken oft die Schönheitsfehler gar nicht, die einem Fremden sofort in die Augen springen. Auch wissen wir schon, daß es sich mit dem Gesetz leben läßt, während wir dem Entwurf

---

Vorsitzenden nicht fungieren kann." Das ist ein Argument der Entwurfskritik, nicht der Gesetzesauslegung. Die Praxis würde, wenn es zu einer Ministeranklage käme, ganz gewiß anders vorgehen. Oder sollte wirklich ein Kollegium von 24 hervorragenden Männern ohne eine gesetzliche Verfahrensvorschrift nicht das zuwege bringen, was jedem Ballkomitee ohne Schwierigkeit gelingt, nämlich, sich zu konstituieren? Muß man nicht vielmehr sagen, daß, wenn das Gesetz keine Bestimmung darüber trifft, jede Konstituierung gesetzmäßig ist, mag sie nun von einem Alterspräsidenten eingeleitet werden oder mag irgendein Mitglied des Gerichtshofs (etwa durch die Zeitung) den Anstoß dazu geben, daß sich die Mitglieder an einem bestimmten Orte versammeln, oder mögen sie sich auf schriftlichem Wege auf einen Vorsitzenden einigen? Der Präsident des Hauses, der nichts täte, um seine Pflicht, die Anklage dem Vorsitzenden des Staatsgerichtshofes mitzuteilen, erfüllen zu können, und sich bloß auf die Nichtexistenz eines solchen Vorsitzenden beriefe, würde sicherlich gesetzwidrig handeln. (Vgl. auch unten: „Zur Lückenlehre".) Ganz anders verfährt Bernatzik (S. 388) bei der Auslegung des § 4 des Versammlungsgesetzes. Hier korrigiert er den Text. „Denn zur Zeit der ausgeschriebenen Wahlen dürften Besprechungen mit den gewählten Abgeordneten schwerlich möglich sein!" Hier wird also die Unmöglichkeit, das Gesetz, so wie es lautet, anzuwenden, für die Interpretation verwertet, die Anwendung des Ministerverantwortlichkeitsgesetzes wird aber gerade durch die Interpretation unmöglich gemacht.

gegenüber das Gefühl der Unsicherheit haben [1]. Darum verlieren auch die unzweifelhaften Mängel des Gesetzes wesentlich an Bedeutung. Sie sind, wie schon erwähnt, durch die Rechtsanwendung paralysiert oder wenigstens abgeschwächt worden. Ich erinnere etwa an § 8 unseres Strafgesetzes, der zweifellos einen Widersinn enthält. Schon der Versuch einer Übeltat — heißt es hier — ist das Verbrechen, sobald der Bösgesinnte eine zur wirklichen Ausübung führende Handlung unternommen hat. Die Versuchshandlung soll also eine zur wirklichen Ausübung führende Handlung sein. Das ist unmöglich. Führt die Handlung wirklich zur Ausübung, dann ist das Verbrechen nicht bloß versucht, sondern vollbracht worden. Ist es aber beim Versuch geblieben, so liegt das Charakteristische gerade darin, daß die Handlung nicht zur wirklichen Ausübung geführt hat [2]. Aber die Absurdität der Versuchsdefinition ist ohne jeden Einfluß auf die Praxis geblieben. Niemand ist es eingefallen, zu sagen, daß der Versuch nach Artikel IV des Kundmachungspatents straflos bleiben müsse, weil es keine dem § 8 entsprechende Versuchshandlungen gibt [3]. Man ist einfach über die unrichtige Kennzeichnung der Versuchshandlung hinweggegangen und hat jenen Versuchsbegriff akzeptiert, der dem Sprachgebrauch und der Theorie entspricht. Interessant ist es nun, daß sich auch der Entwurf des neuen Strafgesetzes den Fehler des geltenden zu eigen macht. Als Versuchstäter wird hier behandelt, „wer mit dem Vorsatz, eine strafbare Tat zu begehen, eine unmittelbar zu ihrer Ausübung führende Handlung vornimmt". Die erläuternden Bemerkungen führen aus, daß es bei den großen gesetzestechnischen Schwierigkeiten, die sich einer erschöpfenden Begriffsbestimmung des Versuchs entgegenstellen, zweckmäßig erscheine, den Anschluß an das geltende Recht auch in der äußeren Form zum Teile beizubehalten. Auf diesem Wege könnten die bewährten Traditionen der Rechtsprechung erhalten werden,

[1] Die diesem Gefühl entspringende Angst vor neuen Gesetzen spielt in der Praxis eine große Rolle. So hat man sich in Österreich in den neunziger Jahren vor dem mündlichen Zivilprozeß (vgl. Spiegel, Verwaltungsrechtswissenschaft, S. 204) und ein Jahrzehnt später vor dem allgemeinen Wahlrecht ganz unnötig gefürchtet. In der augenblicklich lebhaft diskutierten Frage der Abschaffung der Todesstrafe ist es gleichfalls die Angst, die mehr als alle sonstigen Erwägungen die Reihen der Anhänger der Todesstrafe verstärkt. Jung, Problem, S. 161, erwähnt die Befürchtungen, die man in Preußen an die Abschaffung der Folter knüpfte. Andererseits knüpfen sich freilich auch mitunter übertriebene Hoffnungen an ein neues Gesetz.

[2] Janka-Kallina, Das österr. Strafrecht, S. 124: „Die tatsächliche Beziehung zwischen Handlung und Verbrechenserfolg, welche das Gesetz wörtlich verlangt, besteht in keinem Versuchsfalle ... Das Gesetz würde also, wörtlich genommen, den strafbaren Versuch, den es doch gerade behauptet und bezeichnen will, ausschließen."

[3] Auch in anderen Hinsichten wird durch die Auslegung ungeachtet des Satzes nullum crimen sine lege über den Wortlaut des Gesetzes hinausgegangen, so, indem § 89 StG. (boshafte Beschädigungen oder Störungen am Staatstelegraphen) auf Telephonanlagen ausgedehnt wird. (Vgl. unten: „Zur Lückenlehre".) Vgl. auch Kraus in Grünhuts Zeitschr., 32. Bd., S. 627 (Bestrafung von Unterlassungsdelikten trotz mangelnder Ursachlichkeit) und Jung, Problem, S. 184.

weil für die Auslegung des neuen Gesetzes auch der Vergleich mit dem geltenden Rechte sehr maßgebend sein werde [1]. Es kommt hier zweifellos ein richtiger Gedanke zum Ausdruck. Die Fehler des geltenden Gesetzes sind durch die Anwendung gewissermaßen amortisiert, während die Wirkungen einer neuen Textierung nicht vorhergesehen werden können.

Diese Beobachtung führt aber auch zu der Erkenntnis, daß die Wirkung eines Gesetzes nicht von seinem Text allein abhängt. Gewiß ist der Gesetzestext von hervorragender Bedeutung. Es wäre ganz verfehlt, ihn sorglos zu behandeln, weil sich ja die Dinge ohnedies nach ihren inneren Gesetzen entwickeln und weil ein unbequemes Gesetz einfach beiseite geschoben wird. Das wäre das andere Extrem, das ebenso falsch ist, wie die Annahme, daß das Gesetz der alleinige Faktor ist, von dem das geltende Recht abhängt. Die Wahrheit liegt wie so oft auch hier in der Mitte. Unter den das Rechtsleben bestimmenden Faktoren nimmt das Gesetz zwar eine hervorragende Stelle ein, aber es ist eben nur ein Faktor neben manchen anderen. Schon die Tatsache, daß ein und dasselbe Gesetz in verschiedenen Staaten [2] und zu verschiedenen Zeiten verschieden angewendet wird, belehrt uns darüber, daß der Zustand des lebendigen Rechts nicht auf das Gesetz allein zurückzuführen ist. Man wird dieser Erscheinung nicht gerecht, wenn man sagt, die Rechtsprechung weiche vom Gesetze ab oder sie widerspreche gar dem Gesetze, sie setze sich über das Gesetz hinweg. Damit konstatiert man nur ganz grobe, in die Augen springende Gegensätze zwischen dem Gesetz und dem tatsächlich angewendeten Recht und erweckt den Anschein, als würde es sich in solchen Fällen immer nur um unerfreuliche, pathologische Zustände handeln. Auch ist es unzutreffend, den Nachdruck auf die Rechtsprechung zu legen, als ob das wirkliche Recht nur im Gerichtssaal zu finden wäre. Die Recht*sprechung* ist doch nur ein kleiner Ausschnitt aus der Rechts*übung*. Man kommt dem richtigen Sachverhalt auch nicht näher, wenn man, wie es die Theorie zu tun liebt, dem Gesetzesrecht als eine hievon scharf geschiedene Masse das Gewohnheitsrecht gegenübergestellt und dieses nach irgendwelchen stereotypen Merkmalen charakterisiert [3]. Da ergibt sich dann leicht der Satz, daß das Gesetz die höhere Rechtsquelle sei und daß sich Gewohnheitsrecht contra legem überhaupt nicht, praeter legem aber nur nach Zulaß des Gesetzes bilden dürfe.

[1] Nr. 90 Beil. zu den sten. Prot. d. Herrenhauses, 21. Sess. 1912. § 13 Entw. Erläuternde Bemerkungen S. 38. Der Entwurf setzt es sich zur Aufgabe, „die für den Umfang der Strafbarkeit grundlegenden Begriffe des Strafrechts" zu umschreiben, „wenn auch erschöpfende Begriffsbestimmungen nicht gegeben werden können." (S. XI). Das ist vollständig richtig. Nur folgt daraus, daß der § 1 (Von den Gerichten darf nur bestraft werden, wer eine Handlung begeht, die ein Gesetz mit Strafe bedroht) cum grano salis zu verstehen ist.

[2] Auch im selben Staat ist eine örtlich verschiedene Gesetzesauslegung möglich, wenn nicht durch eine einheitliche Gerichts- und Behördenorganisation die Gleichmäßigkeit gewährleistet wird.

[3] Vgl. Verwaltungsrechtswissenschaft S. 176 ff.

Diese Auffassung beruht auf einer ganz falschen Beobachtung. Das ungeschriebene Recht entwickelt sich nicht notwendig in scharfem Gegensatz zum Gesetz, sondern es ist schon da, wenn das Gesetz erscheint. Wer immer einen Gesetzentwurf verfaßt, hat ganz bestimmte Rechtsanschauungen, die er doch nur unvollkommen in das Gesetz hineinarbeitet, und ebenso treten diejenigen, an die sich das Gesetz wendet, mit ihren Rechtsanschauungen an die Lektüre des Gesetzes heran oder sie sind wenigstens durch ihre Denk- und Anschauungsweise dazu disponiert, den Text in einer bestimmten Weise zu lesen und zu verstehen. Es handelt sich da nicht etwa bloß um die Auslegung undeutlicher Bestimmungen des Gesetzes, obzwar sich auch schon hier zeigt, daß ein außerhalb des Gesetzes befindlicher Faktor auf die Gestaltung des Rechts einwirkt. Auch ganz klare gesetzliche Bestimmungen werden ohne das geringste Bedenken den herrschenden Anschauungen angepaßt. Es laufen hier also Auslegungen secundum und contra legem parallel.

Einige Beispiele! Wenn es das allgemeine Beste erheischt, muß nach § 365 abGB. ein Mitglied des Staates gegen eine angemessene Schadloshaltung selbst das vollständige Eigentum einer Sache abtreten. Enteignet können also werden Mitglieder des Staates. Wenn man zu ihnen nicht bloß die Staatsbürger, die ganz unzweifelhaft „Mitglieder des Staates" sind, sondern auch die im Staatsgebiet befindlichen juristischen Personen zählt, so mag man damit die undeutliche Ausdrucksweise des Gesetzes präzisieren. Wenn man aber, wie wir es für ganz selbstverständlich halten, auch Ausländer expropriiert, so geht man über den klaren Text des Gesetzes hinaus, mag man sich noch so sehr auf die Absicht des Gesetzgebers berufen können. Denn es ist doch herrschende Lehre, daß es nur darauf ankommt, was das Gesetz sagt, und nicht, was es möglicherweise sagen wollte. Wenn also ein Rechtssatz zur Anwendung kommt, der nicht im Gesetze selbst steht, sondern von dem nur mit größerer oder geringerer Sicherheit angenommen wird, daß er dem Willen des Gesetzgebers entspricht, so gehört dieser Rechtssatz eben dem ungeschriebenen Recht an. Die Frage, ob physische und juristische Personen und ob Inländer und Ausländer gleich zu behandeln sind, spielt auch bei der Auslegung des Staatsgrundgesetzes über die allgemeinen Rechte der „Staatsbürger" eine große Rolle. Die eine Bestimmung ist wirklich bloß auf Staatsbürger zu beschränken, eine andere auch auf juristische Personen auszudehnen, während bei einer dritten die staatliche Zugehörigkeit überhaupt nicht in Betracht kommt, so daß die Ausländer den Inländern gleichgestellt werden. Auch abgesehen davon ist das genannte Staatsgrundgesetz ein gutes Beispiel dafür, wie viel mitunter nicht im Gesetze steht. Wüßten wir nicht aus der Verfassungsgeschichte, was die einzelnen Freiheitsrechte bedeuten: der Text unseres Gesetzes würde uns sehr wenig Aufschluß gewähren. Die schlagwortartige Formulierung der Freiheitsrechte ist eben nur so zu erklären, daß das, was die konstitutionelle Doktrin fordert, vom Gesetz als bekannt vorausgesetzt wird. Da aber Schlagworte immer nur innerhalb gewisser Grenzen zutreffen, so erfordert jeder einzelne Artikel des Staatsgrundgesetzes eine sorgfältige Auslegung. Bald ist er zu eng, bald zu weit gefaßt. Mitunter enthält er eine schroff hingestellte Regel, die aber, ohne daß das Gesetz es zu sagen für nötig findet, verschiedene Ausnahmen erleidet. Kurz, wer sich auf das, was im Staatsgrundgesetz steht, verließe und seine Bestimmungen wörtlich nähme, würde sich das wirkliche Recht ganz verkehrt vorstellen. Auch die Frage, ob das Staatsgrundgesetz sofort eine Änderung des früheren Rechtszustandes herbeigeführt oder nur Prinzipien aufgestellt hat, die noch eines Ausführungsgesetzes bedürfen, wird für die verschiedenen Artikel verschieden beantwortet. Während z. B. der Auswanderungsfreiheit sofortige Geltung zugesprochen wurde, obzwar ein Gesetz, welches den Verlust der Staatsbürgerschaft regelt, nicht nur nottut, sondern auch vom Staatsgrundgesetz geradezu in Aussicht gestellt worden ist, wird aus dem Grundsatz, daß der Genuß der bürgerlichen und politischen Rechte vom Religionsbekenntnis unabhängig ist, nicht die Konsequenz gezogen, daß das Ehehindernis der Religionsverschiedenheit hinfällig geworden ist[1]. Diese eigentümliche Erscheinung läßt sich nur so erklären, daß das Gesetz von vornherein in einer bestimmten Weise verstanden wurde, und hiefür waren eben die Rechtsvorstellungen der Gesetzesverfasser und der Gesetzesadressaten maßgebend.

Besonders deutlich läßt sich das an dem ersten Satz unseres Wehrgesetzes demonstrieren: „Die Wehrpflicht ist eine allgemeine und muß von j e d e m Staatsbürger persönlich nach den Bestimmungen dieses Gesetzes erfüllt werden." Es unterliegt keinem Zweifel, daß das Wort „Staatsbürger" hier wörtlich zu nehmen ist. Die Wehrpflicht trifft nur physische Personen und zwar die österreichischen Staatsbürger, oder — wenn wir berücksichtigen, daß gleichartige Gesetze auch in Ungarn und Bosnien gelten — die Wehrpflicht trifft alle österreichischen und ungarischen Staatsbürger und alle bosnisch-herzegovinischen Landesangehörigen. Diese staatliche Zugehörigkeit ist aber nach den §§ 14 und 15 des Wehrgesetzes auch eine Voraussetzung für den f r e i w i l l i g e n Eintritt in die Wehrmacht. Die allgemeinen Eintrittsbedingungen sind nämlich Staatsbürgerschaft, geistige und körperliche Eignung und ein Alter von mindesten 17 Jahren. Wäre nun das Gesetz allein maßgebend, so könnte es keinem Zweifel unterliegen, daß auch Frauen wehrpflichtig und zum freiwilligen Eintritt in die Armee berechtigt sind. Ihre Wehrpflicht könnte man vom Standpunkt des Gesetzes nur dann in Abrede stellen, wenn man unter den Staatsbürgern des § 1 bloß männliche Staatsbürger verstehen, den „Staatsbürgern" also die Staatsbürgerinnen gegenüberstellen wollte. Es wäre das sicherlich ganz falsch. Denn sonst dürfte man ja auch das Staatsgrundgesetz über die allgemeinen Rechte der Staatsbürger nicht auf die Staatsbürgerinnen

[1] Und doch bereitet die staatsgrundgesetzlich zugestandene Glaubens- und Gewissensfreiheit und die damit im Zusammenhang stehende Möglichkeit der Konfessionsloserklärung bei der Auslegung der Worte „Christen" und „Personen, welche sich nicht zur christlichen Religion bekennen", große Schwierigkeiten. In b e i d e n im Text erwähnten Fällen ist bezeichnenderweise gerade die vom juristischen Standpunkt u n b e q u e m s t e Interpretation gewählt worden.

beziehen. Allein selbst diese schwache Handhabe versagt bei den §§ 14 f. Denn hier wird als Eintrittsbedingung nicht die Eigenschaft eines Staatsbürgers, sondern Staatsbürgerschaft hingestellt, und diese kommt ganz zweifellos auch den Frauen zu. Auch darauf kann man sich nicht berufen, daß den Frauen die nötige geistige oder körperliche Eignung zum Heeresdienste fehlt. Denn die Frage der Eignung wird doch erst auf dem Assentplatz erledigt. (§ 16.) Das Gesetz selbst spricht sich über die Eignung der Staatsbürger überhaupt nicht aus. Es gibt keine Klasse von Staatsbürgern, die von vornherein ungeeignet wäre. Die Frauen wären also nach dem Gesetze wenigstens stellungspflichtig [1]. Wenn es uns trotzdem nicht einfällt, sie für stellungspflichtig zu erklären, so bringen wir damit eine Rechtsüberzeugung zur Geltung, die so stark ist, daß sie durch einen allgemein lautenden Satz des geschriebenen Rechts nicht entkräftet werden kann. Wir sagen nicht: Frauen sind wehrpflichtig, weil sie das Gesetz von dieser allgemeinen staatsbürgerlichen Pflicht nicht befreit, sondern wir schließen gerade umgekehrt: Frauen sind nicht wehrpflichtig, weil es das Gesetz unterlassen hat, sie expressis verbis für wehrpflichtig zu erklären. Wir dürfen uns aber über den logischen Fehler dieser Schlußfolgerung nicht täuschen. Denn mit demselben Recht könnten etwa die Adeligen ihre Wehrpflicht leugnen, weil ja von ihnen im Wehrgesetz auch nicht die Rede ist. Die Wahrheit ist vielmehr die, daß die Freilassung der Frauen von der Wehrpflicht ein Satz des ungeschriebenen Rechts ist und daß wir uns in der Anwendung dieses Rechtssatzes durch den Text des Gesetzes nicht beirren lassen, oder richtiger ausgedrückt, daß uns der Gegensatz zwischen geschriebenem und ungeschriebenem Recht gar nicht einmal zum Bewußtsein kommt [2].

---

[1] In § 24 der Wehrvorschriften, 1. Teil, also in einer Verordnung, wird bestimmt, daß in die von den Matrikenführern für Stellungszwecke anzufertigenden Auszüge Personen männlichen Geschlechts einzutragen sind. Hier wird also davon ausgegangen, daß nur Männer wehrpflichtig sind. Schmid, Das Heeresrecht der österr.-ungarischen Monarchie, S. 39, definiert ohne Berufung auf eine Gesetzesstelle die allgemeine Wehrpflicht als die „kraft des Gesetzes allen männlichen Staatsbürgern obliegende Verpflichtung zum Eintritt in das Heer." Das Kriegsleistungsgesetz vom 26. Dezember 1912 Nr. 236 RGBl. legt in § 4 die Pflicht zu persönlichen Dienstleistungen für Kriegszwecke ausdrücklich allen arbeitsfähigen männlichen Zivilpersonen auf, die das 50. Lebensjahr noch nicht zurückgelegt haben.

[2] Ein anderes Beispiel: Die Morddefinition (Wer gegen einen Menschen in der Absicht, ihn zu töten usw.) paßt auch auf den Selbstmord. Solange auch dieser im Strafgesetz behandelt wurde, war die einschränkende Auslegung der Morddefinition zur Vermeidung eines Widerspruchs geboten. Heute entspringt sie nur unserem Rechtsgefühl und unserer Rechtserfahrung. (Vgl. Rittler in der Schweiz. Ztschr. f. Strafrecht, 13. Bd. S. 238 f. Nach dem Entwurf § 285 ist Mörder, „wer einen anderen tötet". Daselbst auch ein Delikt „Teilnahme am Selbstmord" § 290.) — Mitunter nimmt das Gesetz selbst auf eine ungeschriebene Rechtsnorm Bezug, so die Diätengesetze vom 7. Juni 1861 Nr. 63 RGBl. und vom 19. März 1874 Nr. 22 RGBl., welche den Reichsratsabgeordneten die Reisekosten für die Fahrt nach und von Wien zuerkennen. Hier sowie im Gesetz vom 11. März 1875

Was ich nun hier an einem krassen Fall gezeigt habe — es ist ja begreiflich, daß man sich für Demonstrationszwecke die dankbarsten Objekte aussucht —, das trifft auch in unzähligen anderen Fällen zu. Der Jurist arbeitet unausgesetzt am Gesetz herum. Er formuliert Regeln und Ausnahmen, er interpretiert einschränkend und ausdehnend, er beruft sich das eine Mal auf den „Geist des Gesetzes", auf die „Natur der Sache", während er in einem anderen Fall wiederum glaubt, den Buchstaben des Gesetzes ohne Rücksicht auf seine Konsequenzen zur Geltung bringen zu müssen. Lex dura, sagt er sed ita scripta! Und schließlich handelt es sich immer nur darum, geschriebenes und ungeschriebenes Recht miteinander in Einklang zu bringen. Eine große Menge von Rechtsvorstellungen lebt in uns, die wir an das Gesetz heranbringen und nicht aus ihm selbst entnehmen. Man hat in neuester Zeit das Verfahren der Juristen, das ich zu kennzeichnen versucht habe, nicht nur analysiert, was ich für ganz richtig und ersprießlich halte, sondern auch getadelt[1]. Dieser Tadel ist aber nur zum Teil berechtigt. Er trifft nur insofern zu, als sich der Jurist sein Verhältnis zum Gesetz nicht klar macht und in dem Glauben unverbrüchlicher Gesetzestreue befangen ist. Aber unrichtig ist es, das Auslegungsverfahren als willkürlich hinzustellen, wie wenn der Ausleger seine individuellen Anschauungen denen des Gesetzes gegenüberstellte[2]. Es handelt sich gar nicht um den Gegensatz zwischen dem Gesetz und dem einzelnen Menschen, sondern dem Gesetz stehen die Anschauungen der Bevölkerung gegenüber, wenn auch möglicherweise die Bevölkerung selbst in verschiedene Lager geteilt ist. Nicht immer sind alle eines Sinnes, wie in der Frage der Frauenwehrpflicht. Oft sind verschiedene Parteien, verschiedene Gesellschaftsschichten verschiedener Ansicht. Dann ist aber auch die Gesetzesauslegung keine gleichmäßige, keine einheitliche, und es kommt darauf an, welche Auslegung eben die herrschende ist[3]. Die unangenehmsten und un-

Nr. 23 RGBl. wird eben als selbstverständlich vorausgesetzt, daß der Reichsrat in Wien tagt. Tezner, Die Volksvertretung, S. 441, meint allerdings: „Die Einberufung nach Wien ist nur Übung, nicht Recht." Verfassungsmäßig dürfte der Reichsrat auch anderswohin berufen werden (S. 635). Man stelle sich aber nur vor, daß eine Regierung darauf verfiele, den Reichsrat abwechselnd nach Wien, Prag und Lemberg einzuberufen. Es würde das sicherlich von den betroffenen Kreisen als Rechtsverletzung und von Tschechen und Polen als willkommene Rechtsänderung empfunden werden. Die Einberufung nach Wien ist Rechtsübung, ungeschriebenes Recht. Vgl. ferner das böhmische Landesgesetz vom 24. Juni 1890 Nr. 46 LGBl., welches von „sogenannten Minoritätsschulen" spricht, also eine Einrichtung akzeptiert, die nur durch die Praxis geschaffen wurde und somit dem ungeschriebenen Recht entstammt.

[1] Vgl. die oben S. 28 bezogene Literatur.

[2] Das kann natürlich auch vorkommen, spielt aber eine verhältnismäßig untergeordnete Rolle. Vgl. auch oben S. 45.

[3] Nicht für ganz glücklich halte ich es, wenn Lukas (Festgabe für Paul Laband, 1. Bd. S. 401) von einer sozialen Durchschnittsauffassung spricht. Wenn einander Auffassungen schroff gegenüberstehen, gibt es keinen „Durchschnitt". Es ringt sich eine Auffassung zur Herrschaft durch oder es behauptet sich eine der verschiedenen Auffassungen. In der

fruchtbarsten juristischen Kontroversen beziehen sich auf solche Fragen, wo die bewußte oder unbewußte Parteizugehörigkeit des Auslegers seine Stellungnahme beeinflußt und erklärt [1].

Wir sehen also, daß geschriebenes und ungeschriebenes Recht nebeneinander vorkommen, daß das Gesetz niemals in einen luftleeren Raum eintritt, sondern stets eine Verbindung mit dem ungeschriebenen Recht eingeht, in der es sich nicht unversehrt behauptet. Zu diesem Nebeneinander kommt nun noch das viel deutlichere und darum auch bekanntere Nacheinander. Das Recht ist, wie jede soziale Erscheinung, einem unaufhörlichen Wechsel unterworfen, und dieser Wechsel kommt in der niemals abschließenden und kaum je aussetzenden Gesetzgebung nur unvollkommen zum Ausdruck. Denn die Gesetzgebung arbeitet ruckweise, stoßweise, während die Rechtsentwicklung keine Intervalle kennt und verträgt. Daraus ergibt sich schon, daß sich der Gegensatz zwischen geschriebenem und ungeschriebenem Recht während der Geltungsdauer eines Gesetzes verschärft [2], daß die Rechtsübung mit der Zeit immer mehr vom Gesetz abweicht, daß sie dem Gesetz mitunter über den Kopf wächst. Der Wege, auf denen diese Rechtsübung zu finden ist, gibt es mancherlei. Es kommen in Betracht der Rechtsverkehr und die öffentliche Verwaltung, die Rechtsprechung und die behördliche Praxis, die juristische Literatur und die große Zahl der staatlichen Anordnungen minderen Ranges, nämlich die

Sache selbst dürfte Lukas, auf dessen Ausführungen unten (S. 100 ff.) näher eingegangen werden wird, derselben Meinung sein wie ich.

[1] Nach § 122 d StG. begeht Religionsstörung, „wer Unglauben zu verbreiten oder eine der christlichen Religion widerstrebende Irrlehre auszustreuen sucht". Das Gesetz vom 25. Mai 1868 Nr. 49 RGBl. erklärt „die Verfügungen des § 122 lit. c und d StG., womit derjenige, welcher . . . eine der christlichen Religion widerstrebende Irrlehre auszustreuen sucht, eines Verbrechens schuldig erklärt wird", für aufgehoben. In dem mit „womit" beginnenden Relativsatz sind die Worte „Unglauben zu verbreiten" nicht enthalten. Infolgedessen besteht Streit darüber, ob die ganze lit. d aufgehoben ist oder bloß der zweite mit „oder" beginnende Teil. (Vgl. Finger, Das [österr.] Strafrecht, 2. Aufl., 2. Bd., S. 462 ff.) Entscheidend ist hier die Bedeutung des „womit". Heißt „womit" so viel wie „insoweit"? Ist also „womit" einschränkend zu verstehen? Sicherlich eine rein philologische Frage und eigentlich sollte man Germanisten als Sachverständige zu Rate ziehen. Dagegen würden sich aber selbstverständlich die Juristen mit der Begründung verwahren, es komme nicht darauf an, wie die Sprachwissenschaft, sondern wie der Gesetzgeber selbst das „womit" verstanden habe. Grammatici non supra Caesarem! Wieso kommt es aber, daß man mit ziemlicher Sicherheit annehmen kann, daß sich ein liberaler Jurist für die eine und ein klerikaler für die andere Auffassung des „womit" entscheiden werde, obzwar das Sprachgefühl von der Weltanschauung ganz unabhängig ist?

[2] Ausnahmsweise kann allerdings auch das Umgekehrte eintreten, die Praxis kann sich mit der Zeit dem Gesetze selbst anpassen. Ein charakteristisches Beispiel bietet die Haftung für Bergschäden. Während man früher eine solche Haftung nur im Falle eines rechtswidrigen Verhaltens der Bergbautreibenden annahm, bringen gegenwärtig Literatur und Praxis die dem Berggesetze selbst zugrunde liegende Auffassung zur Geltung, daß es bloß auf die Verursachung des Schadens ankommt. (Frankl im Öst. StWB. 1. Bd. S. 472.)

Verordnungen, Ministerialerlässe, Normalien usw.[1] Daß die juristische Theorie das Recht nicht bloß feststellt, sondern geradezu gestaltet, so daß die gesetzlichen Anordnungen unter ihren Händen unversehens Änderungen erfahren, hat Justinian richtig erkannt. Er hat darum verboten, Digestenkommentare zu schreiben und dadurch den Erfolg seiner Kodifikation zu sichern versucht[2]. Sollte irgendetwas zweifelhaft sein, so werde der Kaiser selbst die richtige Entscheidung treffen, denn ihm allein sei die Auslegung gesetzlich gestattet[3].

[1] Man kann hier allerdings nicht von ungeschriebenem Recht im wörtlichen Sinn sprechen. Aber ich verstehe hier eben unter „ungeschriebenem Recht" alles das, was nicht Gesetzesrecht ist. — Lehrreiche Aufschlüsse über Differenzen zwischen Gesetz und Durchführungsverordnung, also über gesetzwidrige Bestimmungen von Durchführungsverordnungen sind dem Motivenbericht zum Wehrgesetz von 1912 zu entnehmen. Es ist daraus zu ersehen, daß es sehr leicht ist, den Satz aufzustellen, daß die Verordnung dem Gesetze nicht widersprechen dürfe, daß es aber mitunter schwer ist, diesen Satz zu befolgen. Bei der Aufteilung einer Materie auf Gesetz und Verordnung handelt es sich zunächst um einen Versuch. Die Durchführung lehrt erst, ob der Versuch gelungen ist. Eine Reihe von Bestimmungen des neuen Wehrgesetzes war schon contra legem vorher angewendetes Recht. Das neue Gesetz paßt sich dem gegenwärtigen gesetzwidrigen Zustand an, den es auf solche Weise saniert. Ein interessantes Beispiel für das „von oben" geschaffene, aber nicht auf dem Gesetz selbst beruhende Recht bietet die Einrichtung unserer Grundbuchsmappen. Das Grundbuch besteht nach § 1 des GbGes. aus dem Hauptbuch und aus der Urkundensammlung. Eine Mappe kennt das Gesetz nicht. Man sollte meinen, daß die Einführung von Mappen nur im Wege des Gesetzes möglich wäre. Handelt es sich doch im Grundbuchsrecht um rein formalrechtliche Bestimmungen. Tatsächlich sind aber die Mappen sozusagen von selbst entstanden und der (im RGBl. nicht publizierte) Ministerialerlaß vom 11. April 1878 Z. 3676 macht die Gerichte in naiver Weise darauf aufmerksam, „daß die Tragweite des § 74 des allg. GbGes. sich in Ansehung der neuen Grundbücher dadurch geändert hat, daß nach der Einrichtung dieser Bücher die Mappe zu einem integrierenden Bestandteil des Grundbuchs geworden ist." (Vgl. Krainz-Ehrenzweig, System des österr. allg. Privatrechts, 5. Aufl., 1. Bd., S. 530, ferner Randa, Eigentumsrecht, 2. Aufl., 1. Hälfte, S. 463 u. 480.) In diesem Zusammenhang mag auch auf die Kriegsministerialverordnung vom 14. März 1861 Nr. 30 RGBl. hingewiesen werden, welche sich mit dem Wahlrecht der Militärpersonen, also mit einer Materie beschäftigt, deren Regelung der Verordnungsgewalt sicherlich nicht zusteht.

[2] L. 2 § 21 C. de vetere iure enucleando 1, 17.

[3] Das ist überhaupt die Auffassung der absolutistischen Zeit. So sagt K. S. Zachariae, Versuch einer allg. Hermeneutik des Rechts, 1805, S. 161 ff., daß das Recht zur Auslegung der Gesetze „ein Teil der gesetzgebenden Gewalt ist". „Da die Auslegung der Gesetze allemal eine Art der Gesetzgebung selbst ist, so kann dieses Geschäft nicht einem jeden Beamten, sondern nur derjenigen Behörde übertragen werden, für welche die Abfassung der Gesetze selbst gehört." Eine Ausnahme gelte nur bezüglich der grammatischen Auslegung. Wenn allerdings die Gesetze unvollkommen sind, so sei es von Vorteil, auch die logische Auslegung den Rechtsgelehrten zu überlassen. „Denn so kann die Gesetzgebung eines Volkes unmerklich mit dem Geiste der Zeit, mit der Vervollkommnung der Rechtswissenschaft und mit den Veränderungen der Verfassung fortschreiten, so kann sie sich allmählich zu einem zweckmäßigen Ganzen runden, ohne daß sich der Staat den Gefahren, die er von einer plötzlichen Veränderung der Gesetze zu fürchten hat, auszusetzen brauchte."

In gleicher Weise wurden noch vor hundert Jahren Kommentare zum bayrischen Strafgesetzbuch von 1813 verboten [1]. Bei uns brauchte der Absolutismus ein solches Verbot nicht, weil die Einrichtung der Zensur die Literatur ohnedies in den von den Zentralstellen gewünschten Schranken hielt [2]. Aber den Gefahren der Interpretation suchte Josef II. gerade so zu begegnen wie Justinian. Sein bürgerliches Gesetzbuch von 1786 erklärt niemand für berechtigt, sich einer „rechtskräftigen" Auslegung anzumaßen und unter dem Vorwand eines Unterschieds zwischen den Worten und dem Sinne der Gesetze solche zu erweitern oder einzuschränken. Hat der Richter Zweifel, ob ein vorkommender Fall im Gesetze begriffen ist oder nicht, oder scheint ihm das Gesetz dunkel, so soll die Belehrung allezeit vom Landesfürsten gesucht werden. Schon unter Leopold II. wurde aber der schroffe Standpunkt wieder verlassen [3], und das bürgerliche Gesetzbuch von 1811 verweist den Richter, wenn die Gesetzgebung gar keinen Anhaltspunkt für die Entscheidung eines Rechtsfalls gibt, auf die „natürlichen Rechtsgrundsätze".

Halten wir uns von dem Irrtum frei, daß die Worte des Gesetzes für sich allein das Rechtsleben bestimmen, so werden wir nicht bloß die geltenden Gesetze, sondern auch die Entwürfe mit anderen Augen ansehen. Ich bemerke nochmals, um Mißverständnissen vorzubeugen, daß ich durchaus nicht für ein laxes Vorgehen bei Verfassung von Gesetzentwürfen eintrete. Im Gegenteil: Die Schaffung eines Gesetzes gehört nach meiner Überzeugung zu den verantwortungsvollsten Aufgaben des öffentlichen Lebens. Wenn ich trotzdem darauf hinweise, daß man die Bedeutung des Textes nicht überschätzen darf, daß man sich immer dessen bewußt bleiben muß, von wie vielen, zum Teil unberechenbaren Faktoren die Wirkung eines Gesetzes abhängt, so tue ich es gerade im Interesse einer sorgfältigen, erfolgreichen Gesetzgebung [4].

---

[1] Vgl. das Zitat in Savignys „Stimmen" (Beruf S. 188). Gönner allein durfte das Gesetz kommentieren.

[2] Der Denkweise des Polizeistaates entspricht es durchaus, daß man im Vormärz die Bestimmung des § 7 abGB. über das Naturrecht als eine Verweisung auf Zeillers Buch über das Naturrecht auffaßte. Vgl. Schuster, Theoretisch-prakt. Kommentar über das abGB., 1818, 1. Bd. S. 156: „Der unerschöpfliche Vernunftkodex ist daher bei uns als ein Subsidiarrecht angenommen, und in dieser Absicht wird das vorgeschriebene Lehrbuch des Naturrechts jederzeit hauptsächlich von den Gerichtsstellen gewürdigt werden müssen."

[3] Vgl. unten in der Abhandlung über den référé législatif.

[4] Würde ein Gesetz immer so wirken, wie es wirken will, dann wäre es immer erfolgreich. Dann wäre aber auch die Gesetzgebungskunst viel leichter, als sie es tatsächlich ist. In Wirklichkeit muß sich der Gesetzgeber nicht bloß die Frage vorlegen, welche Folgen die Bestimmungen des Gesetzes haben, wenn sie befolgt werden, sondern auch, ob und in welchem Maße sie Aussicht haben, befolgt zu werden. Genau die gleichen Fragen ergeben sich auch bei Verfassung von Verträgen und sonstigen Rechtsurkunden. Der einsichtsvolle Praktiker wird sich nicht bemühen, einen Text zu verfassen, der alle Zweifel ausschließt — denn das ist unmöglich —, sondern er wird trachten, die Prinzipien richtig zu formulieren, und im übrigen auf eine vernünftige Auslegung vertrauen. Wenn

Denn es gilt hier der Satz: Incidit in Scyllam qui vult vitare Charybdim. So löblich auch das Bestreben ist, ein Gesetz zu verfassen, welches keinem Zweifel Raum gibt, welches eindeutig und lückenlos ist, so kann doch die einseitige Verfolgung dieses Ziels leicht die gegenteilige Wirkung haben. Daß die Tendenz der Lückenlosigkeit dazu führt, die Bestimmungen des Gesetzes immer mehr zu häufen, versteht sich von selbst. In demselben Sinne wirkt aber auch die Besorgnis, das Gesetz werde mißverstanden werden oder zu Zweifeln Anlaß geben. Um nur ja nicht verschiedene Deutungen zu ermöglichen, wird das Gesetz immer wortreicher, seine Bestimmungen werden immer zahlreicher, immer detaillierter. Und der Erfolg ist das genaue Gegenteil von dem, den man herbeiführen wollte [1]. Denn je mehr Bestimmungen ein Gesetz enthält, desto mehr bedarf es der Auslegung, desto größer wird darum auch die Wahrscheinlichkeit, daß die Auslegung an die Stelle des Gesetzes tritt, daß sich Rechtssätze zur Geltung bringen, die dem Gesetze widersprechen. Es ist ja ganz klar, daß die Gefahr der Grenzstreitigkeiten um so größer ist, je länger die Grenzlinien sind und je komplizierter sie verlaufen. Aufgabe des Gesetzes ist es, Grenzen zu ziehen, Schranken aufzurichten, und je komplizierter und detaillierter es ist, desto zahlreicher sind darum die Zweifel, zu denen es Anlaß gibt. Wenn nun ein sorgfältig vorbereitetes Gesetz, das mit aller Energie Vollständigkeit und Deutlichkeit anstrebt, dieses Ziel nicht erreicht, so wird dieser Mißerfolg leicht darauf zurückgeführt, daß es immer noch zu wenig des Guten getan hat, immer noch zu wenig Paragraphen, zu wenig Anordnungen enthält. Dann trachtet man das nächste Mal den Rekord zu schlagen, das Gesetz wird immer länger, immer wortreicher und — immer undeutlicher und schlechter [2]. Man bewegt sich also auf einer schiefen Ebene. Das ist nun die Krankheit, an der wir leiden. Unsere Gesetze sind mißgestaltet, hypertrophisch. Wir finden uns in ihrem Labyrinth nicht mehr zurecht. Ein Übermaß von Normen stürmt mit jedem neuen Gesetz auf uns ein, und, je weniger wir diesem Ansturm gewachsen sind, desto größer wird natürlich die Gefahr, daß sich das Gesetz nicht durchsetzt, daß gar viele seiner Bestimmungen auf dem Papier stehen bleiben oder in der Anwendung eine veränderte Gestalt erhalten. Der Bogen ist zu straff gespannt: das Gesetz hat sich zu viel zugemutet und büßt dadurch an seiner Wirkungsfähigkeit erheblich ein. Mit der Tendenz, das Gesetz möglichst

die Wahrnehmung gemacht worden ist, daß die schlechtesten Testamente von Juristen (als Erblassern) herrühren, so ist das nur darauf zurückzuführen, daß der Rechtskundige, der über seinen Nachlaß verfügt, alle Quellen des Zweifels verstopfen will, deshalb die Bestimmungen häuft und erst recht Zweifel verschuldet, während der naive Testator seinen Willen schlicht und infolgedessen leichter erkennbar formuliert. — Ganz oder teilweise erfolglose Gesetze hat es auch zur Zeit des Absolutismus gegeben, z. B. die Verfügungen Josephs II. über das Beerdigungswesen. Drastische Beispiele aus der neueren Zeit liefern die Gemeindegesetze und die Anordnungen über die Gewerbegenossenschaften.

[1] Selbstverständlich können sich auch bei zu großer Kürze des Gesetzes die gleichen Mißstände ergeben: Brevis esse laboro, obscurus fio.

[2] Als Paradigma kann in gewisser Hinsicht unsere Gewerbegesetzgebung dienen.

eindeutig zu formulieren, hängt eine zweite zusammen, die in gleicher Weise geeignet ist, das Gesetz unübersichtlich und unpraktikabel zu machen, die Spezialisierungs- oder Differenzierungstendenz. In dem Bestreben, alle erdenklichen Umstände zu berücksichtigen, jeden möglichen Fall in der gerechtesten oder billigsten Weise zu entscheiden, wird das Gesetz immer redseliger und weitschweifiger [1]. Entweder stellt es eine Reihe von Regeln nebeneinander auf, oder es enthält so viel Ausnahmen von der Regel und dann wieder Ausnahmen von den Ausnahmen, daß diejenigen, an die es sich wendet, nicht mehr ein und aus wissen und sich vom Gesetz emanzipieren, und so wird auch hier wieder die redliche Absicht des Gesetzes vereitelt: anstatt alle Anforderungen zu befriedigen, bleibt es selbst hinter den erreichbaren Zielen zurück.

Wenn ich nun als letzte Ursache dieses unerfreulichen Zustands die falsche Annahme bezeichnet habe, daß das Gesetz allein das Rechtsleben zu bestimmen vermöge oder, was dasselbe bedeutet, daß wir das geltende Recht irrtümlich mit dem Gesetzesrecht identifizieren, und wenn ich damit einen Vorwurf gegen unsere Rechtswissenschaft erhoben habe, so muß ich nun allerdings, um gerecht zu sein, erwähnen, daß sich die schlechtesten Gesetze gerade auf Gebieten finden, die von der Rechtswissenschaft vernachlässigt werden. Unsere Justizgesetze sind weit besser als die Verwaltungsgesetze, zu denen natürlich auch die Finanzgesetze zu zählen sind. Ich möchte damit nicht sagen, daß der Tiefstand der Verwaltungsrechtswissenschaft an den Mängeln der Verwaltungsgesetze schuld ist. Das wäre doch eine zu voreilige Schlußfolgerung. Eher dürfte das Entgegengesetzte zutreffen: Die Hypertrophie der Verwaltungsgesetzgebung schreckt von der wissenschaftlichen Durchforschung ihrer Normen ab. Wie dem aber auch sei: Tatsache ist, daß gerade die Verwaltungsgesetze am ärgsten gegen die Gebote einer vernünftigen Normgebung sündigen. Ich brauche zum Belege dafür nur an unser Gebührenrecht zu erinnern, welches derart verwickelt und detailliert ist, daß kaum jemand behaupten kann, seine Bestimmungen genau zu kennen. Wir haben einen großen Beamtenkörper, der sich ausschließlich mit der Gebührenbemessung beschäftigt. Aber jeder einzelne Gebührenbeamte beherrscht doch nur einen kleinen Teil dieses Rechtsgebiets. Man würde gar nicht glauben, wieviel dazu gehört, auch nur einige Tarifposten des Gebührengesetzes tadellos zu handhaben [2]. Die Zahl der Vorschriften ist hier geradezu Legion, und sie wächst von Jahr zu Jahr in

[1] Dafür möchte ich allerdings unsere parlamentarischen Institutionen mitverantwortlich machen. Die Abgeordneten suchen den verschiedenartigsten Interessen gerecht zu werden, sie wollen für ihre Wähler etwas erzielen und drängen auf die Spezialisierung des Gesetzes.

[2] Ist es nicht eine Kraftverschwendung, wenn es bei den Gebührenämtern besondere „Konvertierungsreferenten" gibt oder wenn die Handhabung des Gesetzes über die Gebührenbefreiung von Gemeindeanlehen (25. März 1902 Nr. 70 RGBl.) eine intensive Verwaltungstätigkeit erfordert? Hier handelt es sich nicht einmal darum, dem Staat Einnahmen zu verschaffen, sondern im Gegenteil um die Verminderung dieser Einnahmen.

erschreckendem Maße. Hier wird einmal ein großer Kehrbesen kommen müssen, der all den unnützen Kleinkram mit den haarspalterischen Auslegungen, die daran hängen, wegfegt und auf solche Weise einen erträglichen Rechtszustand ermöglicht. Wenn der Staat dadurch Einnahmen verlieren wird, so wird dieser Verlust durch die Ersparung von Verwaltungsauslagen zu einem erheblichen Teil wieder wettgemacht werden.

Wollen wir uns über die Ursachen klar werden, warum unsere Gesetze immer detaillierter und komplizierter werden, so müssen wir übrigens auch berücksichtigen, daß das Rechtsleben nur ein Teil des sozialen Lebens überhaupt ist, und wir dürfen darum die Beziehungen und Zusammenhänge mit den übrigen Faktoren nicht übersehen. Und da läßt es sich nun nicht leugnen, daß das Bestreben, die Gesetze so exakt als möglich zu formulieren, zugleich eine Äußerung des Genauigkeitsbedürfnisses ist, das unsere Zeit kennzeichnet. Wir sind viel genauer als unsere Väter und Großväter waren, und zwar aus verschiedenen Gründen. Die dichte Bevölkerung unserer Städte und das reiche Tagesprogramm, das wir abzuwickeln haben, zwingen uns zu genauen Raum- und Zeitangaben [1]. Die Geldwirtschaft, die immer mehr die Alleinherrschaft

[1] Auf das Bedürfnis nach genauer Abgrenzung der Grundstücke ist ja die bereits erwähnte Einrichtung der Grundbuchsmappen zurückzuführen. Allenthalben besteht das Bestreben, die ehedem beliebten natürlichen Grenzen durch künstliche zu ersetzen, was nichts anderes bedeutet, als, daß man sich mit minder genauen Abgrenzungen, wie sie die Natur meist bietet, nicht mehr begnügt. — Das Gesetz schreibt die Durchführung der Volkszählung nach dem Stande vom 31. Dezember vor. Diese Zeitangabe genügt uns nicht. Die Stichzeit darf nicht einen ganzen Tag umfassen. Darum wird in den Durchführungsvorschriften auf die Mitternacht des 31. Dezember Gewicht gelegt. (Vgl. Mayrhofer v. Grünbühel, Die Volkszählung in Österreich, 1898, S. 61.) Besonders charakteristisch ist die Geschichte der hora legalis im Zivilprozeß. Nach der allgem. Gerichtsordnung von 1781 besteht die Anordnung einer Tagsatzung darin, daß den Parteien Tag, Stunde und Ort zum Erscheinen bestimmt werden. Hiezu erfloß 1784 (Nr. 336 JGS.) folgende Resolution: „Da der § 29 (recte 19) der Gerichtsordnung klar vermag, wienach bei Anordnung einer Tagsatzung der Partei Tag, Stunde und Ort zum Erscheinen bestimmt werden müsse, soll jeder Partei die ganze bestimmte Stunde zugute gelassen, folglich sie nur dann ausgeblieben zu sein geachtet werden, wenn sie in der ganzen ihr zur Erscheinung bestimmten Stunde sich nicht eingefunden hätte." Es handelt sich hier zwar um eine authentische, aber immerhin bloß um eine Interpretation des Gesetzes: Da dieses von der Stunde des Erscheinens spricht, so steht der Partei eine ganze Stunde zur Verfügung. Ist die Tagsatzung auf 8 Uhr angeordnet, so erscheint die Partei rechtzeitig, solange die achte Stunde nicht vorbei ist, solange es also nicht 9 geschlagen hat. 8 Uhr ist es so lang, bis es 9 Uhr ist. Diese gemütliche Auffassung hat nicht bis zur neuen Zivilprozeßordnung vorgehalten. Es wurde darum in den letzten Jahrzehnten der Geltung der Josephinischen Gerichtsordnung die Bestimmung der Resolution einfach dahin verstanden, daß man zu der im Tagsatzungsbescheid angegebenen Stunde eine weitere hinzuzählen müsse. Wollte der Richter, daß die Parteien um 9 Uhr erscheinen, so setzte er die Tagsatzung eben auf 8 Uhr fest. Er trug auch kein Bedenken, die Tagsatzung etwa auf ½9 (lies ½10) Uhr anzuordnen, obwohl das dem Gesetz widersprach. Denn diesem zufolge ist die „Stunde" eine bestimmte, nicht weiter zu teilende

erlangt, ermöglicht und veranlaßt exakte Wert- und Preisberechnungen. Die Fortschritte der Naturwissenschaften und die damit zusammenhängende Entwicklung der Technik führen zu präzisen Messungen von Naturkräften und Naturerscheinungen, die man ehedem nur gefühlsmäßig oder nach dem Augenmaß gewertet hat. So ist es eigentlich eine auffallende Ungenauigkeit, wenn man heute von einem warmen Abend spricht, ohne zu sagen, in welcher Minute man die Temperatur festgestellt und wie viel Grad man vom Thermometer abgelesen hat. Diese beiden Momente, das soziale und das wissenschaftliche, verstärken sich gegenseitig. Die wirtschaftlichen Verhältnisse haben zur Maschinenarbeit geführt, und die Maschine erzieht den Arbeiter zu genauer Beobachtung und ökonomischer Zeitausnützung. Die Fahrpläne der Eisenbahnen nötigen die Bevölkerung, mit der Minute zu rechnen, so daß ein moderner Horaz nicht den Rat geben dürfte: Carpe diem, sondern „nütze die Minute aus". Es ist darum begreiflich, daß auch unsere Gesetze im Laufe der Zeit genauer geworden sind, und sicherlich können wir auch weit genauere Gesetze vertragen als unsere Vorfahren. Aber doch nur bis zu einem gewissen Grade![1] Denn das Gesetz ist keine Maschine und wirkt nicht wie eine Maschine. Die Wirkungen, die es erzielen will und erzielt, gehen durch das Individuum hindurch oder richtiger durch eine große Zahl von verschieden gestalteten, verschieden reagierenden Individuen. Alle die Umstände, von denen die tatsächlichen Wirkungen des Gesetzes abhängen, muß der Gesetzgeber in Betracht ziehen, und wenn er es tut, so wird er sich darüber klar, daß er seine Befehle in vernünftigen Grenzen halten muß. Gerade die Genauigkeit, mit der wir heute beobachten, nötigt zur Aufstellung dieser Forderung. In früheren Zeiten konnte man die großen Abweichungen zwischen dem Gesetz und seiner Anwendung übersehen, und man hat sie auch übersehen. Man konnte, auch wenn man sich vom Gesetz noch so weit entfernte, noch immer glauben, ihm treu zu sein, es mit Hilfe der juristischen Interpretationsregeln auszulegen. Heute ist unser Blick ge-

---

Tagesstunde, nicht ein beliebiger Zeitraum von 60 Minuten. Es gab damals im gerichtlichen Verfahren eine doppelte Möglichkeit der Zeitbestimmung. 9 Uhr konnte man entweder, wie gesagt, mit 8 Uhr oder auch mit „präzise 9 Uhr" ausdrücken. Die Resolution von 1784 hat ihre Geltung mit der neuen Zivilprozeßordnung eingebüßt. Diese aber spricht genau so wie ihre Vorgängerin von der Festsetzung von Ort, Tag und Stunde der Tagsatzung (§ 130). Der Wortlaut ist der gleiche, aber der Sinn ist ein anderer. 9 Uhr bedeutet nach heutiger Auffassung 9 Uhr 0 Minuten. Für die Tagsatzung ist nicht bloß, wie das Gesetz sagt, Tag und Stunde, sondern auch (nach ungeschriebenem Recht) die Minute von Bedeutung. Der Sprachgebrauch hat mit der fortschreitenden Genauigkeit der Zeitbestimmung nicht Schritt gehalten. Wir vereinbaren mit einem Freunde die „Stunde" der Zusammenkunft und denken nicht entfernt daran, eine ganze Stunde zu warten. Seine Rechtfertigung findet dieser Sprachgebrauch in der Bevorzugung runder Ziffern.

[1] Das wird z. B. von den Urhebern von Proportionalwahlvorschlägen gern übersehen. Komplizierteren Wahlsystemen gegenüber trifft der bekannte Einwand durchaus zu, daß man ein Wahlrecht für Juristen brauche, nicht für Mathematiker.

schärft, wir lassen uns nicht so leicht ein X für ein U vormachen [1]. Wir empfinden deutlich den Gegensatz zwischen geschriebenem und ungeschriebenem Recht und müssen ihn zu mildern trachten. Wir können ihn aber nur dadurch mildern, daß wir uns der Schranken der Gesetzgebung bewußt werden, nicht etwa durch eine sich immer mehr ins Minutiöse verlierende Gesetzgebung.

Denn es besteht die Gefahr, daß eine so geartete Gesetzgebung nicht bloß, wie schon erwähnt, das Ziel verfehlt, das sie erreichen will, sondern auch — und das ist eine sehr ernste Sache — das Rechtsgefühl zurückdrängt, welches doch für ein gesundes Rechtsleben unerläßlich ist. Sobald man sich auf den Standpunkt stellt, daß alles Recht im Gesetze niedergelegt ist, läuft jede Rechtsfrage darauf hinaus: Was verlangt das Gesetz? Welche Bestimmungen enthält das Gesetz? Die Rechtsfrage wird dadurch verwandelt in eine historisch-philologische Frage und sie wird darum auch mit den Mitteln der Geschichts- und Sprachwissenschaft zu beantworten gesucht. Das hat unzweifelhaft sein Gutes. Die Leidenschaften werden zurückgedrängt, der Rechtsfall wird objektiv erledigt, die Gerechtigkeit gefördert. Aber doch nur, wenn das Gesetz eine Lösung für diesen Fall wirklich enthält. Dann bewährt sich eben die Arbeitsteilung. Das Rechtsgefühl leitet den Gesetzgeber bei der Aufstellung seiner Normen, die Praxis hält sich einfach an das Gesetz. Nun gibt es aber unzählige Fälle, in welchen das Gesetz für sich allein zur Lösung einer Rechtsfrage nicht ausreicht, die man also auf Grund des Gesetzes so oder anders entscheiden kann [2]. Zwischen den verschiedenen Lösungen, die mit mehr oder weniger Berechtigung auf das Gesetz gegründet werden können, muß man eine Auswahl treffen. Man muß sich für eine bestimmte Lösung entscheiden, und zwar für jene, die als gerecht empfunden wird, die unser Rechtsgefühl befriedigt. Das Rechtsgefühl ist aber nicht ein unverlierbarer Besitz des Juristen, sondern es geht gleich den Servituten durch Nichtgebrauch zugrunde oder es verliert wenigstens, wenn es nicht sorgfältig gepflegt wird, jene Empfindlichkeit, welcher es unbedingt bedarf, um als Zünglein an der Wage wirken zu können [3]. Wie soll nun der Jurist sein Rechtsgefühl lebendig erhalten und stetig verfeinern, wenn er glaubt, daß das Gesetz als die alleinige Rechtsquelle alle Rechtssätze, deren die Praxis bedarf, in sich schließt? Ein solcher Jurist wird im Gegenteil sein Rechtsgefühl bei der Entscheidung von Rechtsfällen, soweit es nur irgend angeht, auszuschalten suchen. Immer nur darauf bedacht, den Willen des Gesetzes zu erforschen, verliert er an einer gerechten Lösung des Streitfalls das Interesse. Ihm ist die eine Lösung genau so willkommen wie die andere, wenn sie nur dem

[1] Darum ist die Fiktion, die ehedem eine so große Rolle in der Jurisprudenz gespielt hat, aus der heutigen Rechtswissenschaft so gut wie verschwunden. Vgl. auch oben S. 36.

[2] Vgl. Jung, Problem, S. 130 f.

[3] Wenn ich hier vom Rechtsgefühl spreche, so verkenne ich selbstverständlich nicht, daß dieses Wort selbst wieder einen ganzen Fragenkomplex einschließt. Allein es ist für die Zwecke meiner Untersuchung eine Analyse dessen, was man unter Rechtsgefühl versteht und wodurch es erzeugt wird, nicht notwendig.

Gesetze entspricht. Diese Interesselosigkeit, welche die orthodoxe Zivilistik charakterisiert, ist, wie ich glaube, die größte Gefahr für die Rechtswissenschaft [1]. Denn sie verleitet dazu, die Entscheidung zweifelhafter Fälle von äußerlichen, nebensächlichen, zufälligen Momenten abhängig zu machen. Sie ist auch der Grund für die oft so geistlose Behandlung der Materialien als einer maßgebenden Rechtsquelle [2]. Was irgend jemand bei irgend einem Anlaß im Zuge der Redaktionsarbeiten oder der parlamentarischen Verhandlungen gesagt hat, wird so verwertet, als würde es vom Imperativ des Gesetzes mitumfaßt werden und irgendeinen Vorrang vor

[1] Ich sage mit Vorbedacht „orthodoxe Zivilistik". Denn es gibt auch in der Zivilrechtswissenschaft eine immer wachsende Zahl von Schriftstellern, gegen die der Vorwurf der Interesselosigkeit nicht erhoben werden kann, und außerhalb des Zivilrechts hat die bloß auf das Gesetzeswort gestützte Jurisprudenz niemals eine ähnliche Rolle gespielt. So ist es ein besonderer Vorzug der Strafrechtswissenschaft, daß sie den Gesetzesstoff sorgfältig wertet. Einzelne Entgleisungen können dennoch vorkommen, wie der folgende, sicherlich drastische Fall beweist. Das Gesetz über die Zwangsarbeitsanstalten vom 24. Mai 1885 Nr. 89 RGBl. stellt eine Reihe von Deliktstatbeständen auf und erklärt (§ 7), daß die Untersuchung und Bestrafung dieser Delikte „sowie die Untersuchung und Bestrafung der Übertretung des § 3 des Gesetzes vom 10. Mai 1873 Nr. 108 RGBl." durch die Gerichte stattfindet. „Das Gericht kann im Falle der Verurteilung im Urteil die Zulässigkeit der Anhaltung in einer Zwangsarbeitsanstalt aussprechen." Der bezogene § 3 untersagt die Ausstellung von Zeugnissen über Unglücksfälle oder Armut, welche bestimmt sind, zum Betteln im Herumziehen von Ort zu Ort gebraucht zu werden. Es ist nun von vornherein klar, daß es nicht nur keinen Sinn hat, den Aussteller eines Bettelpasses in einer Zwangsarbeitsanstalt anzuhalten oder (wozu die Verwaltungsbehörde dann nach § 14 des Gesetzes von 1873 auch berechtigt wäre) unter Polizeiaufsicht zu stellen, sondern daß eine derartige Maßregel ganz unerhört wäre. Die Bezugnahme auf § 3 cit. soll bloß die gerichtliche Kompetenz feststellen, und wenn nach dem Wortlaut des Gesetzes die Zulässigkeit der Anhaltung in einer Zwangsarbeitsanstalt gewiß auch auf dieses Delikt zu beziehen ist, so liegt eben ein Redaktionsversehen vor, das die Rechtsanwendung zu berichtigen hat. Trotzdem führt Finger (Strafrecht, 3. Aufl., 1. Bd., S. 761) expressis verbis die Ausstellung von Bettelzeugnissen unter jenen Übertretungen an, die für die Anhaltung in einer Zwangsarbeitsanstalt in Betracht kommen. Ebenso Lammasch, Grundriß des Strafrechts, 4. Aufl., S. 59. Weniger klar ist Fingers Ansicht im 2. Bd. (2. Aufl.) S. 632. Vgl. die richtigen Ausführungen von Mayrhofer, Handb. für den polit. Verwaltungsdienst, 5. Aufl., 3. Bd., S. 631.

[2] Vgl. Saxl, Materialien und Gesetz, 2. Aufl., 1907. Der Jurist, der dem Gesetze blind gehorcht, sieht sich eben, wenn das Gesetz versagt, nach einer ähnlichen Grundlage für seine Entscheidung um. Ist es nicht das Gesetz selbst, so sind es doch die Vorarbeiten, die ihm das bieten, was er sucht, nämlich die Entlastung von eigener Verantwortlichkeit. Wie man sich im Vormärz half, als man die Materialien zum abGB. noch nicht kannte, zeigt folgender Satz aus dem schon erwähnten Kommentar von Schuster (S. 169): „Da aber eine Privatperson mit Geist und Absicht des Gesetzes unmöglich vertrauter sein kann, als dieser Kommentator (nämlich Zeiller), so wäre es Vermessenheit, den von ihm angezeigten Absichten widersprechen zu wollen; man müßte denn nur wider alles Vermuten imstande sein, durch überwiegende Gründe eine angemessenere Absicht zu beweisen."

unseren eigenen Ansichten genießen [1]. Entscheidungen auf solcher Grundlage sind immer willkürlich, jedenfalls willkürlicher als Entscheidungen, die, wenn sie auch nicht auf rein deduktivem Wege aus dem Gesetz abgeleitet werden, doch einem lebendigen Rechtsempfinden entstammen und Rechnung tragen. Demjenigen, der über ein solches Rechtsempfinden nicht verfügt, der also in sich selbst kein Mittel findet, um über die rationes dubitandi hinwegzukommen, ist natürlich auch das umfangreichste Gesetz immer noch zu kurz. Er verlangt

[1] Vgl. die Ausführungen von Krasnopolski (Lehrb. d. öst. Privatrechts, 4. Bd., S. 272 f.) über die Frage, ob uneheliche Kinder mit Bewilligung des Vaters auf dessen Namen in das Tauf- oder Geburtsbuch eingetragen werden dürfen. „Zwecks Beantwortung dieser Frage müssen wohl die Beratungsprotokolle herangezogen werden." Aus den Protokollen ergibt sich nun, daß die Frage in der Kommission erörtert wurde und daß der Vizepräsident zwischen den (gegenwärtigen) §§ 164 und 165 abGB. einen Widerspruch zu finden glaubte. „Die übrigen Stimmenden meinten jedoch diesen Anstand" durch Interpretation zu heben. „Somit dürfte die oben aufgeworfene Frage im Hinblick auf die Ansicht der Majorität der Gesetzgebungskommission zu bejahen sein". Machen wir uns den Sachverhalt klar! Das Gesetz selbst gibt zu einem Zweifel Anlaß. Auch in der Kommission bestand eine Meinungsverschiedenheit. Und uns soll in einem solchen Fall die Ansicht der Majorität binden! Als ob die Kommission das Recht gehabt hätte, im Wege einer Abstimmung bindende Grundsätze für die Auslegung des Gesetzes aufzustellen! Gesetzgeber war doch der Kaiser und nicht die Kommission. Und woher wissen wir überhaupt von den Vorgängen in der Sitzung? Können wir uns unbedingt auf das Resümee des Protokolls verlassen? Wie, wenn das Protokoll, das ja gar nicht zur Veröffentlichung bestimmt war, geheim geblieben oder verloren gegangen wäre? Hätten wir dann überhaupt keinen Anhaltspunkt für die Beantwortung einer Frage, die doch uns selbst angeht? In der Tat haben wir solche Anhaltspunkte. Es handelt sich um eine Frage des Matrikenrechts. Wir sind in Matrikensachen sehr empfindlich und, wenn irgendein Zweifel darüber besteht, ob der uneheliche Vater über den Namen des Kindes disponieren kann, so müssen wir ihm das Dispositionsrecht absprechen. Es ist gewiß auffallend, daß Krasnopolski die Grundsätze des Matrikenrechts nicht verwertet hat. Lesen wir nun aber, wie die Kommissionsmajorität den vermeintlichen Widerspruch zwischen den beiden Paragraphen beheben wollte, so finden wir, daß sie nicht (wie man vermuten würde) ausdrücklich gesagt hat, der Vater dürfe dem Kinde seinen Namen beilegen, sondern nur, daß „der Vater als Erzeuger des Kindes genannt, dieses aber noch nicht die Verbindlichkeit mit sich brächte, das Kind öffentlich und mit der Wirkung der Namenstragung als sein Kind zu erklären", eine Meinung, die sich, wie ich glaube, viel besser gegen als für die von Krasnopolski vertretene Meinung verwerten läßt. (Die Einschreibung „des väterlichen Namens" im § 164 bedeutet nämlich nur, daß der väterliche Name als solcher, d. h. nicht als Name des Kindes, sondern als der des Vaters angegeben wird. Dadurch wird eben „der Vater als Erzeuger des Kindes" genannt. Das Kind führt aber nach § 165 den Geschlechtsnamen der Mutter.) Indessen kommt es ja hier auf die Richtigkeit der einen oder anderen Anschauung gar nicht an, sondern darauf, daß der Verfasser den Versuch macht, eine unklare Bestimmung des Gesetzes durch eine gleichfalls unklare Äußerung der Protokolle zu erklären. Wenn ich hier gerade eine Stelle aus Krasnopolskis Lehrbuch angeführt habe, so ist das nur deshalb geschehen, weil er eben zu den hervorragendsten und verdienstvollsten Anhängern der von mir als orthodox bezeichneten Schule gehört.

immer eingehendere, immer mehr spezialisierende Gesetze, und so ist der Mangel an Rechtsgefühl nicht nur eine Folge, sondern zugleich auch wieder die Ursache einer zu weit getriebenen Gesetzgebung. Die Ausarbeitung von Gesetzentwürfen wird immer schwieriger und undankbarer, je mehr man vom Gesetz erwartet und je weniger berechtigt und erfüllbar die Anforderungen sind, die man an das Gesetz stellt.

Macht man sich diesen Zusammenhang klar, so wird man die literarische Bewegung, welche sich gegen die Überschätzung des Gesetzesrechts wendet, anders und richtiger würdigen, als es gewöhnlich geschieht. Der schwerste Vorwurf, der gegen die moderne Richtung erhoben wird, ist der, daß sie die Gesetzestreue und damit das Fundament eines befriedigenden Rechtszustandes untergräbt. Die herrschende Rechtsquellentheorie nimmt alle Ethik für sich in Anspruch [1]. Sie steht auf dem Boden des Gesetzes, dessen unverbrüchliche Befolgung sie verlangt [2]. Ihre Gegner dagegen öffnen der Willkür Tür und Tor. Sie geben die Rechtssicherheit preis und lehnen sich auf gegen den Staat und seine Befehle. Dieses Urteil wäre berechtigt, wenn die Gesetzestreue das zu leisten vermöchte, was man ihr zutraut, wenn es möglich wäre, durch schlichte Befolgung des Gesetzes über alle Rechtsfragen hinwegzukommen. Das ist aber, wie nachgerade immer deutlicher erkannt wird, nicht der Fall. Das Gesetz ist gewiß ein willkommener und auf einer gewissen Kulturstufe unbedingt notwendiger Wegweiser, aber es macht das juristische Orientierungsvermögen, als welches wir das Rechtsgefühl bezeichnen können, keineswegs entbehrlich. Ein Jurist ohne Rechtsgefühl wird nicht minder im Dunkeln tappen, wie jemand, der zwar einen hochentwickelten Sinn für Recht und Unrecht hat, aber nicht über Gesetzeskenntnisse verfügt. Gesetze zu schaffen, die keine Lücken enthalten und keinen Zweifeln Raum geben, ist schlechterdings unmöglich, und doch braucht man solche Gesetze, wenn einmal das Rechtsgefühl, das juristische iudicium abhanden gekommen ist. So gelangt man schließlich zu einem Zustand, der dem eines Morphinisten nicht unähnlich ist. Sein Körper kann große Mengen Morphium nicht mehr entbehren, und er kann sie doch auf die Dauer nicht vertragen. Er geht langsam, aber sicher zu-

[1] Dichterisch verherrlicht wird die buchstabenmäßige Befolgung des Gesetzes in Schillers „Kampf mit dem Drachen“. Aber ohne die (doch nur schwach motivierte) Begnadigung des Drachentöters, der sich gegen das Gesetz vergangen hat, würde das Gedicht kaum einen befriedigenden Eindruck hinterlassen.

[2] Indessen darf nicht übersehen werden, daß sich auch die herrschende Auslegungstheorie seit dem Beginn des 19. Jahrhunderts in dem Sinne geändert hat, daß die Forderung der unverbrüchlichen Gesetzestreue wesentlich herabgemindert worden ist. Savigny hat noch die Verwertung der ratio legis bei der Auslegung der Gesetze bedenklich gefunden und große Vorsicht für geboten erklärt. (System des heutigen röm. Rechts, 1. Bd., S. 220.) Heute machen wir uns nicht mehr solche Skrupel. Damit hängt es jedenfalls zusammen, daß die juristische Hermeneutik, wie Kraus (Grünhuts Ztschr., 32. Bd., S. 613) feststellt, in der zweiten Hälfte des 19. Jahrhunderts nicht mehr gepflegt wurde. Eine dogmengeschichtliche Darstellung der Auslegungslehre seit der Kodifikationszeit wäre sehr zu wünschen und würde zur Klärung der Streitfragen wesentlich beitragen.

grunde. Derjenige Jurist, der das Gesetz zur alleinigen Richtschnur seines Handelns nimmt, stellt immer größere Ansprüche an die Gesetzgebung, und je mehr ihm die Gesetzgebung entgegenkommt, desto größer wird sein Hunger, sein Bedarf an Gesetzesparagraphen, und jeder neue Paragraph schafft neue Zweifel, neue Bedenken. So kann man denn sagen, daß die sklavische Gesetzestreue schließlich zum Ruin der Gesetzgebung führt.

Das Bild, das ich eben in düsteren Farben gemalt habe, entspricht glücklicherweise nicht der Wirklichkeit. Denn noch sind wir von einem solch traurigen Zustand weit entfernt. Noch verfügen die Juristen, mögen sie Theoretiker oder Praktiker sein, zumeist über ein sicheres Urteil, das ihnen auch über die Lücken und Unklarheiten der Gesetzgebung hinweghilft. Aber sie haben dieses Urteil gewissermaßen nur per nefas [1], nur deshalb, weil die herrschende Rechtsquellentheorie zum großen Teil bloß auf dem Papier steht, weil sich das Dogma, daß alles Recht im Gesetz niedergelegt sei, in der Praxis — und zu dieser Praxis zähle ich auch die juristische Literatur, soweit sie sich mit den einzelnen Rechtserscheinungen und nicht mit der theoretischen Grundlegung des Rechts beschäftigt, — nur zum geringen Teil durchgesetzt hat. Aber es ist an der Zeit, diesem Dogma auch theoretisch zu Leibe zu rücken, damit Unheil verhütet werde. Und tatsächlich geschieht das seit einer Reihe von Jahren von den verschiedensten Seiten. Immer zahlreicher werden die Angriffe auf die überkommenen Anschauungen von dem Verhältnis, in welchem Gesetz und Recht zu einander stehen. Die Verstaatlichung des Rechts gehört zu den bedeutsamsten Erscheinungen der sozialen Geschichte. Unter den Funktionen, die der sich immer machtvoller entfaltende Staat an sich gezogen hat, spielt die Rechtsetzung eine wichtige Rolle. Der absolutistische Staat hat sich als die Quelle alles Rechts betrachtet. Er hat durch umfassende Kodifikationen das Gesetz an die Stelle des ungeschriebenen Rechts treten lassen. Er hat durch seine Befehle Rechtseinrichtungen geschaffen oder verbürgt, durch seine Gerichte dem staatlichen Recht die Alleinherrschaft sichern wollen, und er hat in allen diesen Hinsichten zweifellos sehr segensreich gewirkt. Gerade jene Theorie, welche die Interessen des Volks in den Vordergrund stellte, die Rechtsstaatstheorie, hat diesem Bestreben des Staats das größte Verständnis und Interesse entgegengebracht. Sie sah den Rechtszweck als den alleinigen Staatszweck an. Der Staat soll sich jeder Wohlfahrtspflege enthalten. Er soll sich nicht vermessen, die Glückseligkeit seiner Bürger zu befördern. Dafür werde schon jeder einzelne am besten sorgen. Er solle vielmehr seine ganze Kraft auf die Rechtsetzung und auf die Rechtsprechung konzentrieren. Kant definiert geradezu den Staat als Vereinigung einer Menge von Menschen unter Rechtsgesetzen. Diese Rechtsstaatstheorie können wir heute nicht mehr als richtig anerkennen. Sie verlangt vom Staate zu wenig, indem sie die so wichtige und unentbehrliche Wohlfahrtspflege aus der Reihe der staatlichen Zwecke ausscheidet. Sie mutet ihm aber auch zu viel zu, wenn sie glaubt, daß alles Recht in den Staatsgesetzen niedergelegt werden könne. Die Verstaatlichung

---

[1] Vgl. oben S. 35.

des Rechts läßt sich nur innerhalb gewisser Grenzen, nur bis zu einem bestimmten Sättigungspunkt durchführen. Das wirkliche Rechtsleben bestimmt sich nicht ausschließlich nach den staatlichen Normen. Die Rechtsüberzeugungen der Bevölkerung setzen sich elementar durch, neben dem staatlichen Gesetz, gegen das staatliche Gesetz. Erweist sich so das Rechtsgefühl als ein rechtsbildender Faktor, so ist es auch von hervorragender Bedeutung für die Erkenntnis und Anwendung des geltenden Rechts, für die Rechtsübung. Rechtsbildung und Rechtsübung lassen sich ja gar nicht scharf von einander trennen. Indem das Recht geübt wird, wird es zugleich auch in bestimmter Weise gestaltet, also geändert. Diese Tatsache, die sich nun einmal nicht beseitigen läßt, darf auch von den Juristen nicht übersehen werden, soll die Rechtswissenschaft nicht Schaden leiden, sie darf insbesondere auch vom Gesetzgeber nicht übersehen werden. Weit entfernt davon, das Rechtsleben durch seine starren Normen unterbinden zu wollen, muß es sich der Staat zum Ziel setzen, die Voraussetzungen für eine gesunde, zweckentsprechende Rechtsentwicklung zu schaffen. Nicht das Rechtsgefühl zu zerstören, sondern es im Gegenteil zu schärfen und zu verfeinern, muß seine Aufgabe sein. Darum muß aber das Gesetz ein besonderes Gewicht auf die Herausarbeitung seiner Prinzipien legen. Kennt man die Tendenzen eines Gesetzes, erfaßt man seinen „Geist“, so findet man sich auch in den vom Gesetz nicht behandelten Fragen leichter zurecht. Die Anpassung der Rechtssätze an die Bedürfnisse des täglichen Lebens wird dann auch dem Gesetz mehr entsprechen, als wenn dieses eine verwirrende Fülle von Detail bringt, das vielleicht nicht einmal nach einheitlichen Gesichtspunkten behandelt wird. In der absolutistischen Zeit war der Monarch nicht so sehr Gesetzgeber als unumschränkter Herr. Für ihn galt der Satz der Digesten: quod principi placuit, legis habet vigorem. Darum war es unter seiner Würde, seine Entscheidungen zu begründen [1]. Ging er im Einzelfall vom Gesetz ab, so konnten die Behörden nicht wissen, ob er damit eine neue Regel aufstelle oder bloß für diesen Fall eine Ausnahme eintreten lasse. Die moderne Auffassung ist eine andere. Für uns ist das Recht nicht ein Befehl der Obrigkeit, sondern eine Ordnung der Rechtsverhältnisse, die auch die Obrigkeit bindet. Wir wollen nicht bloß die einzelnen Anordnungen kennen, um uns darnach zu richten, sondern auch die Prinzipien und Absichten des Gesetzes, um das Recht zu begreifen. Wir wollen dem Gesetz nicht blind gehorchen, sondern seiner Führung folgen. Denn ewig wahr bleibt der Satz des Celsus: Scire leges non hoc est, verba earum tenere sed vim ac potestatem. Als vis ac potestas legum aber fasse ich nicht die Geltung des Gesetzes als solche auf — denn diese hat mit der Gesetzeskenntnis nichts zu tun — und auch nicht bloß die Bedeutung der verba legum — denn das liefe auf eine Trivialität hinaus —, sondern vor allem seine lebendige, treibende Kraft, seine Macht und Fähigkeit, das Rechtsleben zu bestimmen, der Rechtsentwicklung neue Bahnen zu weisen.

[1] (Hartig) Genesis der Revolution in Österreich, 2. Aufl., S. 36 f.

Aufsätze.

IV.

Savignys „Beruf“ und Gönners Gegenschrift.

Vor zwei Jahrzehnten hat Bergbohm (Jurisprudenz und Rechtsphilosophie, S. 481) festgestellt, daß die historische Schule, trotzdem von ihr in unzähligen Schriften gehandelt wird, eine ihrer Bedeutung in der Entwicklung der Rechtswissenschaft entsprechende Gesamtdarstellung bisher nicht gefunden hat. Diese Lücke ist nunmehr durch die glänzende Darstellung in Landsbergs Geschichte der deutschen Rechtswissenschaft in dankenswerter Weise ausgefüllt worden. Insbesondere ist es die Begründung der historischen Schule, der hier eine liebevolle und sorgfältige Untersuchung zuteil wird. Daß nicht alle Einzelheiten durchaus einwandfrei sind, tut dem hervorragenden Werk sicherlich keinen Eintrag. Denn wie sollte auch der gewaltige Stoff ohne irgendwelche Mängel gemeistert werden können? Immerhin ist es Pflicht der Fachgenossen, auch solche Einzelheiten zu beachten und zu ihrer Richtigstellung beizutragen. In diesem Sinn wollen die folgenden Ausführungen aufgefaßt sein.

In der bekannten Frage, ob Savigny bloß seiner Zeit oder allen Zeiten den Beruf zur Gesetzgebung abspricht, entscheidet sich Landsberg (3. Abt. 2. Halbb., Text, S. 202) im letzteren Sinne. Zwar spreche Savigny ausdrücklich bloß von seiner Zeit. Seine geschichtlich besonders elend bestellte Zeit mochte er für besonders ungeeignet zur Lösung großer gesetzgeberischer Aufgaben gehalten haben. „Daß dazu eigentlich keine Zeit je berufen noch berechtigt sein kann, ist denn aber doch ... allzu deutlich mitausgesprochen.“ „Kodifikation ist entweder schädlich oder überflüssig“. So hat schon vor hundert Jahren auch Gönner (S. 4 ff.) Savignys Ausführungen verstanden: „Doch muß ich aufrichtig bekennen, daß die ganze Tendenz seiner Schrift jenes harte Urteil über unsere Zeiten sehr mildert. Denn in seiner ganz eigentümlichen Ansicht von Gesetzgebung spricht er allen Zeiten den Beruf dazu ab.“ „In welche Zeiten wir uns versetzen, so ist nach Herrn v. S. eitel unser Trachten nach einem guten Gesetzbuch. Denn in zwei Zeitaltern sind wir dazu nicht fähig und im dritten brauchen wir keines: Die Mühe des Sammelns für Kinder und Enkel können wir sparen!“ Vergleicht man damit das geradezu entgegengesetzte Urteil Bergbohms[1], so drängt sich die Annahme auf, daß

[1]. A. a. O. S. 527. Ähnlich Singer in Grünhuts Ztschr., 16. Bd., S. 309: Savigny war „nicht ein Anhänger, sondern ein Gegner des legislativen Quietismus (s. Beruf S. 131, System I, S. 41); nur eine Kodifikation hielt er damals nicht für opportun — jedenfalls aus Gründen, die nichts mit dem Quietismus zu tun haben; er

sich Savigny nicht gerade klar ausgedrückt hat. Der Titel des Buchs spricht jedenfalls für Bergbohm. Kann man dem Verfasser im Ernst zumuten, daß er allen Zeiten den Beruf zur Gesetzgebung abspreche, wenn er vom Berufe „unsrer“, d. h. seiner Zeit spricht? Hat es einen Sinn, die Frage auf die Gegenwart einzuschränken, wenn sie eine für alle Zeiten gültige Antwort verträgt? Auf der anderen Seite aber kann über die von Gönner, Landsberg und anderen vorgebrachten Argumente auch nicht hinweggegangen werden. Schuld an dieser Meinungsverschiedenheit trägt in der Tat Savigny selbst, der verschiedene Probleme gemeinsam behandelt, die zwar miteinander eng zusammenhängen, aber doch einer getrennten Untersuchung bedürfen. Wir müssen, um Savignys Stellungnahme zu verstehen, folgendes auseinanderhalten:

1. Die Befähigung oder Eignung zur Gesetzgebung. Das ist im eigentlichen Sinne des Wortes der „Beruf“. Diese Befähigung („Fähigkeit“ S. 45) spricht er (S. 25 f.) jugendlichen Völkern und sinkenden Zeiten ab. Seine eigene Zeit scheint er nach der einen Richtung zu den jugendlichen, nach der anderen zu den sinkenden Zeiten zu zählen, denen es an allem fehle, „an Kenntnis des Stoffs wie an Sprache“. Für „mittlere Zeiten“, also für Zeiten, deren Rechtswissenschaft hoch entwickelt ist, gibt er die Befähigung ausdrücklich zu. („Also bleibt nur eine mittlere Zeit übrig.“) Darüber, ob die „mittlere Zeit“ einen längeren oder kürzeren Zeitraum umfaßt, spricht er sich nicht aus.

2. Das (objektive) Bedürfnis eines Gesetzbuchs. Das ist eigentlich die Frage, die von Thibaut zur Diskussion gestellt war. „Über die Notwendigkeit eines allgemeinen bürgerlichen Rechts für Deutschland“ hatte er ja seine Schrift betitelt. Indem nun Savigny, gewissermaßen einredeweise, den Beruf seiner Zeit zur Gesetzgebung leugnet, ist er der Notwendigkeit überhoben, sich mit der Bedürfnisfrage als einer aktuellen zu beschäftigen. Was nützt das Bedürfnis, wenn die Fähigkeit fehlt, es zu befriedigen? Die Mängel des augenblicklichen Rechtszustands gibt er zu (S. 161). Aber er sieht die Abhilfe in einer organisch fortschreitenden Rechtswissenschaft. Erst muß diese eine entsprechende Stufe erlangt haben, ehe ein Gesetzbuch in Angriff genommen werden kann. Ist aber die Rechtswissenschaft auf dem Höhepunkt angelangt, so ist dem Übel für die betreffende Zeit abgeholfen. Diese Zeit braucht ein Gesetzbuch nicht für sich, sondern für eine folgende schlechtere Zeit. Indem sie ein Gesetzbuch veranstaltet [1], sammelt sie „gleichsam Wintervorräte“.

---

befürchtet, daß das Gesetzbuch zur Fessel werden könnte, welche das Aufgeben des Veralteten, Überlebten erschwert.“

[1] Ein komisches Mißverständnis liegt dem Zitat dieser Stelle bei Bülow, Heitere und ernste Betrachtungen, S. 71, zugrunde. Statt „veranstalten“ steht hier „verunstalten“. Der Sperrdruck zeigt, daß es sich nicht um einen bloßen Druckfehler handelt. Offenbar versteht Bülow die Wendung so, als würde nach Savignys Meinung die Kodifikation das Recht „verunstalten“. Vielleicht hat dieser Lesefehler einigen Anteil an dem scharfen Urteil Bülows, „daß mir diese Argumentationsweise sich durch eine Bequemlichkeit auszuzeichnen scheint, die ich für stärker als ihre Überzeugungskraft halte.“

3. Die Neigung zur Gesetzgebung (das subjektive Bedürfnis). Sie ist nur von Bedeutung bei vorhandener Eignung, also nur für mittlere Zeiten. Gerade diese werden aber, da das Gesetzbuch nicht ihnen, sondern nur späteren Generationen zugute käme, dazu nicht „aufgelegt" sein. (Vgl. trotzdem „Beruf" S. 134.)

4. Die Grenzen der Gesetzgebung. Hier handelt es sich um das wissenschaftliche Hauptproblem, bei welchem denn auch Savignys Rechtsentstehungstheorie zur Geltung kommt. Waren die früheren Fragen je nach der Zeit, um die es sich handelt, verschieden zu beantworten, so spielt hier die Zeit keine Rolle. Das Recht wird nicht „gemacht", sondern es entsteht organisch aus dem Volksgeist [1]. Die Gesetzgebung hat also nicht die Aufgabe, das Recht zu erzeugen, sondern nur es aufzuzeichnen, zu verbriefen. Gesetzgebung ist Kodifikation ungeschriebenen Rechts. Aus dieser Ansicht erklären sich auch die Anschauungen des Verfassers über den Gesetzgebungsberuf und das Gesetzgebungsbedürfnis. Das Recht aufzeichnen kann nur jene Zeit, die es kennt. Notwendig aber ist die Aufzeichnung für eine Zeit, die das Recht nicht kennt. Nur in „einzelnen Stücken" kann der Gesetzgeber auf das bürgerliche Recht [2] Einfluß nehmen.

Hier entsteht nun die Frage: Wie verhält sich Savigny zur Einzelgesetzgebung? Landsberg (S. 203) stellt, indem er über den „Beruf" referiert, der Kodifikation die organische Rechtsfortbildung gegenüber. „Diese vollzieht sich fortwährend und unaufhaltsam, entweder still unmerklich aus der gemeinsamen Überzeugung des Volkes ... oder auch — später — der Wissenschaft; oder durch Einzelgesetzgebung. Letzterer ist Savigny keineswegs abgeneigt, so oft dies auch übersehen wird. Er erkennt ihr sowohl den Beruf zu, schwankende gewohnheitsrechtliche Bildungen zu festigen, wie neuen politischen oder ökonomischen Bedürfnissen entgegenzukommen ..." Nur der „Aufzeichnung des gesamten bestehenden Rechts ... mit ausschließender Gültigkeit vom Staate selbst versehen" gelte Savignys Verdammungsurteil [3]. Dieses Resümee dürfte Savignys Meinung kaum richtig wiedergeben. Zunächst geht es doch nicht an, die Einzelgesetzgebung im Sinne Savignys als Mittel der „organischen" Fortbildung des Rechts zu bezeichnen. Organische

[1] Der Ausdruck „Volksgeist" ist allerdings im „Beruf" noch nicht zu finden. Vgl. neuestens Moeller, Die Entstehung des Dogmas von dem Ursprung des Rechts aus dem Volksgeist (Mitteilungen des Instituts für österr. Geschichtsforschung, 30. Bd., S. 1ff.) und Kantorowicz, Volksgeist und historische Rechtsschule (Historische Ztschr., 108. Bd., S. 295 ff.)

[2] S. 14, 16, 131. Savigny beschäftigt sich überhaupt nur mit dem bürgerlichen Recht. Darum ist Landsbergs Hinweis (Noten S. 100, N. 42) auf Savignys Reformvorschlag zivilprozessualer Natur für die Frage, ob er Einzelgesetze zuläßt, unentscheidend.

[3] Ähnlich Enneccerus, Friedr. Karl v. Savigny und die Richtung der neueren Rechtswissenschaft, S. 42: „Überall, vielleicht mit Ausnahme des etwas allgemein gefaßten Titels seines Buches, ist klar erkennbar, daß er nur von einem Gesetzbuch, einer Redaktion des gesamten geltenden Zivilrechts spricht."

Fortbildung ist eine solche von innen heraus, die Gesetzgebung ist ein Eingriff von außen her. Savigny spricht bezeichnenderweise von einem „Einfluß" der Gesetzgebung auf bürgerliches Recht (S. 14, 16 f.). Die Gesetzgebung ist ein Faktor, der das Recht in seinem organischem Wachstum beeinflußt. Wenn nun Savigny auch die Einzelgesetzgebung als ein Mittel der Rechtsfortbildung anerkennt, so folgt daraus keineswegs, daß er ihr geneigt ist. Wie wenig das der Fall ist, geht aus den Erörterungen hervor, die er den verschiedenen Arten der Einzelgesetzgebung widmet. Er unterscheidet nämlich:

a) Gesetze von „politischem" Grunde (S. 131). Als Beispiele führt er die Gesetzgebung über die gutsherrlichen Rechte und die lex Julia et Papia Poppaea an. Es handelt sich hier um Verfolgung „höherer politischer Zwecke" des Gesetzgebers (S. 16), d. h. das Recht ist nicht Selbstzweck, sondern Mittel zum Zweck [1]. Nicht auf die Güte des Rechts kommt es dem Gesetzgeber an, sondern auf die Verfolgung anderer, außerhalb des (bürgerlichen) Rechts liegender Ziele. Gesetze dieser Art sind aber leicht „eine fruchtlose Korruption des Rechts", und gerade in ihnen ist die höchste Sparsamkeit nötig. Die Privatrechtsgesetzgebung aus politischen Motiven erscheint ihm also als ein Übel, das auf ein Minimum zu reduzieren ist. Sympathisch ist sie ihm sicherlich nicht [2].

b) Gesetzliche Entscheidung von Kontroversen (S. 17, 131). „Einzelne Rechtssätze nämlich können zweifelhaft sein oder sie können ihrer Natur nach schwankende, unbestimmte Grenzen haben, wie z. B. alle Verjährung, während die Rechtspflege durchaus scharfe Grenzen fordert. Hier kann allerdings eine Art von Gesetzgebung eintreten, welche der Gewohnheit zu Hilfe kommt, jene Zweifel und diese Unbestimmtheiten entfernt und so das wirkliche Recht, den eigentlichen Willen des Volkes zutage fördert und rein erhält. Die römische Verfassung hatte für diesen Zweck eine treffliche Einrichtung in den Edikten der Prätoren, eine Einrichtung, welche auch in monarchischen Staaten unter gewissen Bedingungen stattfinden könnte." Diese Tätigkeit des Gesetzgebers steht der Kodifikation nach Savignys Auffassung sehr nahe. Sie schafft kein Recht, sie ändert kein Recht, sondern sie „fördert das wirkliche Recht zutage". Sie erscheint darum „weit unbedenklicher" (S. 17), als die Gesetzgebung aus politischen Motiven. Trotzdem tritt der Verfasser auch hier für Sparsamkeit ein. Man soll nicht alles für kontrovers halten, woran sich irgend einmal Unwissenheit oder Geistlosigkeit versucht hat. Man braucht ferner solche Kontroversen nicht zu beachten, die für die Praxis bedeutungslos sind. Es hat den Anschein, daß Savigny die Gesetzgebung nur deshalb zur Klarlegung zweifelhafter Rechtssätze heranziehen will, um den Freunden der

---

[1] S. 12 unterscheidet Savigny das politische und das technische Element des Rechts. Das politische ist „der Zusammenhang des Rechts mit dem allgemeinen Volksleben", das technische das abgesonderte „wissenschaftliche" Leben des Rechts.

[2] Darum ist der Vorwurf von Kantorowicz, Was ist uns Savigny?, S. 36, daß Savigny „in unbegreiflicher Inkonsequenz" Gesetze von politischem Grunde zugelassen habe, in dieser Schärfe wohl kaum begründet.

Kodifikation ein wichtiges Argument aus den Händen zu spielen: „Mit der gesetzlichen Entscheidung von Kontroversen wäre ein Haupteinwurf beseitigt, wodurch man bisher die praktische Anwendbarkeit des römischen Rechts ohne weitere Untersuchung zu widerlegen geglaubt hat.“ [1] Wie denkt er sich nun aber diese gesetzliche Entscheidung? Er will hier eine „Art von Gesetzgebung“ eintreten lassen nach dem Vorbild des prätorischen Edikts. Er zieht „provisorische Verfügungen oder Anweisungen an die Gerichte“ eigentlichen Gesetzen vor, „indem durch jene der möglichen besseren Ergründung durch Theorie weniger vorgegriffen würde“. Also selbst auf diesem Gebiet soll der Einfluß des Gesetzgebers möglichst schwach sein. Er soll der organischen Entwicklung des Rechts und der Rechtswissenschaft nicht im Wege stehen [2].

Der Hinweis auf das Edikt ist im Jahre 1815 von Schrader aufgegriffen worden. In seiner Schrift „Die prätorischen Edikte der Römer auf unsere Verhältnisse übertragen“ macht er Vorschläge, die ganz im Geiste Savignys gehalten sind und die denn auch von diesem in den „Stimmen für und wider neue Gesetzbücher“ sehr anerkennend besprochen werden. „In der ganzen Schrift,“ heißt es in den „Stimmen“ („Beruf“ S. 185) „herrscht ein so gesunder praktischer Sinn, die Vorschläge des Verfassers sind so gut begründet, seine Erwartungen von dem Erfolg sind so besonnen und so frei von Übertreibung, daß ihm selbst Andersdenkende ihre Teilnahme nicht werden versagen können. Es ist sehr merkwürdig, daß diese Schrift gerade aus Württemberg kommt, aus einem Lande, dessen Einwohner sich vorzugsweise entwickelter politischer Einsichten und Erfahrung rühmen können.“ Ich führe dieses Urteil hier an, weil es mit Landsbergs Kritik auffallend kontrastiert. Nach Landsberg (S. 62) liefert Schraders Vorschlag, „so ernst und nachdrücklich er gemeint und ausgeführt ist, doch wieder wohl tatsächlich nur den Beweis für seines Urhebers rettungslos unpraktische Art.“ Landsberg ist sicher im Recht. Aber er bricht damit auch über Savignys Verhältnis zur „Einzelgesetzgebung“ den Stab [3].

c) Verzeichnung alter Gewohnheiten (S. 131 f.). Hier handelt es sich geradeso wie bei der Kodifikation um eine Verbriefung geltenden Rechts, also, wenn man so sagen darf, um eine Einzelkodifikation [4]. Savigny fühlt, daß man dagegen dieselben Einwände erheben könnte, wie gegen ein Gesetzbuch. Er

---

[1] So hat auch Thibaut die Sache aufgefaßt. Er meint in der Besprechung des „Berufs“ (Über die Notwendigkeit usw., S. 100), daß „die Freunde des römischen Rechts zur vorläufigen Beruhigung der Gegner auf die heilbringende Hilfe der Regierungen hindeuten.“

[2] Vgl. dagegen Gönner S. 215 f.: „Hat Herr v. S. einen Begriff von der Notwendigkeit der Promulgation dessen, was als Gesetz die Untertanen verbinden soll?“

[3] Neuestens wird „eine Anpassung der römischen Einrichtung des prätorischen Edikts an moderne Verhältnisse“ befürwortet von Heck, Problem der Rechtsgewinnung, S. 43 ff.

[4] Ganz klar ist übrigens nicht, ob nicht Savigny an eine Verzeichnung des gesamten (unbestrittenen) Gewohnheitsrechts denkt. Ist das der Fall, dann ist in der Tat, da

meint aber, daß nur dasjenige Gewohnheitsrecht aufgezeichnet werden wird, welches durch wirkliche Übung entschieden ist, während ein Gesetzbuch genötigt wäre, über alles zu sprechen, auch wenn kein Trieb dazu da ist und keine spezielle Anschauung dazu fähig macht. Mag diese Argumentation auch anfechtbar sein, so zeigt doch der Umstand, daß Savigny gerade hier von Kautelen ganz absieht, daß er die Kodifikation bereits geltenden Rechts für minder bedenklich hält, als die Schaffung neuer Rechtssätze durch das Gesetz, was ja mit seiner Rechtsentstehungstheorie durchaus im Einklang steht. Nicht die Kodifikation, wie Landsberg meint, sondern gerade die eigentliche Gesetzgebung erscheint ihm als „unorganischer Eingriff“.

Eine eingehende und detaillierte Kritik des Savignyschen Buchs enthält Gönners umfangreiche Schrift „Über Gesetzgebung und Rechtswissenschaft in unsrer Zeit“ (Beiträge zur neuen Gesetzgebung in den Staaten des teutschen Bundes, 1. Abt.). Die Aufnahme, die diese Schrift gefunden hat, war nach Landsberg (S. 158) „einhellig ablehnend. Selbst Thibaut bleibt zurückhaltend, konstatiert in den Grundlagen eine gewisse Übereinstimmung und befehdet dann den Gedanken mehrerer Gesetzbücher, für jeden deutschen Staat je eines verschiedenen.“ Dieser Satz fordert zu nachdrücklichem Widerspruch heraus. Gewiß bleibt Thibaut zurückhaltend, aber nicht, wie man aus Landsbergs Worten schließen würde, weil er mit Gönners Ausführungen nicht einverstanden ist, sondern aus dem entgegengesetzten Grund. Er betrachtet sich im Streite mit Savigny als Partei und Gönner als seinen Streitgenossen. Schon in seiner Besprechung von Savignys „Beruf“ hat er erklärt, in einiger Verlegenheit zu sein. „Hätte mich der Verfasser für seine Ansichten gewonnen, so würde es wohl als die beste unparteiische Kritik gelten können, wenn ich hiemit meine eigenen früheren Vorschläge zurücknähme. Allein ich bin in der Hauptsache nicht durch ihn bekehrt ..und so bleibt mir denn nur die Wahl, entweder aufs neue für meine Ansicht zu sprechen oder als Mitredakteur dieser Jahrbücher Dritte zu Schiedsrichtern zwischen dem Verfasser und mir aufzurufen.“ In der Rezension des Gönnerschen Buchs nimmt er hierauf Bezug: „Als Mitherausgeber unserer Jahrbücher bin ich nun bei diesem Streit abermals in eben der Verlegenheit, worüber ich früher ... klagte und noch mehr als damals. Denn durch mich ist hauptsächlich der Streit veranlaßt und fast alles, was Herr v. G. gegen meinen mir sonst so teuren Gegner gesagt hat, stimmt im wesentlichen mit meinen innigsten Überzeugungen überein. Vielfach von dem Verfasser gelobt (und wahrlich weit über mein Verdienst!) stehe ich hier demnach als parteiischer Richter in der Mitte, und ich würde es nicht verantworten können, wenn ich durch irgendein Urteil die vorläufige Ansicht der Leser zu bestimmen suchte. Ich muß mich daher auf eine bloße Inhaltsanzeige beschränken.“

---

doch nach seiner Anschauung (S. 13) alles Recht (soweit es nicht auf politische Motive zurückgeht) als Gewohnheitsrecht entsteht, der Kodex des Gewohnheitsrechts von einem Gesetzbuch kaum zu unterscheiden.

Daraus ergibt sich nicht nur, daß Thibauts Zurückhaltung keine Spitze gegen Gönner hat, sondern auch, daß er nicht eine „gewisse“, sondern eine nahezu vollständige Übereinstimmung mit Gönner feststellt. Im Eingang der Rezension konstatiert er den polemischen Gedankengang, der auch auf den Ton des berühmten Verfassers großen Einfluß gehabt habe. „Die Kenner des Zustands unserer Literatur werden gewiß nicht überrascht sein, wenn sie finden, daß bei dieser Gelegenheit gegen die historische Schule [1] der ganze Unwillen des Verfassers sich lebhafter als jemals geäußert hat.“ Wenn man will, kann man aus diesen Worten einen leisen Tadel heraushören. Jedenfalls richtet er sich bloß gegen die Form, nicht gegen den Inhalt der Schrift. An einer späteren Stelle nimmt Thibaut den Verfasser gegen den Vorwurf eines Laien in Schutz, er (Gönner) gehe darauf aus, das Volk unter den Despotismus eines nüchternen, sogenannten bloßen Vernunftrechts zu bringen[2], und um diesen Vorwurf zu widerlegen, druckt er eine markante Stelle aus dem angezeigten Buch ab. Seine eigene Polemik gegen Gönner über die Frage, ob Deutschland ein Gesetzbuch oder mehrere erhalten soll, hat mit dem eigentlichen Thema der Gönnerschen Schrift, nämlich mit der Bekämpfung von Savignys „Beruf“, nichts zu tun. Thibauts Stellungnahme ist hier von selbst gegeben. Gönner hatte sich ja in dieser Frage geradezu gegen ihn gewendet. Anders als Thibaut urteilte natürlich Savigny, als er Gönners Schrift im ersten Bande der Zeitschrift für geschichtliche Rechtswissenschaft eingehend rezensierte: „Von oben herab, herb brutal, ironisch, persönlich erbarmungslos. Eine Hinrichtung.“ Landsberg, von dem diese Charakteristik herrührt (S. 159) nimmt Gönner mit Recht gegen den von Savigny erhobenen Vorwurf elementarer Unwissenheit und absichtlicher Fälschung in Schutz [3].

---

[1] Vgl. unten S. 85.

[2] Vielleicht soll damit Wilhelm Grimm gemeint sein, der das Gönnersche Buch am 30. Mai 1815 im Rheinischen Merkur unter der Chiffre „G“ einer Besprechung unterzogen hat, welche noch viel schärfer ist, als die Savignys. Es heißt darin: „Die Gesinnung dieser Schrift aber liefert dem entschiedensten Despotismus die Rechte des Volks gebunden in die Hände. An nichts hat er sich mehr zu halten, als an ein Vernunftrecht, das außer des Despoten Leib und Geist keinen hat und nichts anderes ist, als seine ungezügelte Willkür.“ Vgl. den Wiederabdruck dieser Rezension, auf welche ich durch das Zitat bei Kantorowicz (Hist. Ztschr., 108. Bd., S. 312) aufmerksam gemacht worden bin, in W. Grimms Kleineren Schriften, 1. Bd., S. 549 ff.

[3] Bedenklich, meint er (Noten S. 77 f.), stehe es nur um das Zitat aus Maleville. Aber es dürfte sich hier nur um eine Flüchtigkeit handeln. Gönner hat Maleville offenbar nicht nachgeschlagen, sondern sich mit Savignys Zitat begnügt, eine Leichtfertigkeit, die ja bei Rezensenten nicht gerade ungewöhnlich ist. Dabei ist zu beachten, daß Savigny die Ansicht Malevilles in einer Weise zuspitzt, die zum Widerspruch reizt. Er schreibt Maleville folgende Meinung zu: „Man kann auf Aufhebung klagen, das Gesetz verwehrt die Klage nicht,' aber was der Richter tun will, ist seine Sache oder m. a. W. die Aufhebung der Ehe hangt von der Willkür des Richters ab.“ („Beruf“ S. 70 f.)

Auch sonst ist Landsberg sichtlich bemüht, Gönner Gerechtigkeit widerfahren zu lassen. Er gibt zu, daß sich gar vieles und ernsthaftes gegen Savignys Programm vorbringen ließ und Gönner davon gewiß vieles in der Sache richtig, in der Fassung treffend vorgebracht hat. Er nimmt dem Verfasser nicht einmal den persönlich gereizten Ton übel. Ein gewisses Maß ehrlicher Entrüstung werde man als begreiflich anerkennen müssen, um so mehr, je schwerer sich Gönner durch Savignys Ausführungen getroffen fühlen mochte. Aber er verurteilt es, daß sich Gönner zu Maßlosigkeiten, zu bedenklichen Kunstgriffen und gar zu Denunziationen fortreißen lasse, und er wirft ihm Verständnislosigkeit für den Kern der Savignyschen Lehre vor. Nun liegt es mir vollständig fern, hier etwa eine „Rettung“ Gönners zu versuchen und seinen lauteren Charakter gegen Verunglimpfungen in Schutz zu nehmen. Ein Mann, der seine Überzeugungen so rasch wechselte, wie er, der 1808 zu Chabots Vorschlag, das französische Gesetzbuch Code Napoléon zu nennen, bemerkte: „Nirgendswo waren Frankreichs Redner von Schmeicheleien mehr entfernt als Chabot in dieser Stelle,“ und der dann wenige Jahre später seine Befriedigung darüber aussprach, daß der Code „von dem aufgedrungenen Namen“ befreit sei (Ztschr. f. g. RW., 1. Bd., S. 405), kann uns gewiß keine Sympathien einflößen. Ich will auch nicht mit Kantorowicz (Hist. Ztschr. 108. Bd., S. 312) Gönners Arbeit „bedeutend“ nennen. Denn sie schwingt sich eigentlich nirgends zu einer selbständigen Behandlung des Themas auf und bleibt in der Polemik gegen den „Beruf“ stecken. Aber ich halte es — aus sachlichen Gründen, wie sich zeigen wird, — für geboten, den Vorwurf der Denunziation, den nicht bloß Landsberg gegen Gönner erhebt [1], näher ins Auge zu fassen.

Es handelt sich um folgendes: Nach Gönner führt „der enge Raum, welchen Herr v. S. der Gesetzgebung, und der unermeßliche Raum, welchen er der Selbstbildung des Rechts durch Volk und Juristen anweist,“ „offenbar dahin, daß die Staaten nicht vom Regenten, sondern vom Volke und Juristen regiert, und daß die Rechtslehrer auch Rechtsgebieter oder, da ihnen ja doch das Bewußtsein des Volks anheimgefallen ist, die einzigen Gesetzgeber werden.“ „Die Sache ist, wie man sieht, ernsthafter und folgenreicher, und die ganze

Maleville aber sagt nach Savignys späterem Zitat (Ztschr. f. gesch. RW., 1. Bd., S. 402): Le mariage „peut donc être ou n'être pas déclaré nul: cela dépend des circonstances, de la bonne foi des parties, du temps que le mariage aura duré, de la possession d'état, c'est à la prudence des juges que la décision du tout est laissée.“ Von richterlicher Willkür spricht also Maleville nicht, und darum ist es nicht ganz einwandfrei, wenn Savigny fortfährt: „Also sagt Maleville buchstäblich dasselbe, was ich als seine Meinung erzähle.“

[1] So schon Wilhelm Grimm a. a. O. S. 550: „Nur einige Gifttropfen sind mit hineingeschlossen, welche die Reinheit der Gesinnung am Gegner beflecken sollen, dagegen ist sie vollständig und bietet überall eine freche Stirn.“ Enneccerus a. a. O. S. 35: Gönner hat „es gewagt, diese Lehre Savignys und der historischen Schule den Regierungen als ihrem Gesetzgebungsrecht gefährlich zu denunzieren.“ Auch Singer a. a. O. S. 305 spricht von Gönners „denunziatorischem Pamphlet“.

Darstellung scheint nach einer Stelle von Hugo unter die Eigentümlichkeiten der modernen historischen Schule [1] des römischen Rechts zu gehören. Wahrhaft, wenn die Schule in diesem Geiste lehrt, so werden die Köpfe ihrer Zöglinge über die ersten Elemente der Rechtswissenschaft verwirrt und man kann ihr Streben nach Erhaltung des römischen Rechts als Gesetz leicht erklären. Denn wo wäre noch ein Gesetz, unter dem ein solches Unwesen getrieben werden könnte?“ [2] Landsberg knüpft hieran die Bemerkung: „Das heißt allerdings mit vergifteten Waffen kämpfen. Man muß an die politische Stickluft jener Tage sich erinnern, um die ganze Gehässigkeit dieses Angriffs zu ermessen.“ Dieses Urteil halte ich nicht für richtig. Ich kann natürlich nicht behaupten, daß Gönner die Absicht, Savigny und die historische Schule zu denunzieren, gefehlt habe, aber ebenso wenig geht aus seiner Schrift das Gegenteil hervor. Nur dann dürften wir von einer Denunziation, von einem „gehässigen Angriff“ und vollends von „vergifteten Waffen“ sprechen, wenn Gönners Bemerkungen nicht zur Sache gehörten. Das ist aber durchaus nicht der Fall, sondern gerade hier berührt er den Kern des Problems, und es wäre von seinem Standpunkt aus eine bedenkliche Unterlassung gewesen, wenn er die von Landsberg beanstandete Stelle — von der Form selbstverständlich abgesehen — unterdrückt hätte. In der Tat ist auch Savigny in seiner Replik auf Gönners Einwendungen näher eingegangen, was er, wenn es sich um eine bloße Denunziation handelte, sicherlich unterlassen hätte,

[1] In einer Note fügt Gönner ein Zitat aus Hugo bei und bemerkt dazu: „Bekanntlich ist Er der Meister dieser neuen Schule.“ Es ist interessant, daß schon Gönner und Thibaut damals die Bezeichnung „historische Schule“ gebraucht haben. Damit haben sie nicht die von Savigny „bewußt und planmäßig“ (Landsberg S. 199) gegründete Schule meinen können, sondern jene, deren Jünger er selbst war. Bei der Frage, ob Hugo der Begründer der historischen Schule war (Landsberg S. 200, Singer a. a. O. S. 283 f.) muß man sich eben vor Augen halten, daß die Zeitgenossen etwas anderes darunter verstanden haben, als wir. Thibaut selbst hat in seiner Altersschrift „Über die sog. historische und nichthistorische Rechtsschule“ unter der historischen schon die Savignysche verstanden. Gegen seine Schrift über die Notwendigkeit eines allgemeinen bürgerlichen Rechts für Deutschland sei von bedeutenden Männern Widerspruch erhoben worden, „welche von dem Hauptgedanken ausgingen, daß alles, was sich historisch allmählich ausgebildet habe, auch nur allmählich stückweise gebessert werden könne. Diese Langsamen gaben sich dann, gleichsam aus eigener Gnade, den Namen der historischen Schule und mußten daher ihren Gegnern den verfänglichen Namen der nichthistorischen Juristen aufbürden.“ (S. 7.)

[2] S. 42 ff. Was die andere Stelle (S. 200 ff.) betrifft, so läßt Landsbergs Zitat (S. 157) nicht erkennen, daß der Vergleich mit dem goldenen Kalb von Savigny selbst herrührt. An eine vorzeitige Kodifikation denkend, sagt Savigny (S. 134): „Das jüdische Volk ... machte ... aus Ungeduld ein goldenes Kalb und darüber wurden die wahren Gesetztafeln zerschlagen.“ Die Retourkutsche war für Gönner zu nahe, daß es Savigny sei, der das goldene Kalb (das Gewohnheitsrecht) anbete und (als Gegner der Gesetzgebung) die wahren Gesetzestafeln zerschlage.

und was er da vorbringt, ist gerade der interessanteste und wichtigste Teil der Entgegnung [1].

Den Gegenstand des Streits bildet die auch in der Gegenwart erörterte Frage nach dem Grunde der Geltung des Rechts. Ist es der Wille des Gesetzgebers, der Befehl des Staates, der das Recht souverän schafft, oder handelt es sich um eine nach inneren Gesetzen entstehende, autonome und anonyme Ordnung der äußeren Lebensverhältnisse des Volkes? [2] Die eine Ansicht wird von Gönner, die andere von Savigny vertreten. Gönner ist so sehr davon überzeugt, daß das Recht anbefohlen ist [3], daß er die Juristen, die das Recht fortbilden, mit einem anschaulichen Wort als Rechtsgebieter bezeichnet. Die auf das Recht selbst Einfluß nehmende Wissenschaft erscheint ihm also als eine von den Juristen ausgehende Gesetzgebung. Gerade umgekehrt betrachtet wieder Savigny vom Standpunkt seiner Rechtsentstehungstheorie aus die Tätigkeit der staatlichen Gesetzgebung als eine wissenschaftliche Aufgabe. Das geht aus seinem Vergleich von Gesetzen und Rechtsbüchern deutlich hervor. Er definiert zwar das Gesetzbuch „als Aufzeichnung des gesamten bestehenden Rechts mit ausschließender Giltigkeit vom Staate selbst versehen." Aber er hält es für notwendig, diesen Zusatz zu erklären. Nicht aus staatsrechtlichen Gründen verlangt er die staatliche Approbation, sondern nur, weil in „unsren schreibtätigen Zeiten" einer Privatarbeit die nötige Autorität fehlen würde. Ehedem haben ja auch Rechtsbücher gegolten. „Wir bleiben aber jetzt bei dem Begriffe stehen, welcher unsren Zeiten angemessen ist. Jedoch ist es klar, daß der Unterschied lediglich in der Veranlassung und Bestätigung von seiten des Staates liegt, nicht in der Natur der Arbeit selbst. Denn diese ist auf jeden Fall ganz technisch und fällt als solche den Juristen anheim." („Beruf" S. 19.) Er behandelt also das Gesetzbuch als eine wissenschaftliche Arbeit, und in diesem Sinne hat er ja auch die drei neuen Gesetzbücher kritisiert [4].

Von Gönner zur präzisen Stellungnahme gedrängt, verwahrt sich Savigny (Ztschr. S. 384) zunächst dagegen, daß er die Juristen oder das Volk zu Gesetzgebern mache. Er behaupte nicht, „der Senat der Juristen und die Komitien des Volks müßten das Recht eigentlich beschließen". Sie haben nur das „unabhängig von ihnen seiende" Recht zu erkennen und auszusprechen und dürfen nicht ihre Willkür an dessen Stelle setzen [5]. Schwerer fällt ihm die Erledigung des anderen Einwands, daß durch die Anschauungen der historischen Schule dem Regenten das Recht der Gesetzgebung entzogen werde. Auch Gönner meine ja nicht, daß der Regent die Gesetzgebung zum Zeitvertreib und als

[1] Vgl. Landsberg selbst S. 206.

[2] Vgl. den einleitenden Artikel der Zeitschrift für geschichtliche Rechtswissenschaft S. 6.

[3] Vgl. Koch, Nik. Th. v. Gönners Staatslehre, S. 104. Leider nimmt diese Schrift auf Gönners Streit mit Savigny nicht Bezug.

[4] Vgl. oben S. 47 f.

[5] Nur hierauf bezieht sich der von Landsberg, S. 206, angeführte Vergleich mit dem Geldkurs.

ein Spiel üben, sondern alles durch Vernunft, Zweckmäßigkeit, Erfahrung, Weisheit, Gerechtigkeit bestimmen solle. Im entgegengesetzten Fall würde von der gesetzgebenden Gewalt ein unrechter Gebrauch gemacht. „In demselben Sinn und in keinem anderen“ habe Savigny behauptet, es sei ein unrechter Gebrauch der Gesetzgebung, wenn durch dieselbe das Recht mit Willkür gemacht und nicht vielmehr das im Volk ohne Zutun irgendeiner Willkür lebende Recht anerkannt und ausgesprochen werden solle, indem eben dieses in jedem Volke lebende Recht das allein vernunftmäßige ist. Gönner, der das nicht anerkenne, scheine also eigentlich für die unbeschränkte, willkürliche Gewalt zu streiten, wenn er auch von „Vernunft, Volksglück usw.“ rede. Denn die Verteidiger des Despotismus pflegen diesen „auf das lieblichste mit schönen Worten, wie Aufklärung, Humanität, Menschenrechte usw.“ zu übertünchen [1]. Lassen wir diesen persönlichen Angriff, welcher zeigt, daß auch Savigny Kampfmittel zweifelhafter Güte nicht verschmähte, außer Betracht und beschränken wir uns auf die sachlichen Ausführungen, so läßt es sich kaum in Abrede stellen, daß durch diese die Thesen des „Berufs“ wesentlich modifiziert werden. Denn dort ist ja nicht davon die Rede gewesen, wie das gute, „vernunftmäßige“ Recht, sondern wie das Recht überhaupt entsteht, und es wurde dabei der Gesetzgebung nur ein sehr beschränkter Einfluß zugestanden. Die Gesetze „von politischem Grunde“ sind doch offensichtlich als Ausnahmen gedacht. Rechtsändernde Gesetze „von juristischem Grunde“ kennt der „Beruf“ nicht. Jetzt aber wird zugegeben, der Gesetzgeber könne das Recht ändern, aber er solle es nicht, er solle sich an das geschichtlich überkommene Recht halten. Es wird also zwischen richtiger und unrichtiger Gesetzgebung unterschieden. Es wird ein kritischer Maßstab an die Gesetzgebung angelegt, aber nicht in Abrede gestellt, daß das vom Gesetzgeber unter Nichtachtung des geschichtlichen Rechts erlassene Gesetz gleichfalls Recht schafft. Damit wird aber in die Rechtsentstehungslehre des „Berufs“ eine bedenkliche Bresche gelegt. Sie verwandelt sich unmerklich in eine Rechtsbewertungslehre. Der „Beruf“ (S. 17 f.) hatte die Frage aufgeworfen, woher einem Gesetzbuch der Inhalt kommen solle, und den Gedanken abgewehrt, daß das allgemeine Vernunftrecht diesen Inhalt bestimmen solle. „Die aber mit der Ausführung

---

[1] Savigny unterscheidet übrigens Despotismus und „despotische Gesinnung“. Er ist „sehr weit entfernt, zu behaupten, jedes Gesetzbuch gehe aus von despotischer Gesinnung. Ich habe vielmehr schon in meiner früheren Schrift anerkannt, daß unter gewissen Bedingungen die Abfassung eines Gesetzbuchs sehr wohltätig sei und alle Billigung verdiene; und auch, wo diese Bedingungen fehlen, kann es wenigstens in der trefflichsten Absicht unternommen werden, wie ja die neueste Geschichte beweist. Das aber behaupte ich, daß das System der oben beschriebenen Freiheit durch seine Konsequenz der unzeitigen Abfassung eines Gesetzbuchs widersprechen wird, während das System des Despotismus (und besonders jenes übertünchten Despotismus) notwendig auf diese unzeitige Abfassung führt ... Ebenso glaube ich auch umgekehrt, daß die unzeitige Abfassung eines Gesetzbuchs durch die Willkürlichkeit der Entstehung und durch das Zerreißen der geschichtlichen Fäden dem Despotismus in hohem Grade förderlich sein kann“ (S. 387 f.)

zu tun hatten oder sonst das Recht praktisch kannten, haben sich dieser großsprechenden, völlig hohlen Ansicht leicht enthalten, und man ist darüber einig gewesen, das ohnehin bestehende Recht solle hier aufgezeichnet werden, nur mit den Abänderungen und Verbesserungen, welche aus politischen Gründen nötig sein möchten." Das ist doch wohl so zu verstehen, daß schon der Versuch, den Gesetzesinhalt dem Vernunftrecht zu entnehmen, scheitern müßte, daß das Vernunftrecht die ihm zugedachte Funktion gar nicht erfüllen könne, nicht, daß es nicht zweckmäßig sei [1], das Naturrecht heranzuziehen. Ferner wird auch im „Beruf" die Frage angedeutet, ob ein Gesetzbuch die weitere Rechtsentwicklung hindern könne. Wenn das Gesetzbuch seiner Aufgabe nicht entspreche, so werde die Rechtspflege nur scheinbar durch das Gesetz, „in der Tat aber durch etwas anderes, was außer dem Gesetzbuch liegt, als der wahrhaft regierenden Rechtsquelle beherrscht." [2] Die Frage, um die es sich handelt, ist also nicht die, ob der Staat ein Recht zur Gesetzgebung hat und wie er davon einen guten Gebrauch machen soll, sondern: Wie weit reicht seine Fähigkeit und seine Macht? Ist er imstande, das Recht zu erfinden und reicht sein Befehl aus, um dem erfundenen Recht Geltung zu verschaffen? Diese Frage kann nach dem programmatischen Aufsatz der Zeitschrift (S. 6) wohl nur die „ungeschichtliche" Schule bejahen. Tut es auch die geschichtliche, so gibt sie ihre Rechtsentstehungstheorie preis.

Es mag dahingestellt bleiben, ob politische Rücksichten Savigny dazu veranlaßt haben, von seinen Grundanschauungen abzugehen. Jedenfalls hat er aber dadurch seine Position wesentlich geschwächt und sich in die Notlage versetzt, zu Scheinargumenten zu greifen. Denn nur so kann man die beiden Behauptungen bezeichnen, die er aufstellt, den an die Formel seines Gegners Hegel [3] gemahnenden Satz, das im Volke lebende Recht sei das allein vernunftmäßige, und die extreme Meinung, jedes vom historischen Recht abweichende gesetzgeberische Eingreifen sei absolute Willkür und sei entweder schon oder führe wenigstens zum Despotismus. Darnach würde das im Volk lebende Recht niemals einer Verbesserung bedürfen und, wenn es doch der

[1] Für ganz verfehlt halte ich die Ansicht Bergbohms (S. 527 f.), Savigny habe sich nur deshalb gegen die Kodifikation des Zivilrechts ausgesprochen, weil er die Befürchtung hegte, „die Kodifikation könnte den Grundanschauungen der rationalistischen Naturrechtslehre seiner Zeit Eingang in das praktische Rechtssystem verschaffen." Savigny bekämpfte das Naturrecht theoretisch, weil er nicht daran glaubte (S. 7), nicht aus praktischen Gründen. Er gab ja selbst zu, daß das Naturrecht mitunter nur der Ausdruck für ein faktisch geltendes Gewohnheitsrecht sei (S. 23). Hätte er das ihm von Bergbohm zugeschriebene Mißtrauen gegen den Inhalt des Naturrechts gehabt, so hätte er doch die drei Gesetzbücher darauf hin prüfen müssen, inwieweit sie kodifiziertes Naturrecht darstellen. Der Gedanke ist ihm aber offenbar nicht gekommen. So findet er (S. 97), daß das österreichische Gesetzbuch geradeso wie das preußische aus der Quelle des römischen Rechts geschöpft habe. Vgl. oben S. 48.

[2] S. 22 f. Vgl. auch S. 108.

[3] Vgl. über die Beziehungen Savignys zu Hegel Landsberg S. 348.

Fall wäre, so wäre der Monarch, der ohne ein geschichtliches Vorbild eine Besserung versucht, ein Willkürherrscher, ein Despot. Wie man sieht, steht Savignys Abwehr gerade in diesem Hauptpunkt auf schwachen Füßen.

Ist es aber nicht seltsam, daß sich gerade ein preußischer Professor gegen den Absolutismus ausspricht und zwischen diesem und dem Despotismus kaum unterscheidet, und daß es ein süddeutscher Kollege ist, dem er absolutistische Neigungen vorwirft? Ist nicht die historische Schule von vornherein konservativer als die naturrechtliche, mag sich das auch erst in der Folge deutlicher gezeigt haben? In der Tat haben beide Schulen einen antiabsolutistischen Charakter. Der Absolutismus ist ein Durchgangsstadium zwischen dem mittelalterlichen Ständestaat und der modernen konstitutionellen Monarchie. Das Naturrecht blickt nach vorwärts und will über den Absolutismus hinauskommen, die historische Schule versenkt sich in die Vergangenheit und begeistert sich für das organische Wachstum des vom Landesfürsten noch unbeeinflußten Rechts. Das Naturrecht will — entgegen seinem Namen — künstliche Änderungen, bewußte Reformen, die historische Schule eine natürliche Entwicklung. Die Vernunft ist für das Naturrecht die Grundlage und der Wertmaßstab des Rechts, für die Historiker eine Quelle von Willkür und Irrtümern. Bekennt sich Savigny als Gegner des Absolutismus, so will er also, wie das Zusammenwerfen von Menschenrechten und Despotismus (eine Reminiszenz an die Ereignisse in Frankreich) beweist, doch nur das Bestehende konservieren. Er bekämpft den Absolutismus bloß deshalb, weil er von ihm Reformen fürchtet. Nicht der passive, reaktionäre, sondern der aktive, aufgeklärte, reformeifrige und vorwärtsdrängende Absolutismus ist es, gegen den er sich wendet. Aber allerdings muß man, um nicht zu einem schiefen Urteil zu gelangen, berücksichtigen, daß es sich für Savigny ausschließlich um das Schicksal des Rechts, und zwar des bürgerlichen Rechts, handelt. Er beschäftigt sich nicht mit Politik überhaupt, sondern nur mit Rechts-, mit Zivilrechtspolitik.

V.
Hatscheks Betrachtungen über das kontinentale Rechtsquellensystem.

In seinem „Englischen Staatsrecht" (1. Bd., S. 153 ff.) vergleicht Hatschek das englische Rechtsquellensystem mit dem kontinentalen, und er führt drei charakteristische Merkmale des kontinentalen Systems an: zunächst das Kodifikationsprinzip, „das die erschöpfende Regelung der vom Gesetzgeber geordneten Rechtsmaterie bedeutet und das Gewohnheitsrecht nur als vom Gesetzgeber geduldete und gestattete Zutat der Rechtsquellen auffaßt", sodann die unbedingte Gebundenheit der Richter an den Gesetzestext und schließlich das Prinzip der unbedingten Geschlossenheit des Rechtssystems. „Es gibt keine Lücken in der Rechtsordnung, wie die Juristen sagen. Durch Interpretation und Rechtsanalogie soll man den Gesetzestext so lange drehen und wenden können, bis die angebliche Lücke des Gesetzes ausgefüllt ist. Um Gotteswillen nur keine Lücken des Gesetzes! Das wäre ja nur die Wiedereinführung des längst totgeglaubten und bis zur Vernichtung bekämpften Naturrechts." Dieser Satz zeichnet sich nicht gerade durch besondere Klarheit aus. Wenn es keine Lücken gibt, dann braucht man sie doch nicht erst auszufüllen. „Angebliche" Lücken bedürfen keiner Ausfüllung und vertragen sie auch nicht. Handelt es sich aber um wirkliche Lückenausfüllung, dann müssen doch Lücken da sein oder dagewesen sein. Das eine Mal spricht Hatschek von „Lücken in der Rechtsordnung", das andere Mal von „Lücken des Gesetzes". Es kann natürlich sein, daß die Rechtsordnung keine Lücken hat, wenn auch das Gesetz Lücken aufweist. In der Tat haben die Juristen das Vorhandensein von Gesetzeslücken stets zugegeben. insbesondere auch Bergbohm, den Hatschek „statt aller" zitiert. Denn dieser sagt ja: „Kein Gesetzbuch ist ohne ‚Lücken', keins ist erschöpfend, alle Gesetzbücher zusammen sind es auch nicht." „Die Gesetze sind nicht das Recht, sie bedeuten nur Rechtsgedanken, die jeder selbst nacherzeugen muß aus den gegebenen Gedankenweckern: den Worten des Gesetzes [1]." Daß zwischen der Lückenhaftigkeit der Gesetze und dem Naturrecht ein notwendiger Zusammenhang bestände, kann auch nicht zugegeben werden. Dieselben Schriftsteller, welche das Naturrecht leugnen, geben Lücken des Gesetzes ohne weiteres zu. Richtig ist nur, daß Bergbohm, der das Naturrecht in allen seinen Schlupfwinkeln verfolgte, auch

---

[1] Jurisprudenz und Rechtsphilosophie S. 382. Vgl. überdies die Zitate S. 373. Von Hatschek offenbar beeinflußt Lukas im Arch. f. öff. R., 26. Bd., S. 114 f.

die „Lücken" zu verstopfen suchte, durch welche es in das positive Recht eindringen und zur Ergänzung des positiven Rechts verwendet werden kann[1]. Aus dieser Tendenz Bergbohms eine Eigentümlichkeit des „kontinentalen Rechtsquellensystems" zu machen, ist jedenfalls eine arge Übertreibung.

Den Grund für die charakteristischen Merkmale dieses Systems findet Hatschek im römischen Recht, in der modernen durch die französische Kodifikation veranlaßten Auffassung und in der konstitutionellen Doktrin. Die moderne Auffassung hat wiederum drei Wurzeln: den Einfluß der Lehre Benthams (dieser Einfluß „brachte uns das Kodifikationsprinzip und den Popanz des gesetzgeberischen Willens"), ferner die Montesquieusche Lehre von der Gewaltenteilung („sie brachte uns den Richter als Subsumtionsautomaten") und die historische Schule unter Savignys Leitung. „Sie brachte uns die Austreibung des Naturrechts und den Glauben an die Geschlossenheit und Lückenlosigkeit des Rechtssystems, der schon in der Benthamschen Lehre im Keime lag."

Was die Gewaltenteilungslehre betrifft, so ist es ja richtig, daß ihr die Unterstellung des Richters unter das Gesetz entspricht. Aber diese Unterstellung ist ja schon ein Grundsatz des Absolutismus. Von diesem unterscheidet sich die Gewaltenteilungslehre nicht, indem sie die Unterordnung der Rechtsprechung unter das Gesetz verlangt, sondern im Gegenteil, indem sie die Selbständigkeit aller Gewalten, daher auch der richterlichen, betont. Jede Gewalt hat ihr eigenes Tätigkeitsfeld. Der Richter soll nicht zum Gesetzgeber, dieser aber auch nicht zum Richter werden. Das erste entspricht der absolutistischen Auffassung, das zweite tritt ihr entgegen[2]. Daß die französische Revolution dann den Gerichten gegenüber mißtrauisch war, hat seine besonderen Gründe, die mit dem Wesen der Gewaltenteilungslehre nichts zu tun haben.

Eine weitere Wurzel „unserer heutigen Auffassung, welche uns die Geschlossenheit des Rechtssystems gebracht hat", ist nach Hatschek „die historische Schule in ihrem Kampf gegen das Naturrecht". Thibaut habe freilich das Naturrecht und auch die richterliche Billigkeit zugelassen — die Stelle, die Hatschek zitiert, ist aber nicht von Thibaut, sondern von Pfeiffer[3] —,

---

[1] Dabei ist zu berücksichtigen, daß Bergbohms „Naturrecht" mit dem historischen gar nicht identisch ist. Vgl. Bergbohm S. 130 ff., ferner Menzel, Naturrecht und Soziologie, S. 7.

[2] Montesquieu findet übrigens die Trennung der richterlichen von der gesetzgebenden Gewalt in den meisten Staaten Europas bereits verwirklicht: Dans la plupart des royaumes de l'Europe, le gouvernement est modéré parce que le prince qui a les deux premiers pouvoirs laisse à ses sujets l'exercise du troisième (l. 11, ch. 6). An einer früheren Stelle (VI, 3) sagt er unmittelbar vor dem von Hatschek (S. 157 f.) zitierten Satz: Dans les états monarchiques il y a une loi; et là où elle est précise, le juge la suit; là où elle ne l'est pas, il en cherche l'esprit. Hatschek zitiert aus Montesquieu die gleichen Stellen wie Gény, Methode d'interprétation, S. 66. Eine ähnliche Übereinstimmung der Quellenzitate bei Hatschek, S. 155 und Gény, S. 73.

[3] Nach Hatschek findet sich Thibauts Äußerung „in der Kritik eines Buchs

aber die historische Schule habe — ja, was hat sie eigentlich besorgt? Wir müssen hier Hatschek selbst zu Worte kommen lassen. Die Redaktoren des Code Napoléon haben „die Equity, die natürliche Billigkeit zur Anwendung kommen lassen wollen, und das war auch der Standpunkt bis Blondeau, der im Vereine mit seinen Schülern die Equity aus dem französischen Rechtsquellensystem ausgetrieben hat. Bei uns hat dies die historische Schule besorgt." Heißt das: die historische Schule hat die Billigkeit aus dem französischen oder aus dem deutschen Rechtsquellensystem herausgetrieben? Die weiteren Ausführungen sprechen jedenfalls für die erstere Annahme. „Savigny führt dies im Kampfe gegen die Redaktoren des Code Napoléon aus, welche das Naturrecht in subsidium des Gesetzbuchs gelten lassen wollten, statt eine Ergänzung desselben bloß im Sinne der Analogie und logischen Interpretation ... gelten zu lassen." Zum Beleg wird eine Stelle aus dem „Beruf" zitiert, welche mit Hinzufügung des ersten von Hatschek weggelassenen Satzes, wie folgt, lautet [1]: „Die oben angegebenen Ergänzungsmittel, welche bei den französischen Schriftstellern selbst vorkommen, lassen sich noch sehr reduzieren. Das Naturrecht ist wohl mehr zum Staat als zum ernstlichen Gebrauch mit aufgeführt; wo von besonderen Anwendungen die Rede ist, wird keine Notiz davon genommen, und nur in Deutschland hat man den Zustand der französischen Richter wegen des freien Gebrauchs dieser Rechtsquelle glücklich gepriesen." Hatschek resümiert: „Also kein Naturrecht, nicht einmal im Gewande der Billigkeit! Statt dessen wird die Rechtsanalogie und logische Interpretation anempfohlen."

Man kann einen Schriftsteller nicht leichtfertiger lesen und ärger mißverstehen, als es hier geschieht. Savigny berichtet doch bloß über das französische Recht. Er sagt: die französischen Schriftsteller gäben nur vor, daß der Code durch das Naturrecht ergänzt werde. In der Praxis geschehe es nicht. Daß aber das Gesetz die alleinige Rechtsquelle sei, behauptet Savigny keineswegs. Im Gegenteil! Hätte Hatschek nur noch einige Zeilen weiter gelesen, so hätte er Ausführungen darüber gefunden, wie der Code durch das bisherige Recht und durch die wissenschaftliche Theorie ergänzt werde. Mit Recht, meint Savigny, nehmen die Franzosen an, „das römische Recht sowohl als die coutumes zu befolgen, sei dem Richter

---

von Pfeiffer: Ideen zu einem Zivilgesetzbuch für die deutschen Staaten, 1816." Das ist nur insofern richtig, als Thibaut (Über die Notwendigkeit usw., Ausgabe von 1840, S. 105 ff.) eine ganze Partie aus Pfeiffers Buch und insbesondere auch die von Hatschek zitierte Stelle wörtlich abdruckt. Thibaut selbst spricht sich gegen Pfeiffer aus. Er verweist darauf, „daß der eine an einen ganzen Band naturrechtlicher Gesetze glauben kann, während der andere eben nichts davon wissen will." Gewißheit des Rechts sei einer der Hauptzwecke des Staats. „Und danach wird ein großer Teil des sog. Naturrechts dem Himmel zu danken haben, wenn das positive Recht sich seiner erbarmt."

[1] Hatscheks Zitat enthält übrigens in vier Zeilen nicht weniger als fünf Abweichungen vom Original. Von Bedeutung ist die Ersetzung der Savignyschen Worte „der französischen Richter" durch „des französischen Rechts".

erlaubt." „Dasselbe gilt nun auch vom vormaligen Gerichtsgebrauch, wie denn unzähligemal die alte jurisprudence als Quelle angeführt wird." Der Richter soll „in einem Fall, den der Code unentschieden läßt ... das Recht befolgen, was in dieser Gegend vormals galt, d. h. entweder römisches Recht, durch den alten Gerichtsgebrauch modifiziert, oder eine spezielle coutume mit derselben Modifikation. Die notwendige Folge davon wird wiederum eine große Rechtsverschiedenheit in den Sprengeln der einzelnen Appellationsgerichte sein, und diese Verschiedenheit wird jetzt, wo sie in der Stille gegen die Absicht des Gesetzes und mit Verwirrung der vorigen Grenzen stattfinden muß, ein wahres Übel sein, was sie vormals nicht war." Über die wissenschaftliche Theorie in Frankreich hat die erste Auflage des „Berufs" freilich eine sehr ungünstige Meinung, weil jene nicht auf dem Boden gründlicher historischer Kenntnis ruhe. In der Vorrede zur zweiten Ausgabe wird dieser Vorwurf aber wieder zurückgenommen. Wann hätte also Savigny den Code — oder irgendein Gesetz — als alleinige, lückenlose Rechtsquelle erklärt? [1] Wenn er es als Übel hinstellt, daß entgegen der Absicht des Gesetzes die Rechtsprechung in verschiedenen Sprengeln verschieden sein werde, so soll das in seinem Mund ein Argument gegen den Gedanken einer Kodifikation sein. Ist doch gerade Savigny der große Gegner der Kodifikation gewesen! Es gehört wirklich eine ungewöhnliche Oberflächlichkeit dazu, Savigny zuzumuten, daß er im „Beruf" nur „für Rechtsanalogie und logische Interpretation" eingetreten sei.

Doch lassen wir Hatschek weiter reden! Ich wiederhole des Zusammenhangs wegen den letztzitierten Satz: „Statt dessen wird die Rechtsanalogie und logische Interpretation anempfohlen. Die Folger Savignys haben diesen Satz beherzigt. Im Kampfe gegen das Naturrecht hat die historische Schule das Dogma von der Geschlossenheit des Rechtssystems festgehalten und die absolute Lückenlosigkeit desselben verkündet." Dazu eine überraschende Anmerkung: „Zuerst, wie Zitelmann, Lücken im Recht, 1902, S. 39 bemerkt, von Ihering." Man muß sich erst sammeln, ehe man die Sache begreift. Savigny hat bloß Analogie und Interpretation zugelassen. Seine Folger haben diesen Satz beherzigt und die historische Schule hat das Dogma von der Geschlossenheit des Rechtssystems festgehalten und zuerst ist das von Ihering geschehen? Also besteht keine zeitliche „Geschlossenheit" der historischen Schule, sondern klafft hier eine „Lücke"? Ist Ihering der erste „Folger Savignys", der das Dogma von der Geschlossenheit des Rechtssystems „festhält"? Wir müssen doch Hatscheks Quelle nachgehen und bei Zitelmann Belehrung suchen. Hier lesen wir: „Dieser Gedanke von der logischen Geschlossenheit des Rechts .... tritt wohl schon bei Ihering

[1] Vgl. Beruf S. 21 ff., wo Savigny Vollständigkeit des Gesetzbuchs in dem Sinne fordert, daß dieses die leitenden Grundsätze des Rechts enthalten soll. Alle Fälle dagegen könne das Gesetzbuch nicht behandeln, „weil es für die Erzeugung der Verschiedenheiten wirklicher Fälle schlechthin keine Grenze gibt." Dabei ist zu beachten, daß Savigny hier nicht von einem geltenden Gesetzbuche spricht, sondern von jenem, welches ihm als dermalen nicht erreichbares Ideal vorschwebt.

hervor, weniger deutlich im Geist ..., klarer in seinen Jahrbüchern ..., sodann bei Bruns ... Binding ... Am tiefsten und eindringlichsten ist die Theorie von der logischen Geschlossenheit des Rechts von Bergbohm ... behandelt und befürwortet ...; Energisch bekämpft wird sie von Jung ... Gegen Bergbohm auch Kipp zu Windscheid." Darnach tritt also bei Jhering überhaupt kein „Dogma", sondern nur ein Gedanke hervor, der erst in der Folge schärfere Konturen annimmt. Die ganze Zurückführung dieses Dogmas auf Savigny und die historische Schule ist sinnlos. Zur Zeit, als er die Jahrbücher herausgab, war Jhering kein „Folger Savignys" mehr [1]. Man braucht nur den im 5. Band der Jahrbücher enthaltenen Nachruf für Savigny zu lesen, um zu sehen, wie wenig sich Jhering damals zur historischen Schule zählte. Indessen legt Hatschek, wie es scheint, auch auf Jhering kein großes Gewicht. Denn er fährt fort: „... und die absolute Lückenlosigkeit desselben verkündet. Ganz besonders ist dies durch die Restauration der historischen Schule von seiten Bergbohms geschehen." Davon, daß Bergbohm die historische Schule restauriert oder irgendeine Schule gegründet hat, ist mir nichts bekannt [2]. Der Hinweis auf die historische Schule ist hier wohl nur eine poetische Lizenz, die den Zusammenhang mit dem Vorausgehenden herstellen soll. Was aber die Sache selbst betrifft, so stellt sich als Ergebnis der ganzen Auseinandersetzung die harmlose Feststellung heraus, daß es eben Bergbohm ist, der am Ende des 19. Jahrhunderts die Lehre von der Lückenlosigkeit des Rechts (nicht des Gesetzes) in aller Schärfe vertreten hat, was ja auch schon vor Hatschek bekannt war. Es dauerte übrigens nur wenige Jahre, bis Jung diese Lehre energisch bekämpfte. Einen Einfluß auf das „kontinentale Rechtsquellensystem", wie sich Hatschek monumental ausdrückt, hat sie jedenfalls nicht gehabt [3].

Es erübrigt noch die dritte, von Hatschek an erster Stelle behandelte „Wurzel

[1] Vgl. Landsberg S. 800 ff.

[2] Landsberg (S. 979) sagt, Bergbohms Werk bilde „den Abschluß für die historisch-positivistische Richtung der Rechtswissenschaft im 19. Jahrhundert".

[3] Nachdem er von der Restauration der historischen Schule durch Bergbohm gesprochen hat, fährt Hatschek fort: „Dem gegenüber ist nun neuerdings wieder von Zitelmann nachgewiesen (Lücken im Recht, 1902, S. 27), daß es wirklich Lücken, echte Lücken des Gesetzes geben könne, an die der Gesetzgeber niemals gedacht hat, wo der gesetzgeberische Verstand stillgestanden hat. Soll da auch der Richter stillstehen?" Als ob Zitelmann darauf ausgegangen wäre, solche Plattheiten vorzubringen! Seine Rede ist doch gerade dem Nachweis gewidmet, daß wir Lücken des Gesetzes annehmen, wo eigentlich keine sind. Nicht daß es daneben doch noch „echte" Lücken gibt, sondern daß gar viele Lücken „unecht" sind, will Zitelmann zeigen. Und was die echten Lücken betrifft, so meint er natürlich nicht, daß der gesetzgeberische Verstand stillgestanden hat. Es handelt sich hier vielmehr entweder um kasuistische Fragen, die ein Gesetz gar nicht erledigen kann, oder um gesetzgeberische Versehen. Daß der Richter nicht auch „stillstehen" darf, sondern den Fall entscheiden muß, ist so selbstverständlich und unbestritten, daß die Emphase, mit der sich Hatschek dafür ausspricht, ganz überflüssig ist. Auf Hatschek fußend Anschütz im Verwaltungsarchiv 14. Bd., S. 319 f.

der modernen Auffassung", nämlich Benthams Lehre, die uns das Kodifikationsprinzip und den Popanz des „gesetzgeberischen Willens" gebracht haben soll. Bentham, ein Freund der Kodifikation, verlangt Vollständigkeit des Gesetzbuchs, damit der Willkür von Richtern und Advokaten gesteuert werde. Ein lückenloses Gesetz beschränkt den Richter auf die Gesetzesanwendung. Diese Lehre Benthams hat nun nach Hatschek „vermittelt durch den Code Napoléon" auf die moderne Auffassung eingewirkt. Zu den „Propagatoren" des „Benthamismus" zählt er vor allem Thibaut. Die Stellen aber, die er aus Thibauts Schrift über die Notwendigkeit eines allgemeinen bürgerlichen Rechts für Deutschland anführt, reichen zum Beweis dieser Behauptung nicht aus. Denn wenn Thibaut sagt, daß die gesetzlichen Bestimmungen „klar, unzweideutig und erschöpfend" sein sollen, daß durch ein Gesetzbuch „unsere Anwälte und Richter endlich in die Lage kommen werden, daß ihnen für jeden Fall das Recht lebendig gegenwärtig ist", daß die wuchernden Ortsgebräuche [1] und Gewohnheiten nur zu oft bloße Rechtsfaulheit seien, so sind das, wenn man einmal eine Kodifikation anstrebt, so nahe liegende Bemerkungen, daß man Thibaut bitter Unrecht tut, wenn man ihn deshalb als „Benthamisten" bezeichnet. Mit vollem Recht sagt Lukas (der aber Hatscheks Behauptung, Thibaut sei stark unter dem Einfluß der Lehre Benthams gestanden, gläubig entgegennimmt), daß das Streben, ein möglichst vollständiges Gesetzbuch zu schaffen, die gesamte Kodifikationsbewegung des 18. Jahrhunderts, namentlich auch in den großen Monarchien des auf dem Höhepunkt seiner Macht stehenden deutschen Absolutismus, charakterisiert [2]. Und was die Bemerkung über die Anwälte betrifft, so hat es doch schon die von Savigny („Beruf" S. 88) bezogene Kabinettsordre Friedrichs des Großen von 1780 als erwünschten Erfolg der Kodifikation hingestellt, daß „viele Rechtsgelehrten bei der Simplifikation dieser Sache ihr geheimnisvolles Ansehen verlieren, um ihren ganzen Subtilitätenkram gebracht und das ganze Korps der bisherigen Advokaten unnütz werden" wird [3]. Benthams Bemerkungen waren in der Tat nicht so originell, wie sie Hatschek erscheinen.

Auch die Behauptung, daß Benthams Lehre durch den Code vermittelt wurde, ist unrichtig. Lukas erbringt den Nachweis, daß der Art. 4 des französischen Gesetzbuchs, welcher dem Richter verbietet, seine Entscheidung unter dem Vorwande von Lücken des Gesetzes zu verweigern, nicht auf Bentham zurückzuführen ist. Lukas selbst ist der Meinung, daß der § 19 des westgalizischen Gesetzbuchs, der wiederum auf die naturrechtliche Doktrin zurück-

---

[1] Hatschek schreibt dafür „Wortgebräuche". Auch abgesehen davon sind seine Zitate unverläßlich.

[2] Zur Lehre vom Willen des Gesetzgebers (Festgabe für Paul Laband, 1. Bd.) S. 420f.

[3] Vgl. als Gegenstück hierzu die Resolution der Kaiserin Maria Theresia von 1753, in welcher die Kompilationskommission aufgefordert wird, zu erwägen, „wie die Aufzüge und die angefochtene Unschuld wider die gewöhnlichen Advokatenkünste vor das Künftige können geschützt werden". (Harrasowsky, Geschichte der Kodifikation des österr. Zivilrechts, S. 48.)

geht, den Art. 4 beeinflußt habe [1]. Dieser Widerspruch hat nun Hatschek zu einer Replik veranlaßt, welche unter dem Titel: „Bentham und die Geschlossenheit des Rechtssystems. Eine Kritik und ein Versuch." im Archiv für öffentliches Recht (24. Bd., S. 442 ff.) erschienen ist und, wie folgt, anhebt: „In meinem englischen Staatsrechte (I. 155 ff.) versuchte ich den Nachweis, daß Bentham die vom absoluten Staate im Schattenrisse angedeutete Geschlossenheit des Rechtssystems und richterliche Gebundenheit an das Gesetz als erster in moderner Weise vertieft und uns das Dogma des gesetzgeberischen Willens sowie das Kodifikationsprinzip gebracht hat." Dieses Resümee wirkt verblüffend. Alles das soll nach dem Englischen Staatsrecht Bentham getan haben? Wenn Hatschek sich selbst so flüchtig liest, so kann man sich über die Unfälle nicht wundern, die ihm bei der Lektüre anderer Autoren zustoßen. Wo sind denn die drei Wurzeln geblieben? Dem Englischen Staatsrecht zufolge war doch bei Bentham bloß „angedeutet", daß der Richter Subsumtionsautomat sein müsse (S. 157). Der Gedanke der Geschlossenheit des Rechtssystems sei zwar schon bei Bentham zu finden. „Aber darüber, inwieweit trotz derselben das Naturrecht als Billigkeit (Equity oder sonst) gelte, spricht er sich nicht aus ... Deshalb finden wir auch bei seiner Schule das Naturrecht in Form der richterlichen Billigkeit zugelassen" [2] (S. 158). Der Glaube an die Geschlossenheit und Lückenlosigkeit des Rechtssystems lag in Benthams Lehre erst „im Keime" (S. 155). Und nun soll er diese ganze Lehre „als erster in moderner Weise vertieft haben"! Lukas wird getadelt, weil er das Dogma von dem Willen des Gesetzes mit der Gebundenheit des Richters an das Gesetz identifiziere, während jenes Dogma „vor allem die Geschlossenheit des Rechtssystems, seine Lückenlosigkeit" bedeute. „Und das habe ich allerdings behauptet: Das Dogma von der Geschlossenheit des Gesetzbuchs stammt von Bentham." [3] Trotzdem er es eigentlich besser wissen müßte, muß ich dagegen opponieren. Gerade das hat er nicht behauptet. Bei Bentham lag der Glaube an die Geschlossenheit und Lückenlosigkeit des Rechtssystems doch erst „im Keime". Und er hat sich nicht darüber ausgesprochen, inwieweit „trotz derselben" das Naturrecht gelte. In Wahrheit verwechselt hier Hatschek das Postulat, die Forderung, ein Gesetz solle vollständig sein, mit dem Glauben daran, daß ein Gesetz tatsächlich keine Lücken enthalte. Ein Postulat ist kein „Dogma".

---

[1] A. a. O. S. 420 ff.

[2] Hatschek verwechselt hier, wie an anderen Stellen, die Vollständigkeit des Gesetzbuchs und die Geschlossenheit des Rechts (oder, wie er sagt, des „Rechtssystems"). Dafür, daß Bentham die Geschlossenheit des Rechts im Bergbohmschen Sinne angenommen habe, bringt er keinen Beleg bei. Es ist darum ganz gleichgültig, ob seine Schule das Naturrecht in Form der richterlichen Billigkeit zugelassen hat. Da es in England keine Kodifikation gibt, kann man sich dort auf die Geschlossenheit der Kodifikation selbstverständlich nicht berufen.

[3] Macht Hatschek etwa hier einen Unterschied zwischen der Geschlossenheit des Gesetzbuchs und jener des Rechts? Seine folgenden Ausführungen (insbesondere S. 446) lassen das Gegenteil erkennen.

In den Nachträgen und Berichtigungen zum Englischen Staatsrecht (2. Bd., S. 670) hat Hatschek auch die Redaktoren des österreichischen abGB. als Anhänger Benthams bezeichnet. In seiner Replik sucht er diese Behauptung näher zu begründen. Der Vortrag vom 19. Januar 1808, womit der Entwurf des abGB. dem Kaiser zur Schlußfassung vorgelegt wurde, soll den Einfluß Benthams beweisen. Es wird darin nämlich „Vollständigkeit" des Gesetzbuchs gefordert. „Dieses ist das Novum, das Bentham brachte" (S. 444). Damit vergleicht Hatschek die Materialien des preußischen Landrechts, in welchen auf die Notwendigkeit der Analogie verwiesen wird. „Also während nach dem österr. allgem. bürgerl. Gesetzbuch der Richter infolge des Dogmas ‚der Geschlossenheit' jeden Rechtsfall aus dem Gesetzbuch entscheiden kann und muß und deshalb keine Lücke des Rechts anerkannt wird, sieht das allgemeine Landrecht (d. h. [sic!] seine Redaktoren) von vornherein resigniert auf die Möglichkeit solcher Lücken und will nur, daß das Gesetzwerk nach und nach der Vollkommenheit immer näher rücke. Was erklärt diese verschiedene Auffassung der Redaktoren des österr. und des preuß. Gesetzbuchs? Mit Erlaub nur die Tatsache, daß zwischen beiden Kodifikationen der Einfluß Benthams liegt." Die Beweisführung ist in der Tat äußerst einfach. Wenn die preußischen Redaktoren anderer Ansicht waren als die österreichischen, so läßt sich diese Meinungsverschiedenheit nur durch die Tatsache erklären, daß zwischen beiden Kodifikationen „der Einfluß Benthams liegt"! Schade nur, daß das österreichische Gesetzbuch gar nicht das enthält, was ihm Hatschek imputiert. Im § 7 werden ausdrücklich Lücken anerkannt[1], und es ist nicht wahr, daß jeder Rechtsfall aus dem Gesetzbuch entschieden werden kann und muß. Das abGB. verweist vielmehr auf Analogie und natürliche Rechtsgrundsätze. Und schließlich stammt diese Bestimmung gar nicht aus dem 19. Jahrhundert, sondern sie findet sich schon im westgalizischen Gesetzbuch von 1797, welches von Bentham noch nicht beeinflußt sein konnte!

Hatschek widmet aber zum Schluß doch noch den „natürlichen Rechtsgrundsätzen" des § 7 eine Erörterung. Er fragt nämlich: „Aber ist es über-

[1] „Läßt sich ein Rechtsfall weder aus den Worten noch aus dem natürlichen Sinne eines Gesetzes entscheiden ..." Wie konnte Hatschek überhaupt auf den Gedanken verfallen, das österreichische Gesetzbuch wolle sich vom preußischen durch seine Lückenlosigkeit unterscheiden? Savigny hat gerade den Hauptunterschied zwischen beiden Gesetzbüchern darin gefunden, „daß man im österreichischen Gesetzbuch nicht so wie im preußischen die Rechtsfälle selbst zu erschöpfen, sondern nur die Begriffe der Rechtsverhältnisse und die allgemeinsten Regeln für dieselben aufzustellen gesucht hat" (S. 97), „daß die materielle Vollständigkeit, welche im preußischen Landrecht gesucht war, hier (nämlich in Österreich) gar nicht zur Aufgabe gehörte" (S. 107). „Materieller Reichtum des Gesetzbuchs war, wie schon bemerkt, gar nicht gesucht" (ebd.). Hatschek selbst zitiert (S. 452) den Vortrag der österreichischen Gesetzgebungskommission, in welchem es diese als einen zu vermeidenden Fehler hinstellt, „wenn man so wie das preuß. Gesetzbuch den Richter an eine buchstäbliche Anwendung des Gesetzes binden und in eine rechtsprechende Maschine verwandeln will."

haupt das „Naturrecht“, von dem Art. 4 des Code Napoléon und § 7 des allgem. bürgerl. Gesetzbuchs handeln?“ Die Frage ist seltsam. Art. 4 des Code erwähnt das Naturrecht überhaupt nicht. Darum ist es auch gleichgültig, was Portalis zu dieser Frage meint. Hatschek selbst aber gibt folgende Antwort: „Ich glaube nicht. Es ist bloß das freie richterliche Ermessen, die Natur der Sache, die auch wir heute noch, trotz aller Gegnerschaft gegen das überpositive Naturrecht, gelten lassen.“ Abermals hat er seine Äußerungen im Englischen Staatsrecht vergessen. Dort stellt er Naturrecht und Natur der Sache unbedenklich zusammen. Er spricht vom Naturrecht „im Gewande der Billigkeit“ „als Billigkeit (Equity oder sonst)“ „in Form der richterlichen Billigkeit“, er verweist auf die „Portion Naturrecht“, die in der Equity zweifellos steckt. Er stellt fest, daß „selbst ein so mächtiger Gegner des Naturrechts wie Bergbohm“ „die rechtsschöpferische Bedeutung der sog. Natur der Sache anerkennen muß“. Und er schließt dort mit den Worten: „Auch wir glauben mit dem Gegner des Naturrechts, daß die Zeiten einer dem Staate übergeordneten Rechtsordnung vorüber sind, aber wir glauben auch ebenso an die rechtschöpferische Bedeutung der Billigkeit, des Stiefkinds unseres Rechtsquellensystems, wir glauben an Lücken der Rechtsordnung, die der Richter auszufüllen berufen ist, aus eigener Kraft und ohne besonderen Halt im Gesetz zu suchen. Ein Vergleich mit dem englischen System, das nie die Billigkeit, die Equity, verkannt hat, muß uns hierin bestärken. Auf diesen Teil des vielgeschmähten Naturrechts ist wohl der Satz anwendbar: Naturam expellas furca, tamen usque recurret!“ Warum also jetzt die feine Unterscheidung zwischen Naturrecht und Natur der Sache? Für die Frage, um die es sich handelt, für die „Lückenlosigkeit“ und „Geschlossenheit“ des Rechts oder des Gesetzes ist es doch gleichgültig, wie die Lücke ausgefüllt, in welcher Weise das Gesetz ergänzt wird[1]. Hatschek freilich legt darauf solches Gewicht, daß er „einen Schritt weiter gehen und sagen“ möchte: „Die Anerkennung des freien richterlichen Ermessens im Code Napoléon und im österr. Gesetz ist nichts anderes, als eine Umschreibung für die Etablierung der Geschlossenheit der Kodifikation.“ Merkwürdig! Im Englischen Staatsrecht wurde die Geschlossenheit des Rechtssystems der historischen Schule in die Schuhe geschoben und Savigny befand sich deshalb „im Kampfe gegen die Redaktoren des Code“, und nun stellt sich heraus, daß der Code selbst die Geschlossenheit der Kodifikation „etabliert“. Die Geschlossenheit des Rechtssystems hatte dem Englischen Staatsrecht zufolge die Funktion, die Berufung auf die Billigkeit zu verhindern, und nun zeigt es sich, daß es gerade „das freie richterliche Ermessen“ ist, welches die Etablierung der Geschlossenheit der Kodifikation „umschreibt“. Nach dem Englischen Staatsrecht hat von den Folgern Savignys zuerst Jhering das Dogma von der Geschlossenheit des

[1] Zur Sache selbst vgl. Lukas, Archiv f. öff. R., 26. Bd., S. 83 ff., wo Hatscheks Ausführungen gründlich widerlegt werden. Zustimmend Wellspacher in der Festschrift zur Jahrhundertfeier des abGB., 1. Bd. S. 185.

Rechts „festgehalten", und erst Bergbohm hat dieses Dogma „ganz besonders" verkündet. Aber tatsächlich lag es schon dem abGB. zugrunde. Und das bürgerliche Gesetzbuch bringt damit Theorien Benthams zur Geltung. Da es aber nur dem Vorbild des westgalizischen Gesetzbuchs von 1797 folgt, so hat Bentham verblüffend rasch einen Erfolg erzielt, nämlich fünf Jahre — vor dem Erscheinen seines Buchs. Verwirrung über Verwirrung! Nur gut, daß mit diesem Schlager Hatscheks Abhandlung ihren Abschluß findet [1].

Immerhin: in einem einzigen Punkt ist diese Abhandlung im Recht, indem sie nämlich anführt, daß es nicht das Naturrecht war, welches den sogenannten référé législatif zu Fall gebracht hat (S. 452). Zwar sind die Argumente, die dafür vorgebracht werden, ohne jede Beweiskraft und überdies hat Lukas, gegen den sich die Polemik richtet, nicht gerade das behauptet, was Hatschek bestreitet [2]. Aber trotzdem ist Hatscheks Meinung, wie gesagt, richtig. Wie es sich mit dem référé législatif tatsächlich verhält, soll der folgende Aufsatz zeigen.

---

[1] Hatschek hat übrigens den traurigen Mut gehabt, seinen Standpunkt noch einmal in einem „Schlußwort" zu verteidigen (Archiv f. öff. R., 26. Bd., S. 458 ff.). Wenn ich sage „seinen Standpunkt", so ist das allerdings ein Euphemismus. Denn in Wahrheit hat er wiederum einen anderen Standpunkt eingenommen. Die „Geschlossenheit der Kodifikation" hat sich im Laufe der Zeit so geändert, daß sie der Lückenhaftigkeit zum Verwechseln ähnlich sieht. „Überall wo er (Lukas) Lückenhaftigkeit der Kodifikation sieht, sehe ich Geschlossenheit", und er möchte sich nun mit Lukas gern darüber verständigen. Die Berufung auf das westgalizische Gesetzbuch will er dadurch entkräften, daß er einen Unterschied zwischen diesem und dem abGB. herausfindet. Jenes verweise nämlich den Richter auch auf „verwandte Gesetze". Genau der gleiche Hinweis findet sich aber auch im abGB. (Vgl. das Schlußwort von Lukas ebd. S. 465 ff.) Was soll man zu so skrupelloser Schriftstellerei, die die deutsche Wissenschaft nur bloßzustellen geeignet ist, überhaupt sagen?

[2] Vgl. Lukas, 26. Bd. S. 108 ff.

VI.

Der référé législatif oder die Anfrage bei Hof.

In seiner wiederholt erwähnten, interessanten und anregenden dogmengeschichtlichen Untersuchung „Zur Lehre vom Willen des Gesetzgebers" (Festgabe für Paul Laband, 1. Bd., S. 399 ff.) behandelt Lukas zwei Erscheinungen der absolutistischen Zeit, die authentische Interpretation, welche „in den Systemen des Privat-, Straf- und Prozeßrechts, die im wesentlichen noch an der alten, gemeinrechtlichen Theorie der Rechtsquellen festhalten", „ein imaginäres Dasein" fristet, und den référé législatif, d. h. die Verpflichtung des Richters, in Fällen des Zweifels über den gedanklichen Inhalt eines Gesetzes eine Äußerung des Gesetzgebers oder des mit dieser Funktion betrauten Regierungsorgans einzuholen und abzuwarten. Wie Lukas richtig anführt, kann man diese Verpflichtung auf doppelte Weise erklären: „Entweder man erklärt im Sinne der Willenstheorie, der Richter müsse die Äußerung des Monarchen deshalb abwarten, weil er den Willen des Gesetzgebers zu ermitteln habe und bei zweifelhafter Ausdrucksweise des Gesetzes der Gesetzgeber selbst doch am besten wissen müsse, was er mit dem Gesetze habe sagen wollen, — oder aber man erklärt klipp und klar: Die Lösung von Zweifeln über den Inhalt eines Gesetzes ist nicht mehr Rechtsanwendung, sondern bereits Rechtsschöpfung, gehört daher nicht mehr in den Wirkungskreis des Richters, sondern in den des Gesetzgebers, folglich muß der Richter in solchen Fällen die Wohlmeinung des Gesetzgebers einholen" (S. 408). Wenn er dann freilich fortfährt: „Diese letztere Konstruktion erfolgt also auf dem Boden der Lehre von der Gewaltentrennung," so ist dagegen dasselbe zu bemerken, was schon oben (S. 91) gegenüber Hatschek geltend gemacht wurde. Die Unterordnung der Rechtsprechung unter das Gesetz ist nicht auf die Gewaltentrennungslehre zurückzuführen. Unabhängig von aller „Gewaltentrennung" hatte der absolute Gesetzgeber das Bestreben, den Richter an seine Gebote zu binden [1]. Darum möchte ich dem juristisch-technischen

[1] Lukas (Arch. f. öff. R., 26. Bd., S. 112) bezeichnet es als ergötzliches Schauspiel, daß sich sowohl Anhänger als auch Gegner des référé auf das Dogma von der Gewaltentrennung beriefen. Das ist aber gar nicht verwunderlich. Handelt es sich um die Unabhängigkeit der beiden Gewalten von einander, so kann man ebenso gut im Interesse der Unabhängigkeit der richterlichen Gewalt gegen, wie im Interesse der Unabhängigkeit der gesetzgebenden Gewalt für den référé sein. Hält man sich aber vor Augen, daß die Gewaltenteilungstheorie den Absolutismus zu bekämpfen unternahm und daß der référé

Willensmoment das politische Moment der Subordination des Richters gegenüberstellen. Nicht darum allein handelt es sich, den Willen des seinerzeitigen Gesetzgebers, sondern den des gegenwärtigen zu ermitteln, und nicht darum allein wendet sich der Richter an den Gesetzgeber, weil dieser das Gesetz erlassen hat, sondern weil er auch gegenwärtig Gesetze zu erlassen befugt ist. Das kommt in der von Lukas selbst zitierten Constitutio Tanta (l. 2 § 21 C. 1, 17) klar zum Ausdruck: Si quid vero ... ambiguum fuerit visum, hoc ad imperiale culmen per iudices referatur et ex auctoritate augusta manifestetur, cui soli concessum est, leges et condere et interpretari. Der référé wird nicht bloß darauf gestützt, daß der Kaiser ein früheres Gesetz interpretieren, sondern auch darauf, daß er neue Gesetze erlassen kann. Wenn Justinian die rhetorische Frage stellt: Quis legum aenigmata solvere ... idoneus esse videbitur nisi is, cui soli legislatorem esse concessum est (l. 12 § 1 C. 1, 14), so sagt er nicht, derjenige könne am besten die Rätsel des Gesetzes lösen, der es verfaßt oder erlassen hat, sondern wer (auch jetzt, für die Gegenwart) Gesetze geben kann [1].

Lukas findet es (S. 412) begreiflich, „daß mit der Rezeption des römischen Rechts unser Rechtsgrundsatz auch auf deutschem Boden Eingang gefunden hat." „Die deutsche absolute Monarchie hält bis zum Ende des 18. Jahrhunderts an ihm fest." Wörtlich genommen, würden diese Äußerungen besagen, daß das Verbot der Auslegung zweifelhafter Gesetzesstellen durch den Richter und die Weisung, die kaiserliche Entschließung einzuholen, gleichzeitig mit dem römischen Recht nach Deutschland gelangt sei. Das ist nun selbstverständlich nicht der Fall gewesen. Niemals sind die deutschen Kaiser als Nachfolger der römischen Imperatoren zur Auslegung der römischen Rechtsquellen herangezogen worden. Mit den Bestimmungen Justinians wäre ja schon die Berücksichtigung der Glosse unverträglich gewesen [2].

---

ein absolutistisches Institut ist, so wird man die Berufung der Gegner des référé auf die Gewaltenteilung für richtiger halten.

[1] Ebendaselbst heißt es: Si enim in praesenti leges condere soli imperatori concessum est, et leges interpretari solo dignum imperio esse oportet ... tam conditor quam interpres legum solus imperator iuste existimabitur. Im principium wird gefragt: Quid enim maius, quid sanctius imperiali est maiestate? vel quis tantae superbiae fastidio tumidus est, ut regalem sensum contemnat, quum et veteris iuris conditores, constitutiones quae ex imperiali decreto processerunt legis vim obtinere, aperte dilucideque definiant?

[2] Vgl. Savigny, System des heutigen röm. Rechts, 1. Bd. S. 316: „Wenigstens kommt schwerlich in der ganzen Rechtsgeschichte ein Beispiel vor, worin eine allgemeine Gewohnheit so unzweifelhaft wäre, als die der Privatauslegung von Irnerius bis auf unsre Tage. Von unserm Standpunkte aus können wir freilich eine solche derogierende Gewohnheit nicht annehmen, da wir der römischen Vorschrift schon an sich selbst keine Anwendbarkeit beilegen". Justinian habe sein Verbot der Privatauslegung in unzertrennliche Verbindung mit einer jetzt verschwundenen Staatsanstalt, den kaiserlichen Reskripten, gesetzt. „Dadurch hat er dasselbe zu einem Stück des öffentlichen Rechts gemacht, und darum müssen wir dessen heutige Anwendbarkeit schon nach allgemeinen Grundsätzen verneinen."

Die Anfrage beim Gesetzgeber konnte nicht gleich dem römischen Privatrecht „rezipiert“, sondern nur kopiert werden, und dazu war Veranlassung und Möglichkeit erst mit der Entwicklung und Erstarkung des Absolutismus gegeben. Der deutsche Absolutismus ist aber jünger als die Rezeption[1]. Auch wenn man das römische Recht zu jenen Faktoren zählt, die der Entstehung der unumschränkten landesherrlichen Gewalt förderlich waren, muß man doch der Tatsache Rechnung tragen, daß es den Absolutismus nicht unmittelbar herbeigeführt hat. Die Rezeption des römischen Rechts, das doch als Kaiserrecht aufgefaßt wurde, vermag es nicht zu erklären, warum der Absolutismus als eine partikuläre Erscheinung in den einzelnen Territorien aufgetreten ist. Dafür waren eben die eigentümlichen Verfassungsverhältnisse des deutschen Reichs maßgebend, und auf diese ist denn auch der Einfluß des Landesherrn auf Gesetzgebung und Rechtspflege zurückzuführen. Die Fürsten ließen es sich angelegen sein, die Rechtspflege zu verstaatlichen. Sie traten der Befragung der Oberhöfe und der juristischen Fakultäten entgegen und setzten landesherrliche Appellationsgerichte ein, die das höchste Richteramt im Lande auszuüben hatten[2].

So ist im Jahre 1548 die böhmische Appellationskammer in Prag geschaffen worden, welche für alle Städte die höchste Instanz sein sollte. Auch aus Mähren und Schlesien solle „an keinen Schöppenstuhl weder Universität kein Rechtsbelernung gesucht noch Bei- oder Blindurteil genommen werden, sondern solches Alles bei gemeldten Unsern dazu verordneten Räten beschehen und die Appellation von den Gerichtsstellen, da es billig geschieht, gehen und genommen werden“[3]. „Rechtsbelernungen“ und Blindurteile[4] sollten ausschließlich von der königlichen Instanz ausgehen, und zwar sprach der König selbst durch den Mund des landesfürstlichen Gerichts. Die Erkenntnisse begannen mit den Worten: „Wir Ferdinand von Gottes Gnaden römischer, Hungarischer und Böheimbischer König usw.“ Erst ein Jahrhundert später (1644) wurde die prima persona, deren Anführung „allerlei Inkonvenientien nach sich führet“, durch die tertia persona, somit durch die Formel ersetzt: „Im Namen und von wegen der Röm. Kaiserl. auch zu Hungarn und Böheimb Königl. Majestät Unseres Allergnädigsten Herrn“[5]. Sicherlich haben wir es bei den „Rechtsbelernungen“ der landesherrlichen Gerichte mit einer Wurzel des späteren référé zu tun. Der Landesherr war

---

[1] Below, Die Ursachen der Rezeption des römischen Rechts in Deutschland, S. 55.

[2] Schultze, Privatrecht und Prozeß in ihrer Wechselbeziehung, S. 199.

[3] Schmidt, Monographie des k. k. böhmischen Appellationsgerichts, 1850, S. 41 ff. Ott, Beiträge zur Rezeptionsgeschichte des römisch-kanonischen Prozesses in den böhmischen Ländern, S. 217.

[4] Das Schöpfen von Blindurteilen wurde allerdings 1575 durch Landtagsschluß verboten. Es war das ein direkt gegen die königliche Macht gerichteter Schritt. Ott a. a. O. S. 264. Vgl. das Beispiel eines solchen Blindurteils bei Schmidt a. a. O. S. 49 f.

[5] Schmidt a. a. O. S. 44, 78. Weingarten, Codex Ferdinandeo-Leopoldino-Josephino-Carolinus, S. 244.

eben oberster Richter und Gesetzgeber. Erst der spätere Absolutismus betrachtete die Rechtsbelehrungen vorwiegend vom Standpunkt des Gesetzgebers.

Die Behauptung, daß „die deutsche absolute Monarchie“ am référé festhielt, ist wohl zu allgemein gehalten. Lukas führt zum Beleg bloß Bestimmungen des österreichischen und preußischen Rechts an[1]. Ob sich auch in anderen Territorien ähnliche Erscheinungen finden, geht aus seiner Darstellung nicht hervor. Es muß darum der rechtshistorischen Forschung überlassen bleiben, festzustellen, in welchen Ländern die Einholung von Rechtsbelehrungen vorgeschrieben war und welche Einrichtungen hiefür geschaffen wurden. Wir können uns hier bloß mit der österreichischen Entwicklung beschäftigen. Zu diesem Zwecke müssen wir allerdings hinter die von Lukas zitierte Josephinische Gerichtsordnung von 1781 zurückgehen. Denn dieses Gesetz ist nicht nur bei der Regelung des Prozeßrechts überhaupt, sondern insbesondere auch in der uns beschäftigenden Frage durch die böhmische Landesordnung wesentlich beeinflußt worden[2].

Die verneuerte Landesordnung für Böhmen vom 10. Mai 1627[3] wird durch die nachdrückliche Wahrung des absolutistischen Standpunktes gekennzeichnet, und zwar wird dafür die Formel gefunden, daß dem König das ius legis ferendae vorbehalten sei. Schon im Kundmachungspatent sagt der Monarch, er habe sich „nicht allein die königliche Macht, solche Unsere Landesordnung zu mehren, zu ändern, zu bessern, und was sonst das ius legis ferendae mit sich bringt, vorbehalten, sondern Uns auch gnädigst erboten, diejenigen Fälle, so in dieser Landesordnung nicht begriffen und hiebevor nicht durch geschriebenes Recht, sondern vielmehr nach Befund der Rechtssitzer und etwan auf vorhergegangene praejudicia erörtert worden, wann dieselbe, wie allbereit anbefohlen, zusammengetragen und Uns vorbracht werden, durch Constitutiones Regias zu dezidieren.“ In gleicher Weise wird der königliche Vorbehalt des ius legis ferendae im Gesetze selbst (A VIII) zum Ausdruck gebracht. Darin, daß dem König das Gesetzgebungsrecht allein zuerkannt wird, liegt eine schroffe Abweichung von den Landesordnungen von 1564 und 1549, in welchen sich die Herren und Ritter ausdrücklich das ihnen von jeher zukommende Recht gewahrt hatten, ihre Rechte mit Zustimmung des Königs zu mehren oder zu mindern[4]. Der Ausdruck Jus legis ferendae lehnt sich aber an das corpus iuris an. Justinian sagt in der Novelle 113 von sich: Nos enim quibus deus etiam potestatem leges ferendi dedit. Gleich Justinian will auch Ferdinand II. seinen Willen allenthalben zur Geltung

[1] Überdies verweist er auch auf die französische ordonnance civile touchant la réformation de la justice von 1667, sowie auf die spätere Gesetzgebung Frankreichs.

[2] Vgl. Ott a. a. O. S. 272, 289 f.

[3] Das gleiche gilt auch von der verneuerten Landesordnung für Mähren vom 10. Mai 1628.

[4] Z 4 bzw. X 18. Vgl. Rieger im Österr. Staatswörterbuch, 3. Bd. S. 369. Vgl. auch Kalousek, České státní právo, 2. Aufl., S. 435 f.

bringen. Die Lücken der Landesordnung sollen dem König mitgeteilt und werden von diesem durch königliche Konstitutionen entschieden werden. Genauer spricht sich darüber die Landesordnung in D 49 aus: „Wie nun im Versprechen[1] auf diese Unsere Verneuerte Landesordnung zu gehen und, so etwas daraus allegiert, von dem Declamatore fleißig zu notieren und von denen Landrechtsbeisitzern nachzuschlagen ist, also und obwohl vor diesem auf die Nález (wie sie genannt worden)[2] oder praeiudicata gesehen und fast die Urteil darauf gerichtet worden, jedoch, weil solches sehr gefährlich und dadurch große Ungerechtigkeiten begangen werden können, auch dergleichen praeiudicata öfters einander selbst zuwider, zudem ihrer sehr wenigen bekannt sein: als haben Wir gnädigst anbefohlen, daß Unsere Land-Offizierer und Landrechts-Beisitzer, wie auch andere, so derselben Präjudikaten oder Nález am besten erfahren, die zweifelhaftigen Fälle, so bishero mehrern teils durch die Nález haben entschieden werden müssen und so in dieser Unserer Landesordnung sich nicht befinden, zusammentragen, dieselben in Ordnung bringen und nachmals neben ihrem Gutachten bei einem jeden Fall oder zweifelhaftigen Rechtsfrag Uns solches zu Unserer decision (welche darauf unfehlbar erfolgen wird) zu Handen Unserer Königlichen Böhmischen Hofkanzlei einantworten sollen. Inmittelst aber soll allein nach dieser Unserer Verneuerten Landesordnung, auch wann sich etwan ein Fall ereignete, so in der Landesordnung nicht erörtert, in dem Stadtrecht aber sich desselben Dezision befünde, nach dem Stadtrechten, weil längst darauf gegangen, wie zwischen demselben und dem Landrechten eine Konformität gemacht werde, judiziert und in diesen wie in allen anderen Rechten nicht allein auf die Wort, sondern auch die rationes legis gegangen werden.“

Diese Bestimmung wird mitunter so verstanden, daß die Lücken der Landesordnung zunächst aus dem Stadtrecht zu ergänzen sind und daß in jenen Fällen, die auch im Stadtrecht nicht entschieden sind, die landesfürstliche Dezision einzuholen ist[3]. Wäre das richtig, so würde schon die Landesordnung

---

[1] d. h. Urteilen. Die Überschrift des Titels (vor D 43) lautet: „Von Urteilen und Rechts-Sprüchen, so auf Erkäntnus der Sache gesprochen werden.“

[2] Nach den böhmischen Stadtrechten von 1579 wurde zwischen rozsudek und nález (tschechische Ausdrücke für Urteil, Erkenntnis) in dem Sinne unterschieden, daß als rozsudek oder ortel jenes Urteil bezeichnet wurde, welches sich auf geschriebenes oder Gewohnheitsrecht stützte, während nález das vom Richter frei gefundene Urteil war (nalézti = finden). Es war hier also die „freie Rechtsfindung“ ausdrücklich anerkannt. (Vgl. Kalousek a. a. O. S. 348, Schmidt v. Bergenhold, Gesch. der Privatrechtsgesetzgebung und Gerichtsverfassung im Königr. Böhmen, 1866, S. 138.) Die verneuerte L.-O. stellt (D 50) dem nález die weypowěd gegenüber und hebt den Unterschied zwischen beiden auf. Die in der vorigen Note zitierte Titelüberschrift lautet im tschechischen Text: O ortelich, nálezich a výpovědech, kteréž se po rozeznání pře vynášejí. (Jireček, Vern. L.-O., S. 190. Vgl. auch Celakovský, Povšechné české dějiny právní, S. 38.)

[3] Krainz-Ehrenzweig, System des österr. allg. Privatrechts, 5. Aufl., 1. Bd. S. 26. Čelakovský a. a. O. S. 35. Vgl. auch Kalousek a. a. O. S. 447. Bei Krainz-Ehrenzweig werden als Belegstellen K 1, D 45 zitiert. D 45 ist

den référé vorschreiben. Tatsächlich ist das nicht der Fall. Die königlichen Dezisionen, welche in D 49 in Aussicht genommen sind, sind Novellen zur Landesordnung, aber nicht Weisungen für den Einzelfall. Dieser muß vielmehr vom Richter entschieden werden, der dabei auch auf die rationes legis Bedacht zu nehmen hat. Sein Urteil hat allerdings keine weiterreichende Bedeutung. Es ist nicht ein für künftige Fälle verbindliches Präjudikat. Aber freilich ließ die Einführung des référé nicht lang auf sich warten. Im Jahre 1630 erging ein kaiserliches Reskript, dessen Inhalt in Weingartens Codex (S. 154) dahin zusammengefaßt wird, „daß in casibus dubiis an Ihro Majestät um Belernung zu rekurrieren" ist. Wir finden die einschlägige Bestimmung in den Königlichen Deklaratorien und Novellen Ferdinands III. von 1640 unter C c 5. Sie lautet:

> „Nachdem in der verneuerten Landesordnung D 49 zwar konstituieret und ausgemessen, daß in denen Fällen, so in der neuen Landesordnung nicht erörtert, in den Stadtrechten aber sich derselben Dezision befinde, nach den Stadtrechten das Urteil gefället werden solle, dabei aber weiter nicht versehen, wohin in denen Fällen, welche auch in den Stadtrechten nicht begriffen, zu rekurrieren, und nun solches eine Sache ist, so billig seine Gewißheit haben soll: als setzen, ordnen und wollen Wir, daß man nicht wiederumb zu den ungewissen und gefährlichen Praeiudicatis kommen, sondern solche zweifelhaftige Fälle an Uns als regierenden König zu Böheimb und deme das ius legis ferendae zustehet, gelangen lassen und darüber Unsern allergnädigsten Aussatz einholen solle."

Jetzt erst ist dem Richter die selbständige Lückenausfüllung verboten. Er muß in allen im Gesetze nicht entschiedenen Fällen den „königlichen Aussatz" einholen, und die Kompetenz des Königs wird aus dem ius legis ferendae abgeleitet. Das Gesetz nach seiner ratio auszulegen, ist der Richter nach wie vor berechtigt [1]. Indessen zeigt doch der Umstand, daß von „zweifelhaften" und nicht bloß von unentschiedenen Fällen die Rede ist, wie schwer sich hier die Grenze ziehen läßt [2]. Tatsächlich waren es dubia, deren Entscheidung vom Monarchen erbeten wurde, und dieser nahm die Anfragen mit Wohlgefallen entgegen [3].

---

ein offenbarer Druckfehler für D 49. Was aber K 1 betrifft, so ist damit dieselbe Stelle gemeint, welche Ott a. a. O. S. 271 als J 27 bezeichnet. Die Wahrheit liegt hier buchstäblich „in der Mitte". Mit J 27 schließt der erste, mit K 1 beginnt der zweite Teil der L.-O., und das prooemium zum zweiten Teil enthält die einschlägige Bestimmung.

[1] Für die Untergerichte bestimmt ein kaiserl. Reskript von 1661 (Weingarten S. 341), daß sie „allerdings dem buchstäblichen Inhalt der Rechten nachgehen und denen gemäß urteilen sollen".

[2] Ein Appellationsgutachten von 1641 (Weingarten S. 219) legt dem Kaiser einen „casus dubius et indecisus" zur Entscheidung vor.

[3] Vgl. Weingarten S. 452 (1680): „Gleichwie ihr nun gar recht getan, daß in dergleichen casibus dubiis zu Uns als Legislatorem ihr gehorsamst rekurrieret seiet"

An der Anfragepflicht wurde nun anläßlich der Kodifikation des Zivilprozeßrechts unter Joseph II. festgehalten. Mit kaiserlichem Patent vom 1. Mai 1781 Nr. 13 JGS. wurde die allgemeine Gerichtsordnung mit dem landesfürstlichen Befehl kundgemacht, daß jeder, welcher im Geltungsgebiet des Gesetzes „Recht zu suchen oder zu sprechen oder einen Spruch zur Exekution zu bringen hat, sich nach der Vorschrift dieser allgemeinen Gerichtsordnung achten, auch der Richter einer Verjährung, widrigem Gebrauch oder wie immer gearteten Auslegung nicht stattgeben, sondern in zweifelhaften Fällen" die Entschließung des Kaisers einholen solle. Genauer spricht sich darüber der im 39. Kapitel „Von dem Richter" enthaltene letzte Paragraph der allgemeinen Gerichtsordnung aus:

„§ 437. Die Richter sollen verfahren und sprechen nach dem wahren und allgemeinen Verstande der Worte dieses Gesetzes und unter keinem erdenklichen Vorwande eines Unterschiedes zwischen den Worten und dem Sinne des Gesetzes, einer von der Schärfe der Rechte unterschiedenen Billigkeit oder eines widrigen Gebrauchs und dgl. von der klaren Vorschrift dieser Gerichtsordnung abweichen; nur dann, wenn ein Fall ihm vorkäme, der zwar in dieser Gerichtsordnung nicht entschieden wäre, aber mit einem anderen in selber entschiedenen Falle eine vollkommene Ähnlichkeit hätte, ist dem Richter gestattet, den nicht ausgedrückten Fall nach jener Vorschrift zu entscheiden, die für den ausgedrückten Fall bestimmt ist; sollte aber über den Verstand des Gesetzes ein gegründeter Zweifel vorfallen, so wird solcher nach Hof anzuzeigen und die Entschließung darüber einzuholen sein; würde aber ein Richter die Streitsachen wider diese Ordnung verzögern oder die Parteien sonst beschweren, so hätte er für allen Schaden zu haften."

Sehen wir von dem letzten Satz über die Syndikatshaftung ab, so enthält § 437 folgende Bestimmungen:

1. Für den Richter ist nur das Gesetz maßgebend, nicht etwa die Billigkeit oder ein dem Gesetze widersprechendes Gewohnheitsrecht („widriger Gebrauch") [1].

2. Maßgebend ist der Wortlaut (die klare Vorschrift) des Gesetzes. Ein Unterschied zwischen den Worten und dem Sinne des Gesetzes darf nicht gemacht werden. (Also Verbot der „Auslegung", wie im Kundmachungspatent [2]).

3. Enthält das Gesetz eine Lücke, so ist diese dann durch Analogie auszufüllen, falls ein im Gesetz entschiedener Fall mit dem nicht entschiedenen eine „vollkommene Ähnlichkeit" hat.

4. Bei gegründeten Zweifeln über den Verstand eines Gesetzes ist die Anzeige nach Hof zu machen und die Entschließung darüber einzuholen.

(Es handelt sich um die Erklärung des Wortes „Steuern" in Nov. E e 30 im Zusammenhang mit Nov. E e 33.), ferner S. 560 (1692): „Gleichwie nun daran gar wohl beschehen, daß ihr in diesem zweifelhaftigen Casu zuvörderst angefraget habet".

[1] Vgl. Menger, System des österr. Zivilprozeßrechts, 1. Bd., S. 86: „consuetudo contra ius."

[2] Vgl. JGS. 255: „es seie sich genau an den Buchstaben der Jurisdiktionsnorma zu halten, in welcher usw."

Nicht ausdrücklich erwähnt wird der Fall, wenn die Lücke des Gesetzes wegen Mangels der vollkommenen Ähnlichkeit anderer Fälle nicht ausgefüllt werden kann. Aber offenbar bezieht sich auch hierauf die Vorschrift der Anzeige nach Hof. Wenn das Kundmachungspatent davon spricht, daß die Entschließung des Kaisers („Unsere Entschließung") einzuholen ist, während die Gerichtsordnung selbst Anzeige nach Hof vorschreibt, so widersprechen sich beide Bestimmungen nicht. Denn der Richter konnte ja mit dem Kaiser nicht anders verkehren als durch den „Hof", d. h. durch die Hofstellen. Nach außen hin waren Kaiser und Hofstelle (Zentralbehörde, dem heutigen Ministerium entsprechend) eins. Der Kaiser bediente sich der Hofstelle als seines Organs. Inwieweit die Hofstelle ohne spezielle Weisung des Kaisers vorgehen durfte, war eine interne Frage, die den Außenstehenden nichts anging. Ein „Hofdekret" hatte die gleiche verbindliche Kraft wie ein die Unterschrift des Kaisers tragendes Patent. Umgekehrt wurden die an die Hofstelle gerichteten Bittschriften „an Seine Majestät" adressiert [1]. Dabei ist zu beachten, daß Justiz und Justizverwaltung noch nicht getrennt waren. Die Hofstelle, die in Justizsachen kompetent war, die „oberste Justizstelle", war zugleich oberstes Gericht und Justizverwaltungsbehörde. Sie war das dem Richter in jeder Hinsicht vorgesetzte Organ [2].

Die Vorschrift des § 437 bezieht sich ausschließlich auf die Handhabung der Gerichtsordnung. Sie hat keine darüber hinausgehende Bedeutung. Nicht wenn irgendwelche Gesetze dunkel sind, sondern wenn die Gerichtsordnung zu Zweifeln Anlaß gibt, ist die Hofentschließung einzuholen. Daß das richtig ist, geht aus dem gleichzeitigen Kundmachungspatent zur allgemeinen Konkursordnung hervor, in welchem es heißt: „Und obschon Wir in dieser allgemeinen Ordnung auch die Vorzugsrechte der Schuldforderung genau bestimmt haben und daher alle in diesem Gesetze nicht enthaltene Prioritäten als aufgehoben und unwirksam erklären, so wollen Wir jedoch in dem einzigen Punkte, wo Wir ein gleiches Recht in allen Landen herzustellen, folglich in der allgemeinen Konkursordnung das Recht dermalen schon zu erschöpfen nicht befunden, nämlich in Beziehung auf den § 16 Unsern gesamten Gerichtsbehörden gestatten oder Wir legen ihnen vielmehr zur Pflicht auf, daß, wann dieselbe ob der Klassifizierung der landesfürstlichen Gaben und Herrschaftsforderungen dermalen in jedem Lande bestehende besondere Rechte nicht hinlänglich bestimmt, sondern einer gegründeten Zweideutigkeit ausgesetzt erachten sollten, sie Uns die diesfälligen Zweifel vorzulegen und von Uns auch hierinnen für jedes

[1] Beilage 1 zur Zirkul.-Vdg. vom 23. Jan. 1782 Nr. 32 JGS. Vgl. für die spätere Zeit Hfd. v. 18. Juli 1807 JGS. 815: „An Seine k. k. Majestät zu Handen der k. k. obersten Justizstelle."

[2] Als fachmännisches Organ für die Beantwortung der Anfragen wurde auch die mit den Kodifikationsarbeiten betraute Kompilationskommission herangezogen. (Vgl. z. B. JGS. 711.) Harrasowsky, Geschichte der Kodifikation des österr. Zivilrechts, S. 152. Auch ergab sich mitunter die Notwendigkeit, mit einer anderen Hofstelle das Einvernehmen zu pflegen.

Land, wo hiezu eine Notwendigkeit einschreitet, ein bestimmtes Gesetz anzusuchen gehalten sein sollen. Wo dagegen in allem übrigen sich nach der Vorschrift des Gesetzes zu achten, keiner Auslegung oder Erweiterung stattzugeben ist." Der hier bezogene § 16 lautet: „Die landesfürstlichen Gaben und die obrigkeitlichen Forderungen sind so zu klassifizieren, wie es bisher kraft der bestehenden Gesetze üblich war."

Die Handhabung der Konkursordnung selbst ist also unter Ausschluß jeder Auslegung und Analogie („Erweiterung") den Richtern überlassen. Bloß wenn es sich um die Anwendung älterer Gesetze (und Gewohnheiten) handelt, sollen sie ihre Zweifel vorlegen. Diese Bestimmung ist deshalb interessant, weil sie die obige Behauptung bestätigt, daß auch der absolute Staat die Richter nicht bloß darüber belehren wollte, was der Gesetzgeber beabsichtigt hat, sondern auch darüber, was er augenblicklich beabsichtigt. Die Vorlegung der Zweifel wird hier auf einem Gebiete angeordnet, auf welchem die Kodifikation des Konkursrechts absichtlich nicht zu Ende geführt war. Es handelt sich zwar nicht um eine formelle Lücke des Gesetzes. Denn dieses enthält ja im § 16 eine ganz klare und ausreichende Bestimmung. Aber es soll eben materiell nicht die Konkursordnung, sondern das ältere Recht gelten, und dieses ältere, zum Teil auf Gewohnheiten beruhende Recht kann zweifelhaft sein. Über die Änderung dieses Rechtszustandes behält sich der Gesetzgeber seine Entschließungen vor. Im übrigen ist es nicht ganz klar, ob das „bestimmte Gesetz", welches anzusuchen ist, auf den konkreten Fall noch einwirken soll, ob es sich also hier um einen référé im eigentlichen Sinne des Worts handelt oder nicht[1].

Blättert man in der Justizgesetzsammlung, so findet man nun eine ganze Reihe von Hofdekreten, welche Anfragen „über die Gerichts- und Konkursordnung" erledigen. Die Praxis scheint also zwischen beiden Gesetzen nicht unterschieden zu haben. (Vgl. z. B. JGS. 61.) Die Behandlung solcher Hofdekrete wird dann selbst zum Gegenstand eines Hofdekrets, welches verfügt: „Jene in den Gegenständen der Justizregulierung einfließende höchste Entschließungen, wo die Erläuterung nicht in einer Dunkelheit des Gesetzes, sondern in den irrigen Begriffen liegt, mit welchen ein oder andere Gehörde das Geschäft aufgenommen hat, seien nur jenen Gehörden zu intimieren, welche die Anfrage gestellt und zu der höchsten Entschließung ohne hinlänglichen Grund Gelegenheit geboten haben, wo dagegen, wenn durch die höchste Entschließung ein allgemeiner Zweifel behoben wird, dieselbe allen Justizgehörden intimiert werden muß." (Hfd. v. 29. Juli 1782 JGS. 64.) Man sieht also, daß die Hofstelle mit unnützen Fragen behelligt worden ist. In der Tat kann man aus den Antworten häufig einen Tadel heraushören, z. B.: „Die Worte des § 251 der Gerichtsordnung drücken die Absicht des Gesetzes klar aus usw." (JGS. 135). „Da das Gesetz § 236 deutlich und allgemein ordne,

---

[1] „Gesetz" hatte ja damals noch nicht jene technische Bedeutung wie heute. Vgl. das Wort „Gesetze" in der Resolution vom 31. Oktober 1785 JGS. 489.

daß usw." (JGS. 179). Die Aufnahme in die Justizgesetzsammlung soll der Wiederholung derselben Anfragen steuern [1]. Neben Erläuterungen, die auf Anfragen ergehen, finden sich aber auch solche „über Untersuchung" eines Gerichts (z. B. JGS. 266, 306, 335). Die Gerichte sind eben der Hofstelle vollständig unterworfen und sie müssen in gleicher Weise Belehrungen befolgen, die sie erbeten haben, wie solche, die ihnen von Amts wegen erteilt werden [2]. Nur wenn man sich das vor Augen hält, kann man die Einrichtungen des absolutistischen Staates überhaupt verstehen.

Der Kodifizierung des Prozeßrechts folgte jene des bürgerlichen Rechts nach. Unter Kaiser Joseph kam aber bloß der erste Teil des bürgerlichen Gesetzbuchs zustande, und dieser wurde mit Patent vom 1. November 1786 (JGS. 591) kundgemacht. Das Patent schließt mit folgendem Satz: „Zugleich werden Richter und Untertanen an den wahren und allgemeinen Verstand der Worte dieses Gesetzes angewiesen und sollen sie unter keinem ersinnlichen Vorwand von der Vorschrift desselben abweichen. Nur wenn dem Richter ein Fall, der in dem Gesetze nicht bestimmt wäre, oder ein gegründeter Zweifel über den Verstand des Gesetzes auffiel, soll die höchste Entschließung durch die vorgesetzte Behörde eingeholt werden." Wie in der Gerichts- und Konkursordnung ist auch hier bloß von dem gerade vorliegenden Gesetz die Rede. Anders im ersten Hauptstück des Josephinischen Gesetzbuchs, welches „von den Gesetzen" überhaupt handelt. In sehr charakteristischer Weise wird hier das Glaubensbekenntnis des aufgeklärten Absolutismus zum Ausdruck gebracht. Ausgegangen wird von der Pflicht des Landesfürsten, die Rechte der Untertanen deutlich zu bestimmen und ihre Handlungen so zu leiten, wie es der allgemeine und besondere Wohlstand fordert, und sodann wird die Verbindlichkeit aller im ordentlichen Wege kundgemachten Gesetze aus der dem Landesfürsten eigenen obersten Gewalt [3] erklärt. Gegen die bereits erlassenen oder erst zu erlassenden Gesetze „soll keine Gewohnheit bestehen und Kraft haben, sie möge gleich in allen Erbländern allgemein oder im einzelnen Ort eingeführt sein. Und werden hiemit alle vor diesem Gesetz schon bestehenden Gewohnheiten gänzlich aufgehoben und außer Kraft gesetzt, auch diejenigen, welche

[1] Hfd. v. 29. Dezember 1785 JGS. 509: „Da in der Sammlung der Gesetze und Verfassungen im Justizfach unter Seiner Majestät Regierung auch jene Anordnungen und Weisungen enthalten sind, die derzeit nur an einzelne Stellen über besondere Anfragen erlassen worden, als sollen die Gerichtsstellen, wann ihnen etwa in Zukunft ähnliche Zweifel auffallen sollten, welche durch sotane Belehrungen die Aufklärung und Behebung bereits überkommen haben, sich dieselbe ihres Orts aus diesen Anordnungen von selbsten aufklären und beheben."

[2] Vgl. z. B. die Resolution vom 31. Oktober 1785 JGS. 489, in welcher durch das Untersuchungsgeschäft veranlaßte Weisungen mit Belehrungen auf Grund von Anfragen vereinigt werden.

[3] Im § 14 wird geradezu von der „gesetzgebenden Gewalt" gesprochen. Damit wird natürlich nicht auf die Gewaltentrennungslehre Bezug genommen. Vielmehr handelt es sich nur um eine Übersetzung des ius legis ferendae. (Vgl. § 627 a b GB.)

in der Zukunft jemals einzuführen versucht werden sollten, wirkungslos und als strafbares Beginnen erkläret" (§ 9). „Auch in denjenigen Fällen, worüber in den Gesetzen nichts verordnet ist, ist keine Gewohnheit zulässig noch von einer verbindenden Kraft. Soll in dergleichen Fällen eine allgemeine und gewisse Anordnung für notwendig oder doch ersprießlich gehalten werden, ist dieselbe bei dem Landesfürsten zu suchen." (§ 10.) Es ist zu beachten, daß hier nicht gesagt wird, wer die landesfürstliche Anordnung ansuchen soll. Die Norm ist nicht etwa auf Richter eingeschränkt, sowie ja auch im Kundmachungspatent die Pflicht, das Gesetz genau nach seinem Wortlaut auszulegen, Richtern und Untertanen auferlegt ist. „Auf eine Gewohnheit kann nur dann gesehen werden, wenn ein Gesetz zwar die Hauptsache entscheidet, in Betreff der Umstände aber dabei sich auf den Landesgebrauch und die bisherige Beobachtung bezieht" (§ 11). Welche Voraussetzungen aber erfüllt sein müssen, damit eine solche Gewohnheit verbindlich sei, wird im Gesetz (§§ 11 ff.) genau bestimmt. „Die erlassenen Gesetze sind stets nach dem eigenen und allgemeinen Verstande der Worte zu nehmen. Niemand (auch hier ist nicht bloß vom Richter die Rede) ist berechtigt, sich einer rechtskräftigen Auslegung anzumaßen noch unter dem Vorwande eines Unterschiedes zwischen den Worten und dem Sinne der Gesetze solche zu erweitern oder einzuschränken. Auch soll kein Richter unter Vorschützung einer von der Strenge der Rechte unterschiedenen Billigkeit von der klaren Vorschrift der Gesetze abgehen. In denjenigen Fällen aber, wo der Richter durch die Gesetze selbst angewiesen wird, auf Person, Zeit, Ort und andere Umstände zu sehen, liegt ihm ob, alle diese bei der Handlung unterlaufende Umstände nach der natürlichen Billigkeit zu beurteilen" (§ 24). „Auch sonst jedermann, besonders Parteien bei Rechtsstreitigkeiten und ihre Rechtsfreunde, haben sich aller gekünstelten Auslegung der Gesetze, aller Ausdeutung, Erweiterung oder Beschränkung derselben durch Gewohnheiten zu enthalten. Nicht nur, daß auf Wendungen dieser Art keine Rücksicht zu nehmen ist, sondern wenn geflissentliche Wortverdrehung oder Arglist wahrgenommen würde oder wenn wider die klare Vorschrift der Gesetze eine widrige Gewohnheit angeführt würde, soll gegen den Anführenden nach richterlichem Ermessen noch mit scharfer Strafe vorgegangen werden" (§ 25). „Wenn dem Richter ein Zweifel vorfiele, ob ein vorkommender Fall in dem Gesetze begriffen sei oder nicht? wenn ihm das Gesetz dunkel schiene oder falls besondere und sehr erhebliche Bedenken der Beobachtung desselben entgegenstünden, soll die Belehrung allzeit von dem Landesfürsten gesuchet werden. Aber wenn ein Fall zwar nicht wörtlich in dem Gesetze ausgedrückt, jedoch in den Umständen und der ganzen Beschaffenheit der Sache mit einem anderen ausdrücklich entschiedenen Fall vollkommen gleich wäre, so ist zwar dem Richter den unentschiedenen Fall nach dem entschiedenen zu beurteilen gestattet; doch soll ein solcher Fall jedesmal dem Landesfürsten angezeiget werden" (§ 26). „Die von dem Landesfürsten erteilten besonderen Begünstigungen sind ebenfalls nach dem buchstäblichen Inhalte zu nehmen und, wenn sich über den eigentlichen Sinn derselben erhebliche Anstände äußerten, ist der Fall dem Landesfürsten zur Entscheidung vorzulegen ..." (§ 27).

Man muß alle diese Bestimmungen im Zusammenhang lesen, um ihre Tendenz zu verstehen. Sie stehen im Dienste des Absolutismus und des Zentralismus. Der Landesfürst will, daß sein Wille, sein Gesetz als Richtschnur diene und nicht ein unabhängig davon entstandenes Gewohnheitsrecht gelte [1]. Er verbietet das Gewohnheitsrecht nicht nur direkt und er straft nicht nur die Berufung darauf, sondern er sucht auch alle Quellen zu verstopfen, aus denen es unvermerkt doch einströmen könnte. Darum wird jede vom Buchstaben des Gesetzes abweichende Auslegung verboten. Zwischen den Worten und dem Sinn der Gesetze bestehe kein Unterschied [2]. Werde er behauptet, so sei das nur ein „Vorwand", um vom Gesetze abzuweichen. Ganz gleich verhält es sich mit der „Vorschützung" der Billigkeit, die von der Strenge der Rechte unterschieden werde. Der Richter darf von der klaren Vorschrift des Gesetzes nicht aus Billigkeitsgründen abgehen. Bloß dann darf er die „natürliche" Billigkeit zur Geltung bringen, wenn das Gesetz selbst dafür Raum läßt. Analogie ist nur zugelassen, wenn ein ausdrücklich im Gesetze geregelter Fall dem nicht geregelten den Umständen und der Beschaffenheit der Sache nach „vollkommen gleich" ist [3]. Und selbst dann — das ist, wie später auch authentisch erklärt wurde, eine Neuerung gegenüber der Gerichtsordnung — muß der Fall (und wohl auch die Entscheidung des Falles) dem Landesfürsten angezeigt werden. Wird auf solche Weise die Freiheit des Richters wesentlich eingeschränkt, so muß eben in anderer Weise dafür gesorgt werden, daß eine dem Einzelfall entsprechende Entscheidung zustandekomme. Denn der aufgeklärte Absolutismus stellt sich nicht auf den formalen Standpunkt: sic volo sic iubeo, sondern er will, wie es im § 1 heißt, „den allgemeinen und besonderen Wohlstand" fördern. Diese Förderung ist aber ausschließlich Recht und Pflicht des Landesfürsten, und dieser allein hat darum Härten des Gesetzes zu mildern, seine Mängel zu beseitigen. Der Richter soll darum, wenn es nötig ist, die Belehrung des Landesfürsten einholen. Das Gesetz unterscheidet in dieser Hinsicht ganz logisch drei Fälle:

1. wenn dem Richter ein Zweifel vorfiele, ob ein vorkommender Fall im Gesetze begriffen sei. Hier handelt es sich also um Lücken des Gesetzes. Die

---

[1] Vgl. Harrasowsky a. a. O. S. 146.

[2] Bei Pfaff-Hofmann, Kommentar zum österr. allg. bürg. Gesetzbuch, 1. Bd., S. 18, wird eine satirische Schrift aus dem Jahre 1788 zitiert, welche den Titel führt: „Sonnenklarer Kommentar des sonnenklarsten Buchstabens der neuen Gesetze von Herrn Schlendrian, obersten Richter zu Tropos."

[3] Wie ist es möglich, daß zwei Fälle von einander verschieden und doch vollkommen gleich sind? In der Gerichtsordnung war von vollkommener „Ähnlichkeit" die Rede. In diesem Sinne wird denn auch das bürgerliche Gesetzbuch im Hofdekret JGS. 648 interpretiert. Pfaff-Hofmann S. 169 sprechen von „ganz schlagender Analogie".

Belehrung des Landesfürsten ist ein Ersatz für die (nur mit einer praktisch kaum in Betracht kommenden Ausnahme) verbotene Analogie [1].

2. wenn ihm das Gesetz dunkel schiene. Hier soll ein Ersatz für die verbotene Auslegung nach dem Sinne der Gesetze geschaffen werden. Niemand ist berechtigt, sich einer „rechtskräftigen" Auslegung anzumaßen. Rechtskräftig auslegen kann das Gesetz nur der Landesfürst.

3. Falls besondere und sehr erhebliche Bedenken der Beobachtung des Gesetzes entgegenstünden. Nicht der Richter darf die Billigkeit zur Geltung bringen, sondern nur der Monarch, der ja ohnedies ein nach keiner Richtung beschränktes Gnaden- und Dispensationsrecht hat [2].

Wiederum finden wir in der Justizgesetzsammlung die Erledigung zahlreicher Anfragen und eine von diesen bezieht sich auf den référé selbst. Das böhmische Appellationsgericht fragt an, ob der § 26 Cap. I des ersten Teiles des bürgerlichen Gesetzbuchs den § 437 der allgemeinen Gerichtsordnung aufgehoben habe. Die Antwort (Hfd. vom 7. März 1787 JGS. 648) lautet: Der § 26 habe an dem § 437 nichts anderes geändert, „als daß die vorhin in die Willkür des Richters gesetzte Anzeige, wann von selbem ein in dem Gesetze nicht ausgedrückter Fall nach einem vollkommen ähnlichen, in dem Gesetze ausgedrückten Fall entschieden worden, ihm Richter durch das spätere Gesetz zur Pflicht gemacht worden. Übrigens kann in diesen Fällen der Richter allerdings mit Schöpfung und Kundmachung des Urteils vorgehen". Die Anfrage ist gewiß bezeichnend für die Ängstlichkeit der Gerichte, welche sich selbst in einem so einfachen Fall keine selbständige Meinung erlaubten. Was aber die Antwort betrifft, so soll sie offenbar nur sagen, daß die beiden Paragraphen — bis auf den gedachten Punkt — übereinstimmen, nicht aber, daß § 437 noch neben dem auf alle Gesetze bezüglichen § 26 gelte. § 437 ist vielmehr im § 26 aufgegangen. Daß dem so war, zeigte sich, als § 26 aufgehoben wurde. Hätte § 437 seine selbständige Geltung neben dem bürgerlichen Gesetzbuch behauptet, so wäre er von der Aufhebung des § 26 nicht betroffen worden. Die Praxis erklärte ihn aber mit Recht für antiquiert [3].

Da sich das erste Hauptstück des bürgerlichen Gesetzbuchs auf alle Gesetze bezog, so brauchte das Josephinische Strafgesetz (1787) nicht ähnliche Bestimmungen zu treffen. Es schärfte nur neuerlich dem Kriminalrichter die buchstäbliche Beobachtung des Gesetzes bei der Strafzumessung ein [4].

---

[1] Darnach ist der Satz von Lukas S. 422 „In Österreich steht das Josephinische Gesetzbuch v. J. 1786 bereits auf dem Standpunkt, daß die Analogie zulässig sei" zu berichtigen. Das Josephinische Gesetzbuch geht über die Gerichtsordnung keineswegs hinaus.

[2] Vgl. auch § 3 i. f.

[3] Vgl. Menger a. a. O. S. 122 f.

[4] 1. Teil § 13. Eine weniger scharfe Fassung im § 8 des 2. Teils: „Die politische Obrigkeit ist in Ausmessung der Strafe an gegenwärtiges Strafgesetz gebunden." § 165 der Kriminalgerichtsordnung von 1788: Wenn der Untersuchte des Verbrechens überwiesen ist, „so muß durch das Urteil auf diejenige Strafe erkennet werden, die nach dem Buchstaben des Strafgesetzes über das erwiesene Verbrechen verhängt ist." Wohl hat aber

In der Tat ergehen auch Anfragen über die Auslegung des Strafgesetzes (vgl. JGS. 683, 703) und das Hofdekret vom 10. Juli 1787 JGS. 691 beruft sich bei einer solchen Auslegung geradezu auf das bürgerliche Gesetzbuch [1].

Der référé war in Österreich nur eine vorübergehende Erscheinung. Lukas ist das Mißgeschick widerfahren, daß sich in seine erste Schrift teils ergänzungsbedürftige, teils unrichtige Angaben über die Aufhebung des référé in den einzelnen Staaten eingeschlichen haben. Für Frankreich und Preußen hat er in seiner Archivabhandlung die Richtigstellung selbst besorgt (S. 70, 111), für Österreich muß sie hier erfolgen. Er schließt aus dem Josephinischen Gesetzbuch, daß die ganze Entwicklung „sichtlich der vollständigen Aufhebung des référé" zustrebte, und er meint, daß die völlige Beseitigung dieser Institution durch das westgalizische Gesetzbuch erfolgt sei. Es ist wohl anzunehmen, daß er dabei die selbstverständliche Einschränkung macht, daß das westgalizische Gesetzbuch den référé nicht für Österreich, sondern nur für Galizien aufgehoben habe. Aber auch so ist weder die erste noch die zweite Ansicht richtig. Das Josephinische Gesetzbuch hat den référé keineswegs eingeschränkt, sondern im Gegenteil erst zu einer allgemeinen Einrichtung gemacht. Andererseits hat aber die Anfrage bei Hof nicht bis zum westgalizischen Gesetzbuch vorgehalten, sondern sie ist schon mit Patent vom 22. Februar 1791 JGS. 115 beseitigt worden.

„Da die wohlgemeinten Absichten der Gesetzgebung," sagt dieses Patent, „welche bei den unter dem 1. November des Jahres 1786 in dem ersten Teil des allgemeinen bürgerlichen Gesetzbuchs herausgegebenen wie auch einigen

---

die Oberinstanz ein Milderungsrecht. Zwischen Milderungsrecht und référé besteht ein gewisser Zusammenhang, der aber hier nicht untersucht werden kann.

[1] „Sowie gemäß § 24 des ersten Kapitels des bGB. die erlassenen Gesetze nach dem eigenen und allgemeinen Verstande der Worte zu nehmen seien, so sei sich diese Regel auch über die Frage gegenwärtig zu halten, was für eine Zeit unter dem in dem Gesetze über Verbrechen und Strafen in dem ersten Teile § 160 ad c vorkommenden Ausdruck zur Nachtzeit zu verstehen sei." (Vgl. § 180 des geltenden Strafgesetzes.) Die Antwort ist in Wahrheit eine Ablehnung der Antwort. Der Iglauer Magistrat hatte jedenfalls ein ganz spezielles Bedenken geäußert. Die „Nachtzeit" erschien ihm „dunkel". Das Hofdekret läßt sich darauf nicht ein und überläßt es dem Magistrat, das Gesetz selbst auszulegen. Man sieht, die Hofstelle wird schon ungeduldig. Das oben zitierte Hofdekret JGS. 64 hatte noch an der Beantwortung grundloser Anfragen keinen Anstoß genommen. — Am 2. November 1787 (JGS. 739) wird das böhmische Appellationsgericht wegen einer Anfrage barsch zurechtgewiesen: „Da das Strafgesetz die Verbrecher insgesamt gleich hält und keinen Unterschied von Ausländern gründet, so stehe dem Appellationsgericht nicht zu, auf die Idee zu verfallen, als ob die Ausländer nach anderen Gesetzen als nach dem allgemeinen Strafgesetz zu behandeln seien." Tatsächlich war aber das Strafgesetz „den k. k. Untertanen" und Behörden zur allgemeinen Richtschnur bekannt gemacht worden. War das Appellationsgericht berechtigt, das Gesetz „unter dem Vorwand eines Unterschieds zwischen den Worten und dem Sinne" zu erweitern? Vgl. das Hfd. JGS. 968, welches gleichwohl Ausländer anders behandelt, als Inländer, und die Erläuterung dazu JGS. 980.

darauf sich beziehenden späteren Anordnungen zum Grunde lagen, in der Ausübung nicht durchaus erreicht und über einige Punkte dieser Gesetze seit dem Antritte Seiner Majestät Regierung vielfältige Klagen angebracht worden sind, so haben Höchstselbe sich nach derselben reifen Erwägung indessen und bis das Ganze im Zusammenhange erscheinen kann, zu folgenden als den dringendsten Abänderungen bewogen gefunden." Von den acht Paragraphen des Patents betrifft der zweite unser Thema. Er führt die bezeichnende Überschrift „Von dem richterlichen Urteile nach den Gesetzen" und lautet: „Anstatt des 26. Absatzes des ersten Hauptstückes, welcher hiemit aufgehoben wird, wird verordnet: daß der Richter, wenn er einen vorkommenden Fall nicht in den Worten des Gesetzes entschieden fände, auf den zusammenstimmenden Begriff und Sinn desselben, auf gleichförmige darin ausgedrückte Fälle, auf die aus der Verbindung der Gesetze sich darstellenden Grundsätze und Absichten sehen und den Fall nach derselben Maßgebung beurteilen soll. Stünden der Beobachtung des Gesetzes besondere und sehr erhebliche Bedenken entgegen, so wäre die Belehrung bei Hof anzusuchen." Von den drei Fällen, in welchen das Josephinische Gesetzbuch die Anfrage bei Hof vorgesehen hat, ist also nur der letzte übrig geblieben, und gerade dieser ist nicht der référé im technischen Sinne. Denn es handelt sich bei ihm ja nicht darum, daß ein unzureichendes Gesetz durch die Hofbelehrung ergänzt, sondern darum, daß vom Gesetz aus erheblichen Bedenken abgegangen werden soll. Gnaden- und Dispensationsakte sind es wohl, die das Gesetz im Sinne hat. Ob von der Schlußbestimmung des § 2 tatsächlich Gebrauch gemacht wurde, ist mir nicht bekannt. Für die theoretische Betrachtung endet die Geschichte des référé im Jahre 1791 [1].

Welche Bewandtnis es mit dem Patent von 1791 hat, erfahren wir aus der Redaktionsgeschichte des allgemeinen bürgerlichen Gesetzbuchs. Der Tod Josephs II. hatte die Gesetzgebungsarbeiten ins Stocken gebracht. Die bisherige Kompilationskommission wurde von Leopold II. aufgelöst und durch eine neue Kommission, die die bereits erlassenen Gesetze untersuchen sollte, ersetzt. Tatsächlich ging sie daran, das Josephinische Gesetzbuch zu revidieren. Das erste Ergebnis dieser Arbeit ist eben das Gesetz von 1791 [2]. Die wichtigsten Bestimmungen, die es enthält, sind die Beseitigung der Hofanfrage und eine Anordnung über die Alimentierung unehelicher Kinder. Halten wir uns das vor Augen, so sind wir wohl berechtigt, die Anführung des Patents, daß es die dringendsten Abänderungen des Josephinischen Gesetzbuchs enthalte, und daß die wohlgemeinten Absichten der Gesetzgebung in der Aus-

---

[1] Nach Menger S. 123 ist die erwähnte „seltsame" Schlußbestimmung außerhalb Galiziens „durch eine sehr alte Übung abgeschafft" worden. — Die Justizgesetzsammlung enthält übrigens auch nach dem Patent nicht bloß Erledigungen vorher eingelaufener, sondern auch neuer Anfragen (z. B. JGS. 192 und 205). Es brauchte also eine gewisse Zeit, ehe sich die Praxis an den neuen Zustand gewöhnte.

[2] Harrasowsky S. 153 f.; Pfaff-Hofmann S. 19 f.

übung nicht durchaus erreicht worden seien, in erster Linie auf die Beseitigung der Anfragen zu beziehen [1]. In der Tat führt Domin-Petrushevecz (Neuere österreichische Rechtsgeschichte, S. 204) an, das Josephinische Gesetzbuch habe in der Praxis manchen Anstand erregt und insbesondere sei das „eigentümliche Gebot streng buchstäblicher Gesetzesanwendung, verbunden mit dem Verbote der Auslegung und der Weisung, in zweifelhaften Fällen die Belehrung allzeit bei dem Landesfürsten zu suchen, Anlaß zu zahllosen Anfragen und seltsamen Entscheidungen geworden." Auch Pfaff und Hofmann (S. 169) konstatieren als Folge der Beschränkung der richterlichen Tätigkeit „eine enorme Menge von Anfragen, welche alle zu beantworten die Hofstellen und die Kompilations- beziehungsweise Gesetzgebungskommission sich bald außer Stande sahen." Es hatte sich eben gezeigt, „daß die Geister, die man gerufen hatte, überlästig waren" [2]. So blieb nichts anderes übrig, als sich der Anfragen mit einem Schlage zu entledigen und den Richter anzuweisen, sich bei der Entscheidung von Rechtsfällen auf eigene Füße zu stellen. Wir würden aber der Reform nicht gerecht werden, wollten wir sie als eine isolierte Erscheinung auffassen. Sie gehört mit zu jener Aktion, die man als Leopoldinische Restauration zu bezeichnen pflegt [3]. Der Absolutismus hatte unter Joseph II. die größte Intensität erlangt. Er hatte es auf eine Kraftprobe ankommen lassen und diese nicht bestanden. Josephs Nachfolger mußte bei aller Wahrung der landesfürstlichen Machtstellung wenigstens die größten Härten mildern und auf solche Weise Zustände herbeiführen, die Dauer versprachen.

Lukas, welcher das Patent von 1791 nicht kennt, führt (S. 422, 425) die Aufhebung des référé auf justizpolitische Erwägungen zurück und erläutert diesen Ausdruck dadurch, daß er in der Klammer „Beschleunigung der Rechtspflege" hinzufügt. Justizpolitisch waren die Erwägungen nur insofern, als eben die Justizstelle — wie gesagt, zugleich Gericht und Justizministerium — die zu entlastende Behörde war. Dafür aber, daß die Beseitigung der Anfragen erfolgt wäre, um die Rechtspflege zu beschleunigen, fehlt es an Anhaltspunkten. Die in der Justizgesetzsammlung angegebenen Daten zeigen, daß die Hofstelle die Anfragen ziemlich rasch erledigte [4]. Auch dagegen, wie sich Lukas den Vorgang bei der Aufhebung der Anfragen denkt, muß Widerspruch erhoben werden. Die geplante Aufhebung — meint er (S. 422 f.) — „hätte zur Folge gehabt, daß die Entscheidung über zweifelhafte Gesetzesstellen dem Richter eingeräumt worden wäre. Um solches möglich zu machen, mußte eine Formel

---

[1] So auch Menger S. 122 f.

[2] Pfaff-Hofmann S. 18. Vgl. auch Menger S. 62.

[3] Vgl. Krones, Geschichte der Neuzeit Österreichs vom 18. Jahrh. bis auf die Gegenwart, S. 470 ff., ferner Wolf und Zwiedinek, Österreich unter Maria Theresia, Josef II. und Leopold II., S. 360 ff.

[4] Vgl. z. B. die drei Hofdekrete vom 22. Juni 1789 (JGS. 1023, 1024, 1025). Erledigt werden Berichte vom 2., 4. und 15. Juni.

gefunden werden, die auch diese Tätigkeit des Richters noch als Rechtsanwendung erscheinen ließ. Und man fand diese Formel: das Naturrecht, das in jener Zeit alle Geister beherrschte, mußte zu diesem Zwecke herhalten und die Lücke ausfüllen, die durch die Beseitigung des référé législatif notwendig gegeben war." Auf solche Weise bringt Lukas die Berufung des westgalizischen Gesetzbuchs auf die „allgemeinen und natürlichen" und die Berufung des allgemeinen bürgerlichen Gesetzbuchs auf die „natürlichen Rechtsgrundsätze" mit dem Fallenlassen des référé in engen Zusammenhang [1]. Obwohl er sich für seine Behauptung auf die Autorität Anton Mengers berufen könnte [2], geht doch das Gegenteil aus der Tatsache hervor, daß der référé — außerhalb Galiziens — durch zwei Jahrzehnte abgeschafft war, ohne daß man sich veranlaßt sah, den Richter auf das Naturrecht zu verweisen. Den Ersatz für die Anfragen bildet vielmehr, wie aus dem Leopoldinischen Patent deutlich zu ersehen ist, das Recht und die Pflicht des Richters, das Gesetz nach seinem Geiste auszulegen und auch auf im Gesetz nicht behandelte Fälle auszudehnen. Die Überschrift des § 2 „von dem richterlichen Urteile nach den Gesetzen" bedeutet nicht etwa, daß der Richter an das Gesetz gebunden ist — das war er schon vorher —, sondern, daß für ihn nur das Gesetz maßgebend ist, daß er sich der Krücke der Anfrage nicht mehr bedienen darf. Und in der Tat: orientieren wir uns aus der Justizgesetzsammlung über die zahlreichen Anfragen, so finden wir darunter kaum eine, zu deren Beantwortung man das Naturrecht gebraucht oder für deren Beantwortung das Naturrecht eine Handhabe geboten hätte. Ob gegen eine unzulässige Klagenhäufung von Amts wegen vorzugehen ist, ob, falls beide Teile von der Tagsatzung ausbleiben, ein Bescheid hinauszugeben ist, welche Zeit als Nacht zu gelten hat, ob bei der Bestrafung des Diebstahls auf den verwandtschaftlichen nexus zwischen dem Dieb und dem Bestohlenen Bedacht zu nehmen ist, in welchem Verhältnis ein späteres Gesetz zum früheren steht usw. usw.: alles das waren Fragen, zu deren Lösung der Richter nichts anderes brauchte, als Freiheit der Auslegung und Analogie. Auf das Naturrecht zurückzugehen war nicht notwendig. Die Verweisung auf die „natürlichen Rechtsgrundsätze" entsprang und entsprach nicht einem unmittelbaren praktischen Bedürfnis, sondern sie ist offenbar auf die geläuterten wissenschaftlichen Anschauungen jener Männer zurückzuführen, die die Kodifikationsarbeiten zu Ende führten. Martini und Zeiller waren ja selbst hervorragende Naturrechtslehrer [3].

Erst nachdem die österreichische Gesetzgebung den Anfragen entgegengetreten war, wurden sie in Preußen eingeführt, dort aber in kürzester Zeit

---

[1] Ebenso im Archiv S. 70 f. und 109.

[2] S. 123. Richtiger wohl Unger, System des österr. allg. Privatrechts, 1. Bd., S. 71: „In der Aufstellung des Naturrechts im § 7 des abGB. ist nichts anderes als die Befriedigung eines rein theoretischen Dranges der Verfasser des abGB. zu sehen."

[3] Vgl. Wellspacher, Festschr. z. Jahrhundertfeier des abGB. 1. Bd., S. 182 f., ferner Landsberg, Gesch. der deutschen RW., 3. Abt., 1. Halbbd., S. 520 ff.

wieder abgeschafft[1]. Man darf wohl annehmen, daß für Einführung und Abschaffung die gleichen Gründe maßgebend waren, wie in Österreich. Was endlich Frankreich betrifft, so wird der Umstand, daß der référé bloß der Bequemlichkeit der Richter Vorschub leistete, nicht nur durch die von Lukas (S. 425) abgedruckte Kommentarstelle bestätigt, sondern er ist auch aus dem Wortlaut des berühmten Art. 4 des Code herauszulesen. Denn es wird hier nicht, wie man erwarten sollte, zum Ausdruck gebracht, daß dem Richter ein Recht gewährt, daß ihm die Freiheit der Auslegung zugestanden wird, sondern das Gesetz legt im Gegenteil dem Richter in strengem Ton eine Pflicht auf und droht ihm für den Fall ihrer Verletzung Strafe an:

Le juge qui refusera de juger sous prétexte du silence, de l'obscurité ou de l'insuffisance de la loi, pourra être poursuivi comme coupable du deni de justice.

---

[1] Lukas, S. 412 f. und Archiv S. 111.

VII.
Zur Lückenlehre.

In seiner geistvollen und formvollendeten Rektorsrede über „Lücken im Recht" spricht Zitelmann in Wahrheit von den Lücken des Gesetzes, nämlich von jenen Fällen, „wo das Gesetz innerhalb der Aufgaben, die es sich selbst gestellt hat, Lücken läßt, also von Lücken innerhalb des Rechts". Die Lücken des Gesetzes erscheinen ihm eben als Rechtslücken. Zwar könne man auch sagen — „und einige sagen so — das Recht sei ein lückenloses Ganzes, nur das Gesetz habe Lücken. Das ist offenbar nicht viel mehr als ein Ausdrucksstreit: Stellt man sich auf den Standpunkt vor Ausfüllung der Lücken, denkt man also das Recht so, wie es hier zunächst erscheint, so wird man sagen, es habe Lücken; stellt man sich auf den Standpunkt nach Ausfüllung der Lücken, denkt man also an das Ergebnis, so wird man die Lücken leugnen. Ich nehme indes die vorsichtigere Wendung an: das Recht so, wie es zunächst erscheint, also kürzer das Gesetz, hat, so sagt man, Lücken" (S. 9 f.). Zitelmann spricht also vor Ausfüllung der Lücken vom Gesetz, nachher vom Recht schlechtweg. Indessen besteht das Gesetz immer noch neben dem Recht fort. Es ist Rechtsquelle, es schafft Recht, geht aber nicht im Recht auf. Hat das Gesetz Lücken, so können diese gewiß ausgefüllt werden, aber doch nur durch ein neues Gesetz. Weist ein Gesetz von hundert Paragraphen eine Lücke auf, so kann ein Nachtragsgesetz durch Hinzufügung eines § 101 die Lücke schließen. So lange dieses Nachtragsgesetz nicht erfließt, bleibt die Lücke offen. Was man nun Lückenausfüllung nennt, ist aber nicht eine Tätigkeit der Gesetzgebung, sondern der Praxis. Der Ausdruck „Lückenausfüllung" erweist sich bei schärferer Betrachtung als unzutreffend. Vielmehr ist der Tatbestand der, daß das Recht dort, wo das Gesetz versagt, eben auf andere Weise produziert wird. Ein lückenhaftes Gesetz gibt die Veranlassung zur Entstehung von ungesetztem Recht[1]. Wie sich dieses ungesetzte Recht bildet, mag dahingestellt bleiben. Gewiß wird an das Gesetz angeknüpft. Das Gesetz wird „ausgelegt", analog angewendet. Man argumentiert aus dem Geiste des Gesetzes. Aber alle diese Verbindungen mit dem Gesetze, diese Brücken, die zwischen ihm und der Rechtsanwendung geschlagen werden, können die Tatsache nicht aus der Welt schaffen, daß dasjenige Recht, welches sich nicht auf das Gesetz gründet und gründen kann, eben ungesetztes Recht ist[2]. Das

---

[1] Vgl. Binding, Handb. d. Strafrechts, 1. Bd., S. 201 f., 215.

[2] Hier wird gesetztes und ungesetztes (geschriebenes und ungeschriebenes) Recht

Gesetz selbst ist lückenhaft und bleibt (bis zu einem Ausfüllungsgesetz) lückenhaft. Darum haben wir aber auch keinen Grund, den Mangel des Gesetzes dem Recht zuzuschreiben und zu sagen: Das Recht sei lückenhaft oder bis zur Ausfüllung lückenhaft gewesen.

Sehen wir aber vom Gesetz ab und fragen wir: Kann das Recht, d. h. also nun das ungesetzte Recht, Lücken haben?, so ist darauf zu erwidern, daß die Frage eine ganz müßige ist. Lücken können überhaupt nur in Frage kommen bei einem formulierten, artikulierten, regelhaften Recht, also bloß dann, wenn Rechtsregeln auf Vorrat gearbeitet werden. Dann kann man im Bedarfsfall sagen: Der Vorrat ist mangelhaft. Gerade die Regel, die ich brauche, ist nicht vorhanden. Das ungesetzte Recht entsteht ganz unabhängig von solchen Regeln. Das Verhältnis des ungesetzten Rechts zu den Regeln ist demjenigen des gesetzten geradezu entgegengesetzt. Für das gesetzte Recht ist die Regel das prius, ihre Anwendung das posterius. Das ungesetzte Recht ist überhaupt nur aus den Betätigungen des Rechtslebens zu entnehmen [1]. Hier ist es der Beobachter, der a posteriori die Regel dem Leben entnimmt [2]. Ob nun seine Abstraktionstätigkeit mehr oder weniger vollkommen gelingt, ob der Forscher das ungesetzte Recht befriedigend und erschöpfend festzustellen vermag, ist für die Frage, ob das Recht selbst Lücken hat, natürlich gleichgültig. Die Betätigung des ungesetzten Rechts kann nicht lückenhaft sein. Wo nämlich eine solche Betätigung fehlt, ist ein „rechtsleerer Raum" [3], wo sie vorhanden ist, keine Lücke. Nun ist es ja richtig, daß derjenige, der das Recht findet, im gegebenen Fall in Verlegenheit sein kann, wie er vorzugehen habe, und diese Verlegenheit kann darin ihren Grund haben, daß Präzedenzfälle entweder überhaupt fehlen oder doch der zur Rechtsfindung berufenen Person, sagen wir vorläufig: dem Richter, nicht bekannt sind. Aber was sucht der Richter? Die Entscheidung, nicht eine Regel. Wenn er als methodisch geschulter Jurist deduktiv vorgehen und darum zuerst die Rechtsregel haben will, um dann auf Grund derselben entscheiden zu können, so ist das seine Sache. Ob er die Regel findet oder nicht: er muß entscheiden. Und nicht, welche

natürlich in einem anderen Sinne genommen, als oben S. 63. Verordnungsrecht ist in bezug auf die Lückenfrage dem Gesetzesrecht gleichzuhalten.

[1] Vgl. Bülow, Heitere und ernste Betrachtungen, S. 85 ff.

[2] Wenn im Text gesetztes und ungesetztes Recht einander gegenübergestellt werden, so geschieht es nur, um das Verhältnis zu den Gesetzeslücken klarzustellen. In Wahrheit ist das Rechtsleben als Ganzes ein geeigneter Gegenstand der Beobachtung, und die Regeln des wirklich geltenden Rechts können gewonnen werden ohne Rücksicht darauf, aus welchen Quellen das Recht entspringt. Nur ist aber dann, wenn das Gesetz die Grundlage des Rechts bildet, die Beobachtung wesentlich vereinfacht. Es besteht eine hohe Wahrscheinlichkeit dafür, daß das Recht eine weitgehende Übereinstimmung mit den Anordnungen des Gesetzes aufweist, und es genügt darum die Feststellung seiner Abweichungen vom Gesetz.

[3] Darunter verstehe ich natürlich nicht, wie Bergbohm (Jurisprudenz und Rechtsphilosophie, S. 375 ff.), von dem der Ausdruck herrührt, einen rechtlich nicht normierten Raum.

Denkoperation er vorgenommen hat, um zu der Entscheidung zu gelangen, sondern diese selbst ist die Tatsache des Rechtslebens, die zu demjenigen Induktionsmaterial gehört, aus welchem die Rechtsregeln gewonnen werden. Da diese Tatsache aber immer vorhanden sein muß, so gibt es eben keine Lücke. Die Denkoperation des Richters kann nun gewiß in den Gründen der Entscheidung reproduziert werden. Aber diese Motivierung der Entscheidung hat für sich allein keine Bedeutung. Die Entscheidung kann richtig und die Begründung, die dafür vorgebracht wird, unhaltbar sein. Die Menschen sind nun einmal so geartet, daß sie oft im Einzelfall das Richtige treffen, ohne sich über die Regeln, die sie geleitet haben, im klaren zu sein [1]. Wie viel Lückenbüßer finden wir in Entscheidungsgründen! Es wird auf die „Natur der Sache" verwiesen, auf die Billigkeit, auf die Anforderungen des Verkehrs, der guten Sitte, auf irgendeinen ganz und gar nicht passenden Gesetzesparagraphen usw. Erst wenn eine Reihe gleicher (und vielleicht ganz verschieden begründeter) Urteile vorliegt, mag es gelingen, die Regel, die allen diesen Urteilen zugrunde liegt und über die sich die Urteilenden nicht klar waren, in entsprechender Weise auszudrücken [2].

Ich habe die zur Entscheidung einer Rechtsfrage berufene Person vorläufig als Richter bezeichnet, weil das der dem Juristen geläufigste und in der Literatur mit Vorliebe behandelte Fall ist. Aber in Wahrheit betätigt sich das ganze Volk und betätigen sich nicht nur die Einzelpersonen, sondern auch alle privaten und öffentlichen Verbände, alle staatlichen und nichtstaatlichen Behörden und Ämter auf dem Rechtsgebiet, und sie alle sind an der Auswirkung des ungesetzten Rechts in der einen oder anderen Weise beteiligt. Es ist darum nicht zu billigen, wenn Georg Jellinek (Allg. Staatslehre, 2. Aufl., S. 347 f.) die Lückenlosigkeit des Rechts oder, wie er sich ausdrückt, „das Dogma von der Geschlossenheit des Rechtssystems" für jene Teile der Rechtsordnung, in denen dem Richter die letzte Entscheidung des Einzelfalles zusteht, zugibt, für die anderen Teile ablehnt. Die Beispiele, die er zum Belege anführt,

---

[1] Kommt das doch selbst bei Gesetzen vor! Vgl. den merkwürdigen § 4 StG.: „Das Verbrechen entsteht aus der Bosheit des Täters, nicht aus der Beschaffenheit desjenigen, an dem es verübt wird. Verbrechen werden also auch an Übeltätern, Unsinnigen, Kindern, Schlafenden, auch an solchen Personen begangen, die ihren Schaden selbst verlangen oder zu demselben einwilligen." Danach sollte man meinen, daß ein am Schlafenden verübtes Verbrechen nicht im Interesse des Verletzten, sondern nur wegen der bösen Gesinnung des Täters geahndet wird.

[2] Darum kann ich mich für die Fassung des so sehr bewunderten Art. 1 des schweizerischen Zivilgesetzbuches nicht begeistern. Der Richter hat seine Aufgabe vollkommen gelöst, wenn er den Einzelfall gut entschieden hat. Daß er nebenbei noch eine allgemeine, nicht bloß auf diesen Fall anwendbare Regel finden solle, ist zu viel verlangt. Die intellektuelle und moralische Gebundenheit des Richters wird jedenfalls einfacher zum Ausdruck gebracht, wenn man ihn verpflichtet, falls Gesetz und Gewohnheitsrecht versagen, „nach bestem Wissen und Gewissen" zu entscheiden. Darauf wird es denn wohl auch in der Praxis hinauskommen.

leiten zu einem anderen Problem hinüber, nämlich zu dem der Grenzen des Rechts. Sie beweisen nicht die Unvollständigkeit, sondern die Unvollkommenheit und Schwäche jedes Rechts. Wenn die Nationalversammlung die ihr verfassungsmäßig obliegende Wahl des Präsidenten der französischen Republik nicht vornimmt, und wenn die Klippe nicht in einer, in den Verfassungsgesetzen zwar nicht vorgesehenen, aber gleichwohl einer rechtlichen Beurteilung zugänglichen Weise umschifft wird [1], so zeigt es sich eben, daß das Recht versagt. Aber es versagt nicht seiner Lücken wegen. Es gibt eben Zeiten, in welchen sich das Recht, und zwar auch ein lückenloses Recht, nicht oder doch nicht vollständig durchsetzt. Sind sie vorüber, so lebt entweder das alte Recht wieder auf oder es hat sich in der Zwischenzeit neues Recht gebildet [2]. Denken wir an den typischen Fall einer Revolution, so lassen gewiß die Handlungen und Unterlassungen der beteiligten Personen eine Beurteilung vom strafrechtlichen Standpunkt zu [3]. Das Strafrecht ist doch nach Jellineks

---

[1] Jellinek konstruiert einen Fall, in dem sich die Verfassungsgesetze als unzureichend erweisen, und fragt: Wie löst das „lückenlose" Staatsrecht die sich hieraus ergebenden Fragen? Es ist nicht ganz klar, wem diese Frage vorgelegt und ob unter „Staatsrecht" die Staatsrechtsgesetzgebung, die Staatsrechtswissenschaft oder die Staatsrechtsordnung verstanden wird. Daß die Staatsrechtsgesetzgebung lückenhaft ist, unterliegt von vornherein keinem Zweifel. Aber auch für die Staatsrechtstheorie kann Lückenlosigkeit nicht postuliert werden, ebenso wenig wie für die Privatrechtstheorie. Es kann sich nur um die Staatsrechtsordnung handeln, und die Frage wird tatsächlich von den Franzosen zu beantworten sein, die vor die von Jellinek geschilderte Situation gestellt sein werden, und wenn es nicht zu einer Katastrophe kommt, wird sie auch beantwortet werden. Der Umstand, daß keine Norm auf Vorrat besteht, wird der Antwort nicht hinderlich sein. Abgesehen davon aber, daß Jellineks Frage verfrüht ist, ist auch der Tatbestand, den er vorführt, nicht ausreichend. Denn er sagt ja bloß, was nicht geschieht. Zu dem negativen Moment (daß die Verfassung nicht respektiert wird) kommen doch noch positive hinzu oder vielmehr umgekehrt: die positiven Momente sind das Primäre, die negativen das Sekundäre. Es besteht ein kritischer Zustand. Das von der Verfassung vorausgesetzte oder angestrebte Kräfteverhältnis hat sich in einer bestimmten Weise verschoben. Irgendein Konflikt hat sich ergeben. Parteien stehen einander mit verschiedenen Ansprüchen gegenüber, und in diesem Konflikt finden sich schon jene Ansätze, die zum neuen Recht hinüberführen.

[2] Jellinek a. a. O. S. 350 f.: „Daher sind Revolutionen und Verfassungsbrüche stets die Ausgangspunkte neuer Rechtsbildungen. Aber selbst während der größten Wirren kann nur ein Teil der staatlichen Rechtsordnung unterbrochen oder ganz vernichtet werden." Vgl. auch Jellineks gedankenreiche Prorektoratsrede „Der Kampf des alten mit dem neuen Recht" (1907).

[3] Anders Jellinek, Staatslehre S. 350: „Die Tatsachen gewaltsamer Staatsumwälzungen durch die Herrscher oder die Beherrschten lassen sich aber am Maßstab einer Rechtsordnung überhaupt nicht messen, andernfalls man die Geschichte nach Strafrechtsparagraphen beurteilen müßte." Hier wechselt der Autor in unzulässiger Weise seinen Standpunkt. Die Geschichte urteilt gewiß nicht nach Strafrechtsparagraphen. Für den Richter aber, vor den ein Hochverräter gestellt wird, ist die diesem zur Last gelegte Handlung nicht „Geschichte". Warum sollte man hochverräterische Unternehmungen

Auffassung lückenlos, weil hier ein Richter zu entscheiden hat. Und doch finden die Delikte, die begangen worden sind, wenn die Revolution siegreich bleibt, nicht ihre Bestrafung. Das Strafrecht erweist sich nicht als lückenhaft, sondern es wird partiell ausgeschaltet. Gleich den überwundenen Machthabern streckt auch das Recht seine Waffen.

Daß es auch auf staatsrechtlichem Gebiet eine Ausfüllung von Gesetzeslücken gibt und zwar eine Ausfüllung, die nicht vom Richter ausgeht, zeigt deutlich folgender Fall: Nach den österreichischen Landesordnungen wird die Umlegung von Landeszuschlägen zu den direkten Staatssteuern vom Landtag beschlossen, und der Landtagsbeschluß bedarf, wenn die Zuschläge 10 Prozent übersteigen, der kaiserlichen Genehmigung. Wie nun, wenn der Landtag nicht aktionsfähig ist? Es gibt hiefür keine Norm und es besteht hier also eine Lücke im Gesetz [1], die für die Landesfinanzen lebensgefährlich werden kann. Als sich nun aber die Notwendigkeit dazu ergab, kam man über diese Lücke mit spielender Leichtigkeit hinweg. Der Landtag wurde durch den Landesausschuß vertreten, und der Kaiser genehmigte den Landesausschußbeschluß, trotzdem die Landesordnung kaiserlich genehmigte Ausschußbeschlüsse nicht kennt. Daraus hat sich nun — dank der Zähigkeit der Obstruktion — eine ganz feste Praxis entwickelt. Wir können hier mit aller Beruhigung von einem die Landesordnung abändernden und ergänzenden Gewohnheitsrecht sprechen. Nun hat aber ein Steuerträger dieses Auskunftsmittel — mit vollem Recht — nicht für gesetzmäßig gehalten und sich mit einer Klage an das Reichsgericht gewendet. Die Klage wurde abgewiesen und die Pflicht zur Zahlung der auf Grund des Landesausschußbeschlusses ausgeschriebenen Umlagen anerkannt [2]. Hier haben wir also eine richterliche Entscheidung. Aber kann man im Ernst sagen, das Reichsgericht habe die Rechtsregel gefunden, die die Lücke schließt? Es hat doch nichts anderes getan, als das Vorgehen der

---

oder Staatsstreiche nicht am Maßstab der Rechtsordnung messen können? Die Besonderheit liegt nur darin, daß die rechtswidrige Handlung auch den Erfolg haben kann, daß sie selbst zur Schaffung neuen Rechts führt. Dadurch wird natürlich die Ahndung der rechtswidrigen Handlung (wenigstens faktisch) ausgeschlossen. Die Rechtswidrigkeit ist durch das neue Recht saniert.

[1] Allerdings eine unechte Lücke im Sinne Zitelmanns. Denn kraft Gesetzes gilt eben der Rechtssatz: Ohne Landtagsbeschluß keine Landeszuschläge.

[2] Hye-Hugelmann, Sammlung der Erkenntnisse des Reichsgerichts, Nr. 1312. Das Reichsgericht sagt: „Die provisorische Aufbringung von Landesmitteln in einem solchen Falle findet ihre Begründung in der zwingenden Notwendigkeit, dem Landesfond die Mittel zu sichern ..." Es muß „anerkannt werden, daß die damit getroffene Verfügung dem Geiste der Landesordnung entspricht". „Demgemäß muß in den eingangs bezogenen Verfügungen eine gesetzmäßige Grundlage für die provisorische Einhebung der darin bezeichneten Landeszuschläge erkannt werden." Man beachte die Klimax: Zuerst wird bloß auf die zwingende Notwendigkeit verwiesen (Not kennt kein Gebot), dann auf den Geist des Gesetzes (Analogie) und schließlich die Gesetzmäßigkeit anerkannt. „Gesetzmäßig" soll hier offenbar bedeuten: „rechtmäßig".

Verwaltung gebilligt. Wäre es nicht angerufen worden oder hätten wir kein mit solcher Kompetenz ausgestattetes Gericht, so wäre der Rechtszustand genau der gleiche. Das ungesetzte Recht ist hier vom Reichsgericht nicht produziert, sondern nur kontrolliert worden. Die Möglichkeit einer solchen Kontrolle kann nun gegeben sein oder fehlen: Für die Entstehung des Rechts ist sie ohne Bedeutung. Das Auskunftsmittel, zu dem man gegriffen hat, um eine Rechtsgrundlage für die Einhebung der Landesumlagen zu schaffen, läßt nun aber sicherlich eine rechtliche Beurteilung zu. Es wäre sehr voreilig, zu sagen, wenn das Gesetz selbst nicht zur Anwendung kommt, sei es rechtlich ganz gleichgültig, ob so oder so vorgegangen wird [1]. Es ist sicherlich eine rechtliche Erwägung, daß, falls von den beiden verfassungsmäßigen Landesorganen das zuständige aktionsunfähig ist, die Zuständigkeit für einen notwendigen Verwaltungsakt eben auf das andere übergeht. Gerade der Jurist muß sagen, daß der Landesausschuß das stärkere Recht hatte, die Umlagenerhebung zu beschließen, als etwa die Staatsregierung, das Prinzip der Selbstverwaltung sei gewahrt, insofern eben ein Landesorgan den Landtag vertritt. Wir sind im Staatsrecht genau so berechtigt und verpflichtet, die im geschriebenen oder ungeschriebenen Recht enthaltenen Rechtsgedanken weiter zu verfolgen, wie im Privatrecht, mag man das nun mit Bergbohm (S. 387) auf die „logische Expansionskraft des Rechts" zurückführen oder mit der Privatrechtswissenschaft als Analogie oder ganz einfach als Rechtsfindung oder Rechtsgewinnung bezeichnen.

Es hat also keinen Sinn, von Lücken des Rechts zu reden. Das Lückenproblem bezieht sich ausschließlich auf Lücken des Gesetzes. Zitelmann unterscheidet nun echte und unechte Lücken. Für die unechten bringt er eine Reihe von Beispielen. Fassen wir zunächst jenen Fall ins Auge, den er selbst (S. 22) für den deutlichsten erklärt. Nach Art. 318 des in Österreich noch geltenden Handelsgesetzbuchs muß über einen Antrag unter „Gegenwärtigen" zur Abschließung eines Handelsgeschäfts die Erklärung sogleich abgegeben werden, widrigenfalls der Antragende an seinen Antrag nicht länger gebunden ist. Bei einem unter „Abwesenden" gestellten Antrag bleibt der Antragende nach Art. 319 bis zu dem Zeitpunkt gebunden, in welchem er bei ordnungsmäßiger, rechtzeitiger Absendung der Antwort den Eingang der letz-

[1] Anders Jellinek S. 350: „Die Jurisprudenz mag dann später nachhinken und mit Hilfe dialektischer Kunststückchen die vollendete Tatsache als rechtmäßig nachweisen, sie vollzieht damit doch nur den Versuch einer Rationalisierung von Fakten." Dazu ist zu bemerken, daß die „Rationalisierung", wenn man eine Beurteilung vom Rechtsstandpunkt überhaupt so bezeichnen will, nicht erst den Fakten nachhinkt, sondern diese selbst begleitet. Der Unterschied, den Jellinek zwischen dem „Faktischen" und dem „Normativen" macht (S. 351), ist in dieser Schärfe nicht vorhanden. Rechtliche Erwägungen spielen auch bei solchen Handlungen eine Rolle, die durch das Gesetz nicht gedeckt sind oder die ihm vielleicht vollständig zuwiderlaufen. Nicht bloß der spätere Beurteiler, sondern schon der Handelnde selbst legt sich die Rechtsfrage vor oder kann sich sie wenigstens vorlegen.

teren erwarten darf. Hieran reihen sich einige Bestimmungen an, die den komplizierteren Fall des Vertragsabschlusses unter Abwesenden betreffen. „Nun kam das Telephon auf; das alte Handelsgesetzbuch hatte diesen Fall nicht bedenken können — das war also eine Lücke: man füllte sie aus, indem man den durch Fernsprecher von Person zu Person gemachten Vertragsantrag analog dem unter Anwesenden gemachten behandelte" (S. 10 f.). Nach Zitelmann liegt aber in Wahrheit keine Lücke vor. Denn die den Fernsprecher benutzenden Personen sind doch abwesend, und über den Vertragsabschluß unter Abwesenden finden wir ja eine Bestimmung im Gesetz. Wendet man nun auf diesen Fall die Regel an, die für Anwesende gilt, so füllt man nicht eine Lücke aus, sondern geht vom Gesetz ab. In Wahrheit liegt eine Rechtsänderung vor.

Diese Analyse ist gewiß sehr ansprechend. Nur bleibt unerklärt, warum wir doch die unzweifelhafte Empfindung einer Lücke haben. Zitelmann meint allerdings (S. 23): „Die Lücke besteht darin, daß eine Ausnahmebestimmung für Fälle von dieser Eigenart nicht gegeben ist." Das ist ja, wenn wir auf das Wort „Ausnahmebestimmung" kein Gewicht legen wollen [1], gewiß richtig, beweist aber doch nur, daß uns eben eine Bestimmung fehlt und daß wir bemüht sind, das Gesetz zu ergänzen, aber nicht, es abzuändern. Ist es wahr, daß das Gesetz den Fall des telephonischen Vertragsabschlusses — sei es auch nur implicite — in einer bestimmten Weise regelt, so läßt es keine Lücke offen, auch nicht einmal eine unechte. Trachten wir uns die Sachlage ganz unabhängig von Zitelmann klar zu machen.[2]

Das Gesetz unterscheidet Gegenwärtige und Abwesende. Da „Gegenwärtige" doppelsinnig ist, indem es örtlich und zeitlich gebraucht werden kann

[1] Im Fall des telephonischen Vertragsabschlusses kann man noch zur Not von einer „Ausnahmsbestimmung" sprechen, nicht aber in den anderen Beispielen Zitelmanns. Er sagt zwar (S. 19): „Jeder positive Satz, durch den eine Strafe, ein Schadensersatz angeordnet wird, ist in diesem Sinne eine Ausnahme von jenem allgemeinen negativen Grundsatz", nämlich von dem Satz, daß der Täter nicht bestraft wird oder daß er zum Schadensersatz nicht verpflichtet ist. Empfinden wir aber wirklich Strafdrohungen und Schadensersatzverpflichtungen als Ausnahmen von der Regel? Ist es eine Ausnahmsbestimmung, daß der Mord bestraft wird?

[2] Im Folgenden wird von der Annahme ausgegangen, daß der Ausleger von den im Gesetz geregelten Tatbeständen vorher keine Kenntnis hat. Diese Annahme trifft selbstverständlich nicht zu. Die Unterscheidung von Vertragsabschlüssen inter praesentes und absentes war den Juristen und der Praxis schon vor dem Handelsgesetzbuch längst geläufig. Mit den bereits anderswo gewonnenen Rechtsvorstellungen ist man an die Auslegung des Gesetzes herangetreten. Und so ist es immer. Diejenigen, an die sich das Gesetz wendet, sind schon in der einen oder anderen Richtung über die im Gesetz behandelten Fragen informiert, und diese vom Gesetz nicht herbeigeführte, wohl aber vorausgesetzte Information wirkt dann auf die Auslegung ein. Denken wir uns aber den Fall, daß ein Laie ohne eine Ahnung vom Gesetzesinhalt die Lektüre des Gesetzes unternimmt, so wird dieser überhaupt kaum imstande sein, den Sinn des Gesetzes zu erfassen.

— den Gegenwärtigen stehen nicht bloß die Abwesenden, sondern auch die Vergangenen und Zukünftigen gegenüber —, so wollen wir statt dessen (mit Zitelmann) lieber „Anwesende“ sagen. Wer ist anwesend, wer abwesend? Die Frage läßt sich so nicht beantworten. An- und Abwesenheit sind Beziehungen zu einem bestimmten Raum oder Gebiet. Ich bin in meinem Zimmer, in meinem Hause, in Prag, Böhmen, Österreich, Europa anwesend und eben deshalb von Reichenberg, Tirol, Deutschland, Amerika usw. abwesend. Ich bin also zugleich an- und abwesend. Das Gesetz, welches An- und Abwesende unterscheidet, ist sinnlos. Indessen ist ein solches Urteil nur das sichere Anzeichen dafür, daß die Argumentation selbst sinnlos war. Das Gesetz will durch die Worte „Anwesende“ und „Abwesende“ eine Beziehung zwischen zwei Personen ausdrücken und zwar nicht etwa eine durch ein Gebiet vermittelte Beziehung [1]. Daß zwei Personen gleichzeitig in Österreich anwesend sind, macht sie noch nicht zu Anwesenden im Sinne des Gesetzes. Welche Beziehung zwischen zwei Personen nun als Anwesenheit oder als Abwesenheit anzusehen ist, sagt das Gesetz nicht. Wir können aber aus der Anordnung des Gesetzes entnehmen, um was es sich handelt. Anwesend sind Personen dann, wenn eine sofortige Annahme der Offerte möglich ist, abwesend, wenn die Antwort an den anderen Teil abgesendet werden muß. Anders ausgedrückt: anwesend sind Personen, die einander so nahe sind, daß sie mit einander unmittelbar verkehren können, also keines Verkehrsmittels bedürfen. Abwesende Personen sind wegen ihrer räumlichen Entfernung auf einen schriftlichen Verkehr angewiesen. Die genauere Abgrenzung des Begriffs der „Nähe“ ist hier gleichgültig. Es kommt also nicht darauf an, ob nicht unter Umständen eine größere als die gewöhnliche Entfernung noch als Nähe gilt. So etwa, wenn an der Elbe dem am anderen Ufer befindlichen Fährmann ein Glockenzeichen gegeben oder wenn zur Verständigung eines Schiffers, der sich jenseits des Sees befindet, ein optisches Zeichen verwendet wird. Der Schiffer ist in diesem Fall noch anwesend, sofern es sich um einen ganz einfachen Vertrag handelt. Für umständlichere Verhandlungen ist er selbstverständlich abwesend.

Das Gesetz denkt sich also einen Tatbestand, für den zwei Momente charakteristisch sind, eine gewisse Nähe der verhandelnden Personen und die damit verbundene Möglichkeit einer unmittelbaren Verständigung, und als Gegenstück: Entfernung der verhandelnden Personen von einander und infolgedessen Notwendigkeit eines schriftlichen Verkehrs. Da nun aber die beiden Momente, welche den einen oder anderen Fall konstituieren, stets gemeinsam vorkommen, da also zwischen beiden Momenten das Verhältnis der Konstanz besteht, so hat es das Gesetz nicht nötig, beide zu erwähnen, es kann sich auf das eine oder andere beschränken. Es könnte sagen: ein mündlicher Vertrag kommt auf diese, ein schriftlicher auf jene Weise zustande. Es kann aber auch sagen und sagt wirklich: ein Vertrag unter Anwesenden kommt so, ein Vertrag unter Abwesenden so zustande. Die eine Fassung ist genau so gut wie die andere.

[1] Eine solche Beziehung ist die Ortsanwesenheit des § 862 abGB.

Nun wird das Telephon eingeführt. Unerhörte Verständigungsmöglichkeiten eröffnen sich. Das Erfordernis der Nähe ist für den mündlichen Verkehr vollkommen ausgeschaltet. Die räumliche Entfernung spielt keine Rolle mehr. Die Konstanz, die das Gesetz vorausgesetzt hat, ist nicht mehr vorhanden[1]. Und nun entsteht die Auslegungsfrage: Was ist — in Anbetracht der geänderten Sachlage — unter „Abwesenden" im Sinne des Gesetzes zu verstehen? Sind Abwesende noch immer Personen, die von einander entfernt sind und deshalb mit einander nur schriftlich verkehren können (eine Schlußfolgerung, die übrigens nicht mehr zutrifft), oder sind es Personen, die von einander entfernt sind, insoweit sie mit einander schriftlich verkehren? Da nur auf den letzteren Fall die vom Gesetz selbst hervorgehobenen Momente der „Absendung" und des „Eingangs" der Antwort zutreffen, so ist die zweite Auslegung die richtige. Und so stellt die Auslegung eben eine Lücke des Gesetzes fest. Das Gesetz behandelt den Fall, daß Personen anwesend sind und mit einander mündlich verkehren, und den Fall, daß abwesende Personen mit einander schriftlich verkehren, aber nicht den neu hinzugekommenen Fall, daß abwesende Personen mit einander mündlich verkehren. Die Lücke, die durch vernünftige Auslegung entdeckt wird, ist keine unechte, sondern eine echte Lücke. Eben deshalb bedeutet aber ihre Ausfüllung, mag sie wie immer erfolgen, keine „Rechtsänderung" im Sinne Zitelmanns, nämlich ein Abgehen vom Gesetze, sie ist vielmehr Rechtsschöpfung, Rechtsergänzung.

Wie ist nun die Lücke auszufüllen? Hier entsteht die Frage, ob es möglich und zulässig ist, die Bestimmung über den Vertragsabschluß unter Anwesenden auf den telephonischen Vertragsabschluß anzuwenden. Das Moment der Nähe kommt als solches gewiß nicht in Betracht. Es kommt nur darauf an, ob der Verkehr in dem einen Fall der gleiche ist, wie in dem anderen. Und da ergibt es sich nun bei näherer Prüfung, daß auch der Begriff des „mündlichen" Verkehrs komplizierter ist, als es zunächst den Anschein hat. Wir finden hier das gleiche wie vorhin. Von zwei Momenten, welche den Tatbestand charakterisieren, wird bloß eines ausgedrückt. Um uns darüber klar zu werden, machen wir einen Abstecher in ein anderes Gebiet, wo die Mündlichkeit eine große Rolle spielt, in das des Prozeßrechts. Der moderne Prozeß ist ja gerade auf dem Prinzip der Mündlichkeit aufgebaut. Können wir uns nun eine mündliche Verhandlung derart vorstellen, daß die Verhandelnden beim Telephon stehen? Die technische Schwierigkeit, die darin besteht, daß hier nicht zwei, sondern mehrere Personen verhandeln, könnte vielleicht schon heute überwunden oder wenigstens in der Folge durch Vervollkommnung der Telephoneinrichtungen beseitigt werden. Aber nicht die technische Frage ist es, die Bedenken hervorruft. Vergegenwärtigen wir uns das Bild einer mündlichen

[1] Dieselben Erwägungen gelten übrigens auch dann, wenn der Gesetzgeber auf Verhältnisse, die ihm hätten bekannt sein können, nicht Bedacht genommen hat. Vgl. W. Jellinek, Gesetz, Gesetzesanwendung und Zweckmäßigkeitserwägung, S. 167.

Verhandlung, so sehen wir, daß hier neben dem akustischen Moment das optische als gleichberechtigt in Betracht kommt. Die mündliche Verhandlung ist nicht bloß das, als was sie bezeichnet wird, eine Verhandlung von Mund zu Mund, sondern zugleich auch eine Verhandlung Aug' in Aug'. Schon im alten Verfahren wurde von der Schriftlichkeit abgewichen, sobald ein Augenschein notwendig war (z. B. zur Inspektion der Originalien). Man ordnete eine Tagsatzung an, nicht weil dabei gesprochen, sondern weil dabei gesehen werden mußte. Handelt es sich also um die Frage des telephonischen Vertragsabschlusses, so ist zu bedenken, daß die Parteien einander zwar hören, aber nicht sehen. Es können leicht Irrungen in der Person stattfinden, zufällige Irrtümer oder Irreführungen. Und selbst was das Hören angeht, so sind Hörfehler beim Telephon häufiger als sonst (z. B. wenn es sich um Zahlen oder Namen handelt). Die Entscheidung hängt also davon ab: Sind die Verschiedenheiten zwischen dem mündlichen und dem telephonischen Verkehr so unwesentlich, daß wir sie vernachlässigen können oder nicht? Handelt es sich um eine mündliche „Verhandlung", so können wir es, wie gesagt, nicht, beim Vertragsabschluß werden sie vernachlässigt [1]. Die Praxis entscheidet sich mit Recht für die Analogie, die ja nicht einen gleichen, sondern einen ähnlichen Fall voraussetzt. .Die Ähnlichkeit der beiden miteinander verglichenen Fälle ist größer als ihre Verschiedenheit.

Ich habe schon gesagt, daß das Handelsgesetzbuch, statt von Gegenwärtigen und Abwesenden zu sprechen, auch vom mündlichen und schriftlichen Vertragsabschluß hätte reden können. Daß dem so ist, beweist unser abGB. § 862: „Wenn zur Annahme des Versprechens kein Zeitraum bedungen worden ist, so muß ein mündliches Versprechen ohne Verzug angenommen werden. Bei dem schriftlichen kommt es darauf an usw." Das abGB. setzt den gleichen Tatbestand voraus wie das Handelsgesetzbuch. Nur führt es eben andere Bestimmungsmerkmale an. Ich kenne das Dreieck ABC, wenn mir die Seiten AB und AC und der Winkel a, aber auch wenn mir die Seiten AB und BC und der Winkel b bekanntgegeben werden. So zeigt mir eben das Handelsgesetzbuch den Tatbestand von der einen, das abGB. von der anderen Seite. Nachdem aber das Telephon eingeführt ist, stellt sich heraus, daß wieder einmal das Gesetz weiser war als der Gesetzgeber. Da ein telephonisches Versprechen zweifellos kein schriftliches ist und da ferner das mündliche Versprechen nach dem Gesetze den kontradiktorischen Gegensatz zum schriftlichen darstellt, so ist die Frage des telephonischen Verkehrs durch das Gesetz selbst in befriedigender Weise entschieden. Krasnopolski lehrt allerdings [2], daß das abGB. die Dauer der Gebundenheit im § 862 „auf Basis der Unterscheidung, ob zwischen Gegenwärtigen oder zwischen Abwesenden kontrahiert

[1] Im Prozeßrecht gilt eben das Mündlichkeitsprinzip, Verträge können dagegen ebenso schriftlich wie mündlich abgeschlossen werden. Daß ein telephonischer Vertragsabschluß möglich ist, steht von vornherein fest; es handelt sich nur um die Frage, welche Rechtsregeln für das telephonische Kontrahieren gelten.

[2] Lehrbuch des österr. Privatrechts (herausgegeben von Kafka) 3. Bd., S. 66 f.

wird", bestimme. „Von der regelmäßigen Erscheinung ausgehend, substituiert aber das Gesetz dieser Unterscheidung die, ob der Antrag (das Versprechen) mündlich oder schriftlich gestellt wird. Doch ist nicht zu bezweifeln, ergibt sich übrigens auch aus den Beratungsprotokollen, daß nicht die mündliche oder schriftliche Form der Offerte, sondern auch vom Standpunkt des abGB. (wie nach Handelsrecht) allein der Umstand entscheidend ist, ob inter praesentes oder absentes kontrahiert wird. Im ersten Falle, also wenn die Kontrahenten persönlich oder vertreten durch Bevollmächtigte einander so gegenüberstehen, daß eine sofortige, unmittelbare mündliche Gegenerklärung möglich ist (daher auch beim Vertragsabschluß durch Telephon von Person zu Person), muß die Annahme ohne Verzug" erfolgen. Krasnopolski gibt also (auch im Zeitalter des Telephons) der Fassung des Handelsgesetzbuchs den Vorzug und glaubt, daß das abGB. der richtigen Unterscheidung eine unrichtige „substituiere". Der Grund für diese Meinung ist, daß die Offerte auch unter Anwesenden in schriftlicher Form überreicht werden kann, ein Fall, der eben in den Beratungsprotokollen zum abGB. erwähnt wird. Nun ist es ja richtig, daß ich auch inter praesentes meine Offerte schriftlich formulieren und dem Partner übergeben kann. Aber da bediene ich mich doch der Schrift nur zur Unterstützung des mündlichen Verkehrs. Das Versprechen ist trotzdem ein „mündliches". Krasnopolski selbst legt auf die Möglichkeit einer mündlichen Gegenerklärung Gewicht. Auch über die schriftliche Offerte wird mündlich verhandelt. Ebenso kann natürlich ein mündlicher Antrag ohne „mündliche" Erklärung angenommen werden: durch Kopfnicken, Handschlag usw. (§ 863). Auch dann werden wir noch einen mündlichen Vertrag annehmen, wenn niemand spricht. (Einsteigen in einen Mietwagen, Niedersetzen im Restaurant zur Zeit der Table d'hôte, Ergreifen einer zum Verkaufe ausgelegten Sache in einem Laden usw.). Mündlichkeit bedeutet hier den Mangel der Schriftlichkeit. Begibt man sich einmal auf das Gebiet der Kasuistik, so findet man kein Ende. Das Wesentliche sind aber doch nicht die Variationen des typischen Falls, sondern dieser selbst, und da kann es keinem Zweifel unterliegen, daß Krasnopolski, indem er den telephonischen Verkehr ebenso behandelt wie das mündliche Versprechen des § 862, selbst auf das Merkmal der Anwesenheit verzichtet und die Mündlichkeit für ausschlaggebend hält. Daß er sich dessen nicht bewußt geworden ist, läßt sich nur aus der Wertschätzung erklären, die er den Beratungsprotokollen entgegenbringt [1].

Wie für das Privatrecht, so ist auch für das Strafrecht die Erfindung des Telephons bedeutsam geworden. Nach § 89 StG. sind boshafte Beschädigungen irgendeines Bestandteils des Staatstelegraphen und jede absichtliche Störung des Betriebs, sowie jeder vorsätzliche Mißbrauch dieser Staatsanstalt als Verbrechen der öffentlichen Gewalttätigkeit zu bestrafen [2]. Vom Telephon

[1] Vgl. oben S. 71.

[2] Vgl. auch § 318: Als Übertretung wird bestraft „die in dem § 89 bezeichnete Handlungsweise in Beziehung auf den Staatstelegraphen, wenn sie nur aus Mutwillen, Leichtsinn oder schuldbarer Nachlässigkeit geschehen ist".

spricht das aus dem Jahre 1852 herrührende Gesetz selbstverständlich nicht und im Sinne Zitelmanns besteht hier keine Lücke. Boshafte Beschädigung des Telephons ist, da das Gesetz darüber schweigt, kein Verbrechen, wenigstens nicht nach § 89. Wer das Telephon boshaft beschädigt, bleibt unbestraft. Und „ist es denn so schlimm, daß auch einmal einer unbestraft bleibt, der Strafe verdient?" (S. 16)[1]. Anerkanntermaßen darf „der Strafrichter eine Strafe nur verhängen, wenn sie vorher im Gesetz angedroht ist, Analogie ist mithin ausgeschlossen" (S. 15). Trotzdem wird aber von Theorie und Praxis die Beschädigung des Telephons der des Telegraphen vollkommen gleichgestellt. Die Begründung ist verblüffend einfach. „Die Telephonanlage ist nur eine besondere Art der Telegraphenanlage"[2]. Allerdings ist dagegen von sehr beachtenswerter Seite Widerspruch erhoben worden. Stooß (Lehrbuch des österreichischen Strafrechts, S. 421) sagt ganz richtig: „Ein Telephon ist aber kein Telegraph. Analogie, so zweckmäßig sie auch hier sein möchte, ist unstatthaft." Und gegen Binding, der das Telephon als eine Unterart des Telegraphen erklärt, bemerkt er humorvoll: „Das wird Edison kaum anerkennen." In der Tat, Edison wird das nicht anerkennen. Aber was liegt uns schließlich an Edison! Niemand von uns wird es anerkennen, auch Binding und Finger nicht, wenn sie nicht gerade das Strafgesetz auslegen. Und sie wollen auch nichts anderes sagen als: „Im Sinne des Strafgesetzes" ist das Telephon eine Unterart des Telegraphen[3]. Sie wollen nur die Beschädigung des Telephons der des Telegraphen gleichstellen und doch vom Gesetz nicht abweichen. Der Sachverhalt ist folgender: Das Gesetz hat die Beschädigung einer uns genau bekannten Institution im Auge und bezeichnet diese in nicht mißzuverstehender Weise als Staatstelegraphen. Nun wird etwas ähnliches geschaffen. Es wird ein öffentlicher Nachrichtendienst eingerichtet, der sich geradeso eines Drahtnetzes bedient wie der Telegraph. Für die ethische und soziale Bewertung der Tat ist es ganz gleichgültig, ob jemand eine telegraphische oder telephonische Drahtleitung zerstört. Die Fälle sind so auffallend ähnlich, daß sich in uns der Zweifel regt, ob nicht das Gesetz auch auf diesen Tatbestand Anwendung finden soll. Ist nicht gerade das den Telegraphen vom Telephon unterscheidende Merkmal ein solches, das für die Strafwürdigkeit in gar keiner Weise ausschlaggebend ist? Ist es darum nicht richtiger, von

[1] Diese Frage paßt nicht ganz auf den vorliegenden Fall. Diebstahl wird bestraft, aber ab und zu entwischt ein Dieb. Das ist nicht so schlimm. Schlimmer wäre es, wenn auf den Diebstahl keine Strafe angedroht wäre. Die Frage, die Zitelmann aufwirft, ist die, ob es denn so schlimm sei, wenn ein strafwürdiges Vergehen kraft Gesetzes straffrei bleibt, und darauf kann man nicht ohne weiteres mit Nein antworten. Das Strafgesetz soll sich ja auf die notwendigen Strafandrohungen beschränken. Sind sie aber notwendig, dann sind sie nicht entbehrlich. Das ist auch der tiefere Grund, warum sich das Analogieverbot des Strafgesetzes nicht als unbedingt wirksam erweist.

[2] Finger, Das (österr.) Strafrecht, 2. Aufl., 2. Bd., S. 426.

[3] Vgl. § 318 a des Strafgesetzbuchs für das Deutsche Reich: „Unter Telegraphenanlagen im Sinne der §§ 317 und 318 sind Fernsprechanlagen mitbegriffen."

diesem Merkmal zu abstrahieren und auf solche Weise zu einem höheren Begriff zu gelangen, der auch die Telephonanlagen mit umfaßt, also unter der vom Gesetz geschützten Einrichtung eine öffentliche Anstalt zu verstehen, die mittelst eines eigentümlichen Drahtnetzes dem Nachrichtenverkehr dient? Und wird durch Ausscheidung eines zweifellos nebensächlichen Moments dem Verbrecher etwa Unrecht getan? Werden wir hier im Interesse der „Rechtssicherheit" dem Verbrecher die Ausrede gestatten: „Ich habe mich genau an das Strafgesetz gehalten. Hätte ich gewußt, daß das Telephon dem Telegraphen gleichgestellt ist, so hätte ich mich gehütet, die Drähte zu durchschneiden"? Tatsächlich ist eine solche Einwendung von Seite des Beschuldigten kaum zu gewärtigen, nicht nur deshalb, weil er eine so intime Strafrechtskenntnis schwerlich haben wird, sondern insbesondere, weil sie auffallend frivol wäre. Denn daß es nicht erlaubt ist, die Leitung zu beschädigen, das hat er gewußt. So sehen wir hier den gleichen Vorgang wie im Falle des telephonischen Vertragsabschlusses: Revision der gesetzlichen Bezeichnung des Tatbestands. Der Gesetzgeber deutet mit einem Wort den Tatbestand an und wir fragen, ob ihm das gelungen ist. Durch Hinzufügung eines determinierenden Merkmals (Abwesende, soweit sie schriftlich verkehren) oder durch Abstraktion von einem unwesentlichen Merkmal wird die gesetzliche Bestimmung den Bedürfnissen angepaßt. Die Entdeckung der Lücke und ihre Ausfüllung sind Vorgänge der Gesetzesauslegung und Analogie. Nur geht im Strafrechtsfall die Analogie unmerklich in der Auslegung auf.

Die Telephonbeschädigung bildet den passenden Übergang zu einem zweiten Beispiel, das Zitelmann vorführt. An Bord eines Seeschiffs will sich jemand Wein einschenken. Boshafterweise stößt ihn ein anderer an, um ihm den Becher aus der Hand zu schlagen. Der Becher fällt ins Meer. Kann man hier von einer Sachbeschädigung sprechen? Zitelmann behandelt den Fall auch vom Standpunkte der zivilrechtlichen Schadenersatzpflicht. Ich will ihn im Hinblick auf das heutige Recht nur in strafrechtlicher Hinsicht erörtern. Die §§ 85 und 468 StG. stellen „boshafte Beschädigungen eines fremden Eigentums" unter Strafe und setzen dabei den Begriff der Eigentumsbeschädigung als bekannt voraus. Was heißt „Beschädigung"? Gewisse Anhaltspunkte ergeben sich daraus, daß das Gesetz nicht bloß Sach-, sondern auch Körperbeschädigung behandelt und bei dieser den Tatbestand doch genauer regelt. Danach ist körperliche Beschädigung ein anderes Delikt als Tötung. Wenn jemand um ein Auge gebracht wird, so ist er „beschädigt". Wird er getötet, so liegt Mord oder Totschlag vor. Analog könnte man auch die Sachbeschädigung von der Sachvernichtung unterscheiden. Nichtsdestoweniger faßt die Strafrechtstheorie die Sachvernichtung als einen Fall der Sachbeschädigung auf[1].

[1] Lammasch (Grundriß des Strafrechts, 4. Aufl., S. 98): „Sachbeschädigung ist Minderung des Vermögens eines anderen durch Zerstörung oder Beschädigung einer fremden ... Sache." Ebenso das Reichsstrafgesetzbuch, welches es als „Sachbeschädigung" bezeichnet, wenn jemand „vorsätzlich und rechtswidrig eine fremde Sache beschädigt oder zerstört" (§ 303).

Und das mit Recht. Denn auch wenn man unter Beschädigung bloß die Verletzung, nicht die Vernichtung der Sache versteht, so steckt doch in der Vernichtung die Verletzung drin. Die Vernichtung geht nur über die Verletzung hinaus. Es wäre eine seltsame Logik, wenn man jemand dafür bestrafte, daß er die Sache bloß beschädigt, aber nicht dafür, daß er sie vernichtet hat. Das liefe auf eine ganz paradoxe Art von negativer Erfolghaftung hinaus, auf eine Entlastung infolge eingetretenen qualifizierten Erfolgs. Daß die Tötung eines Menschen nicht als Körperbeschädigung aufgefaßt wird, hat seinen Grund darin, daß eben die Tötung den Tatbestand anderer, schwerer verpönter Delikte bildet. Auf Sachen läßt sich diese Unterscheidung nicht übertragen, auch dann nicht, wenn die Sache ein lebendes Wesen ist. Tötung eines Hundes ist im Sinne des Gesetzes Sachbeschädigung. Und so ist es auch gleichgültig, ob der Becher, der dem Trinker aus der Hand geschlagen wird, beim Niederfallen bloß einen Sprung bekommt oder ob er in tausend Stücke zersplittert. Wie nun, wenn der Becher ins Meer fällt? Ist auch das noch Sachbeschädigung? Auch hier muß man wieder fragen: Hat das Gesetz den Tatbestand, der ihm vorschwebt, richtig bezeichnet? Schon daß die Vernichtung als Beschädigung aufzufassen ist, zeigt, daß sich das Gesetz nicht ganz einwandfrei ausdrückt. Denn man pflegt doch von einem vergifteten Hund nicht zu sagen, er sei „beschädigt". Was heißt nun überhaupt „Beschädigung" einer Sache? Gibt es eine Sachbeschädigung im objektiven Sinne? Die Sache selbst empfindet keinen Schaden. Sie erscheint beschädigt, wenn ihr Eigentümer oder Besitzer geschädigt ist. Wir wirken ja unausgesetzt auf Sachen ein, ohne von einer Beschädigung zu sprechen. Nur dann halten wir die Sache für beschädigt, wenn sie an Wert verliert, und der Wert ist nicht eine Eigenschaft der Sachen, sondern hat seinen Grund in den Bedürfnissen der Menschen. Wenn ich einem Freund ein ungebundenes Buch leihe und er es mir nach einiger Zeit gebunden zurückstellt, so hat er ohne meine Zustimmung eine Änderung damit vorgenommen. Er hat auf die Substanz eingewirkt. Die Blätter sind vom Buchbinder beschnitten worden. Trotzdem ist das Buch nicht beschädigt, sondern es hat an Wert gewonnen. Wenn aber aus dem Buch ein Blatt herausgerissen oder auch nur ein Stück eines Blattes abgerissen ist, so ist die Sache beschädigt, mag auch der Substanzverlust nicht größer sein als jener, der mit dem Einbinden notwendigerweise verbunden ist. Sachbeschädigung ist also eine derartige Einwirkung auf die Sache, daß dadurch ihr Wert herabgesetzt oder zerstört wird. Nicht die Veränderung der Substanz, sondern die Verminderung des Werts ist das Charakteristische. Ist dem so, dann wird es uns vollständig gleichgültig sein, ob die Entwertung der Sache durch physikalische oder chemische Prozesse herbeigeführt wurde, oder dadurch, daß die Sache außerhalb der menschlichen Einwirkungssphäre gebracht worden ist. In dem Augenblick, wo der Becher ins Meer fällt, hat die Sache schon ihren Wert verloren, und es ist ohne jede Bedeutung, ob sie in der Folge zerstört, ob sie beschädigt wird oder ob sie ganz bleibt und etwa, wie Zitelmann es poetisch ausmalt, in den Rechtsverkehr der Tiefsee einbezogen und einer Nereide als Brautgeschenk zuteil wird [1]. Nicht darauf kommt es an, daß wir nicht wissen, was mit dem Becher geschieht. Auch wenn wir es wüßten, würden wir den einen Fall dem anderen vollkommen gleichstellen. Denn wie immer man über die Erfolghaftung denken mag: daß die Strafbarkeit von einem für die Menschen ganz unerheblichen Erfolg abhängen soll, wäre doch unerträglich. So nehmen wir also auch hier wieder eine Revision der vom Gesetze versuchten Bezeichnung des Tatbestands vor, und diese Operation führt zu einer Erweiterung der unter das Gesetz fallenden Tatbestände, mithin zur Ausfüllung von Lücken. Über das Analogieverbot des Kundmachungspatents zum Strafgesetz wird dabei hinweggegangen [2].

Nun können wir die übrigen Fälle unechter Lücken, die Zitelmann anführt, rasch erledigen. Spricht das Gesetz von der tätigen Reue des Täters, so ist es natürlich ganz unwesentlich, ob der Täter die verbrecherische Handlung selbst gesetzt oder durch eine Mittelsperson veranlaßt hat. Er ist jedenfalls Täter seiner Tat, und nur im Verhältnis zum „unmittelbaren" Täter heißt er Anstifter. Für die tätige Reue kommt nicht sein Verhältnis zu einer anderen Person in Betracht, sondern nur der Umstand, daß er die Tat verschuldet hat. Die Schlafwagenunternehmung ist nach populärer Auffassung kein „Wirt". Wenn aber das Gesetz (§ 970 abGB.) Wirte für die ihnen oder ihren Leuten von aufgenommenen Reisenden übergebenen Sachen haftbar macht, so ist eben das Charakteristische, daß jemand gewerbsmäßig Reisende aufnimmt, daß er Reisenden in seinem Unternehmen Unterkunft gewährt. Ob der Betrieb einen festen Standort hat oder mit dem rollenden Eisenbahnzug in Verbindung gebracht ist, ist gleichgültig [3].

Zwei weitere Beispiele betreffen meiner Meinung nach zwar Auslegungsfragen, aber keine Lücken. Ob man Bonn-Nord und Bonn-Süd als

---

[1] Vgl. die von Theorie und Gesetzgebung (§ 1447 abGB., § 292 deutsch. BGB.) als technischer Ausdruck gebrauchte Wendung „Untergang der Sache". Buchstäblich geht die Sache „unter" oder „zugrunde", wenn sie ins Wasser fällt. Bildlich wird jede Vernichtung der Sache als „Untergang" bezeichnet. Darum dürfen wir aber auch umgekehrt den buchstäblichen „Untergang" als Sachvernichtung auffassen. In der strafrechtlichen Literatur ist die Frage kontrovers. Vgl. Liszt, Lehrbuch, § 132.

[2] Vgl. Jung, Problem, S. 184; Janka-Kallina, Das österr. Strafrecht, S. 229. — Zu demselben Ergebnis gelangt auf anderem Wege Finger a. a. O. S. 245. Er legt Gewicht auf das Merkmal der Eigentumsbeschädigung. Allein unter Eigentum im Sinne des Strafgesetzes ist nicht zu verstehen das Eigentumsrecht (dieses kann man ja nicht „beschädigen"), sondern das Eigentumsobjekt, also wiederum nur die Sache. Daß dem so ist, beweisen die §§ 169 f.: „Anstecktung seines Eigentums", „wer sein Eigentum in Brand steckt".

[3] Ich will hier nur den Vorgang erklären, der zur Annahme einer Rezeptumhaftung der Schlafwagenunternehmung führt, ohne mich über die Richtigkeit dieser Annahme auszusprechen. Vgl. Krasnopolski-Kafka a. a. O. S. 185. — Die Frage, ob eine solche Unternehmung den Wirten gleichzustellen ist, hat auch gewerberechtliche Bedeutung. Vgl. Kulisch, System des öst. Gewerberechts, 2. Aufl., 1. Bd., S. 219 f.

besondere Orte ansieht, hängt davon ab, was man unter „Ort“ versteht[1]. Und wenn das Gesetz bedingte Rechtsgeschäfte zuläßt, so kann ich die Frage, ob auch bedingte Kündigungen zulässig sind, überhaupt nicht unter den Gesichtspunkt einer „Lücke“ bringen. Nicht jeder Zweifel, den irgendein Gesetz bietet, ist auf eine Lücke zurückzuführen. Hier sagt das Gesetz nicht zu wenig, sondern zu viel. Es enthält nicht eine Lücke, sondern einen Überschuß. Man muß die gesetzliche Bestimmung durch Auslegung auf das richtige Maß zurückführen, und scheidet man auf solche Weise die Kündigungen aus den „Rechtsgeschäften“ aus, so ist — im Gegensatz zu dem Fall des Art. 319 HGB. — keine Lücke entstanden, sondern die Sache zur Zufriedenheit erledigt. Sagt mir das Gesetz nicht, wie telephonische Vertragsabschlüsse zustande kommen, so ist das eine Lücke. Denn mir fehlt dann eine Bestimmung. Spricht sich aber das Gesetz über die Zulässigkeit einer bedingten Kündigung nicht aus, so fehlt mir keine Bestimmung. Denn würde nicht das Gesetz von bedingten „Rechtsgeschäften“ reden, so käme niemand auf den Einfall, daß es überhaupt möglich sei, bedingt zu kündigen. Die Kündigung ist eine einseitige Erklärung, die einem anderen Verpflichtungen auferlegen soll, und wie kann der Kündigende ohne ausdrückliche Bestimmung des Gesetzes berechtigt sein, die Verbindlichkeit eines anderen nach seinem Belieben zu gestalten? Die Kündigung ist dazu bestimmt, einen Vertrag zur Auflösung zu bringen. Insofern ist sie nach Gesetz und Vertrag zulässig und rechtsverbindlich. Weicht sie von dem Normalschema ab, enthält sie irgendein weder vom Gesetz noch vom Vertrag vorgesehenes Beiwerk, so ist sie zur Erzeugung einer Verbindlichkeit des anderen Teils nicht geeignet und nicht ausreichend[2].

Die Untersuchung der unechten Lücken Zitelmanns führt zu folgendem Ergebnis: Der gesetzliche Tatbestand schließt nicht alle Fälle ein, auf welche nach unserem Rechtsempfinden die Entscheidung paßt. Darum prüfen wir genau die Darstellung des Tatbestands. Wir unterscheiden wesentliche und unwesentliche Merkmale, und die unwesentlichen, d. h. diejenigen, die auf die Entscheidung des Falls sicherlich keinen Einfluß genommen haben, scheiden wir aus. Wir werfen Ballast aus, um in höhere Begriffsregionen aufsteigen zu können, wir gewinnen einen allgemeineren Begriff, und dieser schließt nun auch die nach dem Wortlaut des Gesetzes ausgeschlossenen Fälle mit ein. Der Analogieschluß ist ja in sehr vielen Fällen nichts anderes als die Vornahme einer Abstraktion: Ausdehnung des Umfangs eines Begriffs durch

---

[1] § 447 Deutsch. BGB.: „Versendet der Verkäufer ... die verkaufte Sache nach einem anderen Orte als dem Erfüllungsorte“.

[2] Der Nachdruck liegt, wie ich glaube, tatsächlich nicht auf der Frage, ob eine bedingte Kündigung zulässig, sondern darauf, ob sie für den anderen Teil rechtsverbindlich ist. Zitelmann sagt (S. 11 f.): „Jemand kann z. B. ein Haus in Bonn unter der Bedingung kaufen, daß die Verhandlungen über seine Berufung hierher zu günstigem Ende führten.“ Das kann er aber nur, wenn ihm ein anderer das Haus unter dieser Bedingung verkauft.

Verringerung der Begriffsmerkmale [1]. Wenn wir dieses Verfahren überhaupt als Gesetzesänderung auffassen wollen, so ist es nicht die Entscheidung, die geändert wird, sondern der Tatbestand. Lautet die abstrakte Formel eines Rechtssatzes: Im Falle A gilt B, so steckt die Lücke in A. Ein Fall f ist in A nicht enthalten. A wird also derart formuliert, daß f noch darunter fällt.

Nun das Gegenstück, die echten Lücken! Es sollen das Lücken sein, die eine Entscheidung nach dem Gesetz überhaupt nicht ermöglichen. „Das Gesetz gibt einen positiven Satz, nach dem zu entscheiden ist, läßt aber innerhalb dieses Satzes ein einzelnes Moment unbestimmt." „Der Wille des Gesetzes, daß eine rechtliche Behandlung gewisser Art eintrete, steht fest, aber innerhalb dieses Rahmens sind mehrere Möglichkeiten, und das Gesetz sagt nicht, welche davon es will" (S. 27). Als Beispiele werden angeführt: die Frage, wie die ausgelobte Summe zu verteilen ist, wenn mehrere Personen auf sie Anspruch haben, wie eine Wahl vorzunehmen ist, wenn sich das Gesetz über die Wahlmodalitäten nicht ausspricht, welche Zinsen zu zahlen sind, wenn das Gesetz den Zinsfuß nicht festsetzt [2]. Der Unterschied dieser Lücken von den früher besprochenen ist in der Tat unverkennbar. Nur möchte ich ihn anderswo suchen, als Zitelmann. Es kommen da zwei Umstände in Betracht.

Bei der sogenannten unechten Lücke fehlt für irgendeinen Fall der Rechtssatz. Das Gesetz beschäftigt sich nicht mit dem Fall A. Darum stellt es auch nicht den Rechtssatz auf: Im Falle A gilt B. Es fehlt uns A und B. Aber B fehlt nur, weil A fehlt. Bei der sogenannten echten Lücke finden wir im Gesetz wohl den Tatbestand, aber keine vollständige Entscheidung. Liegt bei der sogenannten unechten Lücke der Mangel im Moment A, so bei der sogenannten echten Lücke im Moment B. B setzt sich zusammen aus den Bestandteilen b_1, b_2, b_3, b_4 und einer dieser Bestandteile wird vom Gesetz vernachlässigt. Das ist eben die Lücke. Welche Lücke ist nun in Wahrheit die echte, welche die unechte, wenn man schon diese Ausdrücke anwenden will? Echt (oder echter) ist, wie ich glaube, gerade die Lücke, die Zitelmann als unecht bezeichnet. Wenn wir von Lücken sprechen, so denken wir doch daran, daß das Gesetz bestimmte Fälle nicht behandelt, daß es stoffliche Lücken hat. Bei der von Zitelmann sogenannten echten Lücke (die ich für die unechte halte) fehlt es aber nicht so sehr an einer Bestimmung, als an der Bestimmtheit der Bestimmung. Unbestimmte Anordnungen des Gesetzes pflegt man doch von den Gesetzes-

[1] Vgl. Regelsberger, Pandekten S. 157. In anderen Fällen handelt es sich bei der Analogie um ein Muster, das von dem einen Fall auf den anderen übertragen wird. Es werden z. B. prozessuale Bestimmungen, die für ein bestimmtes Verfahren gelten, auch für ein anderes Verfahren akzeptiert. Vgl. z. B. die S. 138 zitierte Analogie Lohsings.

[2] Überdies verweist Zitelmann auf das Fehlen von Bestimmungen über internationales Privatrecht. Indessen handelt es sich hier doch nicht um eine Einzellücke, sondern um ein großes, vom Gesetzgeber nicht normiertes Gebiet. Der Tatbestand ist zu verwickelt, als daß er in einer Erörterung über das Lückenproblem behandelt werden könnte.

lücken zu unterscheiden[1]. Zitelmann selbst stellt seinen echten Lücken die beabsichtigten gesetzlichen Unbestimmtheiten gegenüber, welche darauf hinauslaufen, dem Richter einen gewissen Spielraum zu gewähren. Der Unterschied zwischen den bewußt und beabsichtigt unbestimmten und den unbeabsichtigt unbestimmten Rechtssätzen ist gewiß zuzugeben. Aber „unbestimmte Rechtssätze" sind diese gerade so wie jene, und die nötige Bestimmtheit muß dann in dem einen wie in dem anderen Falle die Rechtsanwendung schaffen, mag sich dabei die Praxis zu bestimmten Rechtssätzen verdichten oder nicht.

Zu dem einen Unterschied gesellt sich nun noch ein zweiter. Bei der Tatbestandslücke (ich will mich dieses Ausdrucks bedienen, um die doppelte Verwendung von „echt" und „unecht" zu vermeiden) weist mir das Rechtsgefühl den sicheren Weg zur Entscheidung. Hielte ich nicht eine bestimmte Entscheidung für richtig, so käme ich nie zur Feststellung der Lücke. Darum besteht hier eben die Lückenausfüllung in einer Revision des Tatbestandes. Bei der Bestimmtheitslücke dagegen versagt mein Rechtsgefühl, und das ist der Grund, warum ich sie als „echt" empfinde. Ob jemand 4 oder 5 oder 6 Prozent Zinsen zu zahlen hat, ob die Wahl mit absoluter oder relativer Stimmenmehrheit, mündlich oder schriftlich, offen oder geheim vorgenommen wird, das ist dem normalen Juristen gleichgültig. Sein Rechtsgefühl reagiert auf alle diese Lösungen in gleicher Weise. Allerdings nur innerhalb gewisser Grenzen! Wenn das Gesetz dem säumigen Schuldner die Zahlung von 10 oder 15 Prozent Zinsen auferlegte, so würde sich unser Rechtsgefühl dagegen sträuben, und wir würden mit allen erlaubten und unerlaubten Mitteln der Auslegung die Anwendung des Gesetzes auf ein halbwegs erträgliches Maß einschränken. Aber innerhalb der gedachten Grenzen ist unser Rechtsgefühl nicht empfindlich genug, um die verschiedenen Möglichkeiten verschieden zu werten, trotzdem es sich gewiß nicht um gleichgültige oder gleichwertige Dinge handelt. Darum haben wir den Wunsch, daß uns die Gesetzgebung die Entscheidung erspare. Während ich daran, ob der Anstifter eines Brands bei tätiger Reue straffrei werde oder nicht, ein bestimmtes Interesse habe — ich nehme für ihn Partei und revidiere deshalb den gesetzlichen Tatbestand —, stehe ich dem Gläubiger, der 5 Prozent Zinsen haben will, und dem Schuldner, der nur 4 Prozent zu zahlen bereit ist, ganz unparteiisch gegenüber. In dem einen Fall empfinde ich es als Lücke, daß das Gesetz nicht ausdrücklich die Entscheidung trifft, die ich für richtig halte, in dem anderen Fall, daß das Gesetz nicht sagt, welche Entscheidung die richtige ist. In dem einen Fall bereitet mir das Gesetz Verlegenheiten, weil sein Text der richtigen Entscheidung im Wege steht, in dem anderen, weil es mir den Weg zur richtigen Entscheidung nicht weist.

Gehen wir nun zur Frage der Ausfüllung der Bestimmtheitslücken über, so wollen wir den minder bedeutsamen Fall der Auslobung ausscheiden[2]

---

[1] Im Art 4 des Code (oben S. 117) ist silence auf Tatbestandslücken, insuffisance auf Bestimmtheitslücken zu beziehen.

[2] Es handelt sich hier um eine Spezialfrage, wie sie sich bei jeder, noch so ausführlichen Bestimmung des Gesetzes ergeben kann. Der Gesetzgeber kann sich nicht auf

und uns an die beiden anderen Fälle halten. Das Gesetz spricht jemand einen Zinsenanspruch zu und schweigt über den Zinsfuß. Der Richter bestimmt den Zinsfuß selbst, falls sich die Parteien nicht außergerichtlich einigen. Der Tatbestand ist genau der gleiche, wie wenn dem Gläubiger vom Gesetze „angemessene" Zinsen zuerkannt wären. Dann gäbe es natürlich keine Lücke. Denn die mangelnde Bestimmtheit wäre dann auf die Absicht des Gesetzes selbst zurückzuführen. Die Bestimmung der Zinsen wäre dem Ermessen des Richters anheimgestellt. Wenn nun das Gesetz die Festsetzung des Zinsfußes übersehen hat, so wird der Richter selbstverständlich nicht beliebige Zinsen zusprechen dürfen, sondern eben auch angemessene Zinsen. Er wird seiner Entscheidung den landes- und zeitüblichen Zinsfuß zugrunde legen. Eine Schwierigkeit für die Rechtsanwendung besteht also nicht. Überlegen wir die Sache de lege ferenda, so werden wir bei beiden Systemen Vor- und Nachteile entdecken. Der gesetzliche Zinsfuß hat den Vorteil, daß sich die Parteien von vornherein über das Maß der Leistung klar sind, den Nachteil, daß bei Schwankungen des Zinsfußes notwendig ein Teil zu kurz kommt. Entweder zahlt der Schuldner zu viel oder der Gläubiger erhält zu wenig. Die Verweisung des Gesetzes auf den der Kreditmarktlage entsprechenden Zinsfuß trägt der Billigkeit mehr Rechnung. Dafür läßt sie aber dem arbitrium einen gewissen Spielraum und schafft dadurch Unsicherheit. Machen wir uns das klar, so werden wir auch ein Gesetz, das sich über den Zinsfuß nicht ausspricht, nicht von vornherein für lückenhaft erklären. Wenn wir es tun, so geschieht es nur aus unserer Rechtstradition heraus, weil wir uns einmal an die gesetzliche Zinsfußbestimmung gewöhnt haben und uns ihrer Entbehrlichkeit nicht bewußt geworden sind.

Anders ist der Sachverhalt natürlich bei der Wahl, die vom Gesetz angeordnet, aber nicht geregelt ist. Wie ist diese Wahl vorzunehmen? Wer hat darüber zu entscheiden? Jedenfalls die Wählenden selbst. Denn indem das Gesetz sie zur Wahl auffordert, ohne ihnen irgendwelche Vorschriften zu machen, gibt es ihnen die Wahlmodalitäten frei. Ich habe schon oben (S. 55) auf unser Ministerverantwortlichkeitsgesetz hingewiesen, welches keine näheren Bestimmungen über die Wahl des Vorsitzenden des Staatsgerichtshofs trifft, und der Hoffnung Ausdruck gegeben, daß, wenn es überhaupt einmal zu der

---

das Feld der Kasuistik begeben und selbst, wenn er es tut, wird die Zahl der vom Gesetz nicht gelösten Einzelfragen durchaus nicht kleiner. Vgl. oben S. 65. In dem von Zitelmann (S. 28) mitgeteilten Fall hat das Reichsgericht eine Bestimmung des preußischen Landrechts analog angewendet, „wonach bei Lösung von Preisaufgaben, insbesondere wissenschaftlicher und künstlerischer Art, das Urteil dessen, der den Preis ausgesetzt habe, für die Zuerkennung und Verteilung maßgebend sein sollte". Das Gericht hätte aber auch ohne eine solche Hilfe eine Entscheidung treffen müssen. Auch außerhalb des Geltungsgebiets des Landrechts wäre die Entscheidung wahrscheinlich ähnlich ausgefallen. Denn es ist eine ganz nahe liegende Erwägung, daß das Ermessen des Verpflichteten Platz greift, insoweit seine Leistung nicht durch Gesetz und Vertrag näher bestimmt ist. Vielleicht war es auch diese Erwägung, die für das Reichsgericht maßgebend war und die nur deshalb nicht zum Ausdruck gebracht werden mußte, weil eine analoge Landrechtsbestimmung vorlag.

ultima ratio der Ministeranklage käme, die der Elite der österreichischen Juristen entnommenen Richter die Konstituierung zustande bringen werden, die jedem Ballkomitee ohne Schwierigkeit gelingt. Nun muß ich allerdings den Einwand befürchten, daß dieser Vergleich nicht seriös genug ist. Was liegt schließlich daran, ob ein Ballobmann rite gewählt ist oder nicht? Ich sehe mein Unrecht ein und suche darum ein Beispiel in jener Sphäre, in welcher der rigor iuris herrscht, und wo wäre das mehr der Fall, als im Schwurgerichtssaal? Betrachten wir also eine Episode des schwurgerichtlichen Verfahrens! Das Beweisverfahren ist geschlossen, die Fragen sind festgestellt, die Plädoyers erstattet. Der Vorsitzende hat die Ergebnisse der Verhandlung zusammengefaßt und den Geschworenen die Rechtsbelehrung erteilt. Was nun? § 325 StPO.: „Der Vorsitzende übergibt die niedergeschriebenen Fragen den Geschworenen, welche sich sofort in ihr Beratungszimmer zurückziehen. Es werden ihnen die Anklageschrift ..., sowie die übrigen Prozeßakten ... mitgegeben." Der Vorsitzende übergibt die Akten den Geschworenen. Wie macht er das? Wie kann man zwölf Geschworenen Akten übergeben? Man muß doch einen von ihnen auswählen. Wen aber? Den, der dem Vorsitzenden am nächsten sitzt, oder der zuerst ausgelost wurde (§ 312), oder der am häufigsten Geschworener war, oder der sich am meisten für die Verhandlung interessiert hat, oder der sich etwa auf Aufforderung des Vorsitzenden zur Übernahme der Akten bereit erklärt? Das Gesetz schweigt. Es ist lückenhaft. Wir wollen uns bei dieser Frage nicht aufhalten, sondern annehmen, daß der Vorsitzende den gordischen Knoten durchhaut. Er übergibt also das ganze Aktenmaterial den Geschworenen zu Handen des Gerichtsdieners, der es in ihr Beratungszimmer trägt und dort auf dem Tische deponiert. Der Beratung der Geschworenen steht nichts mehr im Weg. § 326: „Die Geschworenen wählen einen Obmann aus ihrer Mitte mit einfacher Stimmenmehrheit." Wie fangen sie das an? Brauchen sie einen Obmann, damit er die Beratung leite, so brauchen sie ihn auch schon zur Leitung der Wahlhandlung und zur Feststellung des Wahlergebnisses. Solange die Geschworenen nicht organisiert sind, können sie nicht wählen. Sind sie aber organisiert, dann *haben* sie ja schon ihren Obmann. Die gesetzliche Bestimmung enthält gerade jene Lücke, die *Zitelmann* als Beispiel angeführt hat. Die Lücke beschränkt sich übrigens nicht darauf, daß über die Leitung der Wahlhandlung nichts gesagt ist, sondern es ist nicht einmal das Stimmenerfordernis genau angegeben. Daß der Obmann aus der Mitte der Geschworenen zu wählen ist und daß dazu zwar Mehrheit, aber nicht qualifizierte Mehrheit der Stimmen erforderlich ist, das hätten wir wohl auch ohne das Gesetz gewußt. Gerade das brauchte also nicht erst gesagt zu werden. Ob aber absolute Majorität erforderlich ist oder relative genügt und was zu geschehen hat, wenn die Majorität nicht erzielt wird, darüber wird geschwiegen. Die herrschende Meinung (S. *Mayer*, *Rulf*, *Storch*) begnügt sich mit der relativen Majorität. *Lohsing* ist strenger: Der Obmann müsse mindestens mit sieben Stimmen gewählt werden. „Eventuell müßte eine engere Wahl erfolgen und bei Stimmengleichheit das Los entscheiden[1]." Man kann annehmen, daß die Geschworenen selbst von diesen Meinungsäußerungen keine Kenntnis haben. Ob die Vorsitzenden, indem sie die Geschworenen „auf die Vorschriften über ihre Beratung und Abstimmung aufmerksam" machen (§ 325), hierauf näher einzugehen pflegen, ist mir nicht bekannt, ich möchte es aber bezweifeln. Man sollte nun meinen, daß durch die so lückenhafte Bestimmung des Gesetzes der Gang des Strafprozesses in Frage gestellt wird oder wenigstens empfindliche Störungen erleidet. Tatsächlich ist das nicht der Fall. Was kein Verstand der Verständigen sieht, das übet in Einfalt ein kindlich Gemüt. Die Geschworenen bringen die Leistung klag- und mühelos zustande: sie wählen den Obmann und niemand fragt sie, wie sie es getan haben. Also war die Lücke doch eigentlich keine „echte".

Der Fall des Ministerverantwortlichkeitsgesetzes ist ganz ähnlich. § 16 des Gesetzes vom 25. Juli 1867 Nr. 101 RGBl. sagt: „Die gewählten Mitglieder haben den Vorsitzenden aus ihrer Mitte zu wählen." Daß das Stimmenverhältnis nicht angegeben ist, ist von untergeordneter Bedeutung. Schwierigkeiten verursacht hier ein anderer Punkt. Die Geschworenen *sind* schon beisammen und — ein Rezept, das gegen manche Lücken hilft — „dürfen das Beratungszimmer nicht verlassen, bevor sie ihren Ausspruch gefällt haben" (§ 327). Die Mitglieder des Staatsgerichtshofs müssen aber zur Wahl des Vorsitzenden erst einberufen werden, und es wird nicht gesagt, wann das zu geschehen, wer die Einberufung zu veranlassen hat und daß der Einberufung Folge zu leisten ist[2]. Das Gesetz hätte sich gewiß darüber aussprechen sollen. Nachdem das aber nicht geschehen ist, so geht das Recht und die Pflicht, die erforderlichen Maßnahmen zu treffen, auf die beteiligten Faktoren über, auf den Reichsrat und die Mitglieder des Staatsgerichtshofs. Daß dieser „nie-

---

[1] Österr. Strafprozeßrecht S. 513. *Lohsing* wendet die Bestimmungen über das politische Wahlrecht analog an, übersieht aber, daß die Verhältnisse bei den Geschworenen anders, nämlich wesentlich einfacher geartet sind. Was für einen Sinn hätte es, die Geschworenen, wenn der erste Wahlversuch mißglückt, schon an diesen Versuch derart zu binden, daß sie nur noch eine engere Wahl vornehmen dürfen? Warum sollen sie nicht einen zweiten oder dritten Wahlgang einleiten können? Und ist nicht anzunehmen, daß selbst bei Stimmengleichheit ein anderer Ausweg gefunden wird, als das Los, sei es, daß einer der Obmannkandidaten zurücktritt oder daß der eine oder andere Geschworene zur anderen Partei übergeht? Mit Recht sagt *Storch* in seinem leider nur tschechisch publizierten „Österr. Strafprozeß", 2. Bd., S. 412: „Das Gesetz enthält keine Bestimmung darüber, wer diese Wahl leiten soll; offenbar ist hier keine Form nötig und es genügt eine einfache Einigung der Geschworenen oder wenigstens der Mehrheit von ihnen. Wurde nicht einfache Majorität erzielt, so scheint es, daß relative Majorität genügt."

[2] Das Verdienst, auf diese Lücke hingewiesen zu haben, gebührt *Ott* als dem Verfasser der anonymen Broschüre „Zwei Fragen betreffend den Staatsgerichtshof. Von einem Mitglied dieses Tribunals" (1893). Otts sehr beachtenswerter Vorschlag geht dahin, „daß nach getroffenem Einvernehmen beider Präsidien der Reichsvertretungskörper über die Zeit der vorzunehmenden Wahl die Einladungen von seiten derselben an die vom Abgeordneten- und Herrenhause entsendeten Mitglieder ergehen und sodann unter Vorsitz des ältesten die Wahl erfolgt." Es ist das, wie Ott bemerkt, jener Vorgang, der bei

mals wird in Tätigkeit treten können", solange die Bestimmung des Gesetzes nicht geändert ist [1], läßt sich doch nicht im Ernst behaupten. Das Gesetz verbietet ja nicht ein selbständiges Vorgehen, sondern es läßt im Gegenteil auf dem Gebiet, das es nicht selbst geregelt hat, Raum für ein zweckdienliches Verhalten.

Wenn auch im Vorstehenden an Zitelmanns Ausführungen Kritik geübt wurde, so hat sich doch herausgestellt, daß die beiden Lückengruppen, die er aufgezeigt hat, tatsächlich auseinanderzuhalten sind. Er hat dadurch die Lückenlehre in höchst dankenswerter Weise gefördert. Und es ist ihm auch vollkommen zuzustimmen, wenn er sagt: „Die Tätigkeit des Juristen, der Korrekturen oder Ergänzungen des Gesetzes sucht, ist niemals eine rein logische, die als richtig oder falsch beweisbar wäre; die Gedankenoperationen, durch die er zu seinen Ergebnissen kommt, beruhen vielmehr zum größten Teil auf Wertungen und Abschätzungen, auf Eindrücken und Auffassungen subjektiver Färbung, die aus dem Gesetz selbst und allein sich nicht rechtfertigen lassen" (S. 34 f.). Objektiv genommen hat das Gesetz keine Lücken. Eine formale Möglichkeit, auf Grund des Gesetzes zu entscheiden, besteht immer. Eine Lücke entsteht erst oder wird erst fühlbar, wenn wir das Gesetz mit unserem Rechtsgefühl in Einklang bringen wollen, wenn es uns nicht genügt, daß wir überhaupt entscheiden können, sondern wenn wir Wert darauf legen, angemessen zu entscheiden. Und was von den Lücken gilt, gilt von der Auslegung des Gesetzes überhaupt. Zu der „logischen" Auslegung der gemeinrechtlichen Theorie gehört auch die teleologische. Diese besteht aber in Wahrheit nicht darin, daß man die „Absicht des Gesetzes" erforscht; — das ist gewiß auch notwendig und äußerst wichtig, ist aber selbst Gegenstand der Auslegung und nicht Auslegungsmaßstab, denn wir haben ja für die Absicht des Gesetzes wiederum keinen anderen rechtsverbindlichen Anhaltspunkt als das Gesetz selbst, — sondern sie besteht darin, daß man die eigenen Rechtsanschauungen, d. h. nicht die individuellen Anschauungen, sondern jene der eigenen Zeit und des eigenen Volks in die Dienste der Auslegung stellt. Kein einziger Satz des Gesetzes kann ohne Zuhilfenahme des durch die Erfahrung ausgebildeten und geläuterten Rechtsgefühls ausgelegt werden. Das Rechtsgefühl ist jener Faktor, der die Auslegungstätigkeit allenthalben und unausgesetzt begleitet, kontrolliert und beglaubigt.

Konstituierung der Staatsschuldenkontrollkommission eingehalten wird. § 10 des Kontrollgesetzes vom 10. Juni 1868 Nr. 53 RGBl. sagt nämlich: „Die Kommission des Reichsrats wählt aus ihrer Mitte ihren Präsidenten und dessen Stellvertreter durch absolute Stimmenmehrheit." Es findet sich also hier die gleiche Lücke wie im Ministerverantwortlichkeitsgesetz, und man hätte darum die parlamentarische Staatsschuldenkontrolle mit Hilfe dieser Lücke ebenso für illusorisch erklären können, wie die Ministerverantwortlichkeit.

[1] Bernatzik, Die österr. Verfassungsgesetze, 2. Aufl., S. 374.

Kolibri 360 GmbH
Ferdinand-Jühlke-Straße 7
99095 Erfurt, Deutschland
produktsicherheit@kolibri360.de

Druck:
CPI Druckdienstleistungen GmbH
im Auftrag der
Kolibri 360 GmbH
Ferdinand-Jühlke-Str. 7
99095 Erfurt